Hannelore Morgenroth · Den roten Faden finden

Hannelore Morgenroth

Den roten Faden finden

Auswege aus dem Labyrinth
unseres Lebens

Kösel

Meinen Söhnen
Matthias, David und Dominik
gewidmet

ISBN 3-466-36418-3
© 1995 by Kösel-Verlag GmbH & Co., München
Printed in Germany. Alle Rechte vorbehalten
Druck und Bindung: Kösel, Kempten
Umschlag: Elisabeth Petersen, Glonn
Umschlagmotiv: Paul Klee: Vorhaben, 1938, 126 (J 6)
Kunstmuseum Bern, Paul Klee-Stiftung,
Inv. Nr. B 26 © VG Bild-Kunst, Bonn 1994

1 2 3 4 5 6 · 00 99 98 97 96 95

Gedruckt auf umweltfreundlich hergestelltem Werkdruckpapier
(säurefrei und chlorfrei gebleicht)

Inhaltsverzeichnis

5

Kapitel 3: Lebensentwürfe, die sich in Geschichten und Märchen spiegeln 67

Kapitel 4: Der Weg in die Mitte des Dunkels

Kapitel 5: Im Kraftfeld der Weisheit

Einige Worte voraus…

Am Ende einer über vierjährigen Arbeit an diesem Buch möchte ich von Herzen den vielen Menschen danken, die mich bei meiner Arbeit immer wieder auf ganz unterschiedliche Weise unterstützt haben. An erster Stelle möchte ich Herrn Winfried Nonhoff, meinen Lektor im Kösel-Verlag, nennen, der mir von Anfang an, als ich erst eine vage Idee vom roten Faden hatte, Mut zusprach und die Geduld nicht verlor. Unsere Zusammenarbeit habe ich als sehr kreativ erlebt. Ich bedanke mich auch bei den vielen Menschen, die ich durch meine Kurse und Seminare kennengelernt habe, die mich an ihrem Leben Anteil nehmen ließen und mir die Erlaubnis gaben, von ihnen zu erzählen. Meine geistigen therapeutischen Lehrer und Lehrerinnen, denen ich viel verdanke, möchte ich an dieser Stelle nennen: Helmut Harsch, Fanita English – von deren Modell, mit Märchen und Geschichten zu arbeiten, ich einiges übernommen habe –, Richard Erskine und Charlotte Christoph-Lemke.
Für ihre Freundschaft und Unterstützung bei den Arbeiten am Manuskript danke ich v. a. Ingrid Krull und Sabine und Albrecht Hufnagel. Ganz besonderer Dank gilt meinem Sohn Matthias, der in unermüdlicher (Nacht-)Arbeit die größten Teile des Manuskripts getippt hat. Ebenso danke ich Isabel Schneider und Antje Below für ihre Schreibarbeit.
Ingrid und Edzard Siemens danke ich für den Unterschlupf in ihrem Haus an der Ostsee, wo ich immer wieder einmal zum Schreiben einkehren konnte.
Meiner Schwester Doris Kaut-Norsch danke ich für ihre Unterstützung auf vielfache Art.
In der Anfangsphase 1991/92 hat Charlotte Christoph-Lemke mich immer wieder sehr liebevoll ermutigt – ihr sage ich ebenfalls herzlichen Dank.

Walter Joelsen danke ich für manche Anregung zur Jakobsgeschichte, auch dafür, daß er für mich ein unermüdlicher Mahner ist, Bibliodrama immer auch in politischer und gesellschaftlicher Dimension zu verstehen.

Ilse und Paul Gerhard Diez danke ich für die rechten Dinge zur rechten Zeit.

Günter Boden sei gedankt, daß er sich die Zeit nahm, das Manuskript im Computer wieder aufzufinden, nachdem es – für uns unerklärlich – darin verschwunden war.

Es wären noch viele zu nennen, die mich durch ihr Interesse und Nachfragen immer wieder ermutigt haben weiterzumachen, und die, bei denen ich immer wieder einmal in einem Buch nachschlagen konnte – ihnen sage ich ebenfalls von Herzen Dank.

Ganz besonders danke ich meinen Söhnen David und Dominik, daß sie es so gut mit mir ausgehalten haben, wenn ich z.b. in den letzten Ferienwochen den Boden überall mit Papier bedeckend überwiegend mit Schreiben beschäftigt war.

Puchheim, im September 1994

Hannelore Morgenroth

Während in vorchristlicher Zeit die Moiren oder Parzen den Schick-salsfaden sponnen, hält hier die Jungfrau Maria, Königin des Uni-versums, den Faden des menschlichen Schicksals in Händen.

Einführung

Als ich ein Kind war, bekam ich einmal ein großes Wollknäuel geschenkt, mit dem hatte es eine besondere Bewandtnis: An die inneren Fäden waren viele kleine Päckchen mit kleinen Überraschungen gebunden. Dieses sogenannte »Wunderknäuel« war dazu gedacht, kleinen Mädchen das Stricken zu versüßen, denn erst, wenn man den Faden behutsam abwickelte, konnten die kleinen Überraschungen entdeckt werden. Ich liebte dieses Wunderknäuel, auch wenn ich Stricken und Häkeln haßte – aber wer sagt denn, daß nur durch Stricken vorgefertigter Muster der Faden aufgerollt und die darin verborgenen Schätze gefunden werden können? Kinder sind oft findig, manches anders zu »entwickeln«, als die Erwachsenen es von ihnen erwarten!

Diese Erinnerung an das Wunderknäuel kam mir in den Sinn, als ich vor etwa vier Jahren anfing, Material zu sammeln zum Thema »der rote Faden«. Ein wenig Trauer kam auch hoch mit der Erinnerung an das kleine Mädchen, das damals noch – wie viele Kinder – die Vorstellung hatte, das Leben sei so etwas wie ein Wunderknäuel. Wenn du den Faden abwickelst, entwickelst, dann stößt du immer wieder auf schöne Überraschungen!

Inzwischen bin ich erwachsen und habe beim Erwachsenwerden – wie jeder andere auch – entdeckt, daß keineswegs nur schöne Dinge in den Päckchen verpackt sind, die ich finde, wenn ich meinen Lebensfaden weiterentwickle – im Gegenteil, da gibt es Enttäuschungen, Unglücksfälle, schmerzliche Erfahrungen, Krankheiten, Tod, Angstvolles, Zerstörerisches, worauf wir Menschen stoßen.

Viele Sprachbilder, die sich rund um den Faden drehen, drücken solche Sachverhalte aus: So sagen wir: »Da hat sich einer in etwas verwickelt«, wenn es schwierig scheint, aus einer Sache wieder herauszukommen.

Tödlich kann es ausgehen, wenn eine in etwas »verstrickt« ist. In einer modernen Inszenierung von Shakespeares »Hamlet« wurde diese Verstrickung, in die die junge Ophelia mithineingerät, eindrücklich gezeigt. Auf der Bühne verwickelt Ophelia sich immer mehr in ihre Fäden, die sie sich auch selbst in ihrem ausbrechenden Wahnsinn gespannt hat, bis sie schließlich so weit darin verstrickt ist, daß sie sich selbst tötet.

Wer glaubt, nicht genügend Raum zum Atmen und Leben zu haben, fühlt sich *abgeschnürt* oder *eingeschnürt*, wie es z.B. Schneewittchen erfährt, als ihre neidische Stiefmutter, die ihr ans Leben will, sie mit dem Riemen so fest einschnürt, daß ihr die Luft wegbleibt.

Verwirrt fühlt sich jemand, dessen Denken nicht mehr klar ist.

Mit *Umgarnen* meinen wir ein Manöver, das den anderen handlungsunfähig machen will – wie die Spinne ihr Opfer, das ihr ins Netz gegangen ist.

Manch eine fühlt sich *an unsichtbaren Fäden gezogen*, also fremdbestimmt. So beschrieb mir einmal eine Frau ihre Gefühle, die sie hat, wenn sie in ihr Elternhaus zurückkommt.

Wer sich von anderen bedrängt fühlt, sagt oft: *Die anderen ziehen und zerren an mir!*

Von einer Situation, die schwierig zu lösen ist, sagen wir: *Da ist ein Knoten drin!*

Ist das Leben bedroht, so hängt es am *seidenen Faden.*

Wir sprechen von *Verbindungen und Zusammenhängen,* von *wiederanknüpfen,* von *Verflechtungen,* vom sozialen *Netz,* davon, *sich zu vernetzen, etwas einzufädeln,* vom *Leitfaden* und vom *roten Faden.*[1] Unsere Sprache ist voll davon, die Gefühlszustände und Beziehungsprozesse untereinander auf vielfache Weise im Bild des *Miteinanderverwobenseins* auszudrücken.

Offensichtlich kommt hier ein uraltes Wissen zu Wort, das am besten in der wohl ältesten menschlichen Kunst des Spinnens und Webens ausgedrückt werden kann. Ja, vielleicht ist diese Kunst auch auf irgend eine Weise Abbild energetischer Beziehungsfelder und Muster der vor unseren Augen verborgenen Wirklichkeit.

Der Kosmos wird in der mystischen Tradition oft mit einem Gewebe verglichen, das von göttlichen Energien durchzogen ist. Auch wir in unserem Menschenleben hängen nicht im luftleeren Raum, sondern sind in größere Zusammenhänge hineingestellt. In den alten mythischen Zeiten dieser Welt, der vorpatriarchalen Zeit, wußten sich die Menschen verbunden und geborgen in diesem großen Zusammenhang. Die vielgestaltige große Göttin gebar alles Leben, begleitete es und nahm es am Ende wieder zurück in ihren Schoß, um es dann aufs neue zu gebären. Sie hatte die Macht des Bindens und Lösens. Auf vielen alten Krügen und Vasen aus matriarchal geprägten Zeiten weisen die Netzmuster, Fäden-, Knoten- und Schleifenmotive auf die kosmischen Lebensordnungen und -verknüpfungen hin[2]. Im babylonisch- ägyptischen Kulturkreis sind es die großen Göttinnen, die das Leben der Menschen binden und lösen.

Später tauchen in der griechischen Mythologie die Gestalten der drei Moiren auf (römisch Parzen). Klotho ist die Spinnerin des Lebensfadens, Lachesis teilt die Länge des Lebensfadens und damit das Schicksal zu und Athropos schneidet den Lebensfaden durch. Sie allein haben alle Fäden in der Hand.

Ähnlich ist es bei den germanischen Schicksalsgöttinnen, den drei Nornen, die bei den Wurzeln des großen Weltenbaumes Yggdrasil wohnen, an der Quelle Urdarborn. Nur sie allein kennen und lenken das Schicksal als Ganzes und stehen damit letztlich über den Göttern.

In den Gestalten der griechisch-römisch-germanischen Schicksalsgöttinnen verdichteten sich die Erfahrungen der damaligen Menschen, die sich immer wieder von der numinosen Gewalt niedergedrückt fühlten. Es scheint wenig Spielraum gegeben zu haben, dem zugedachten Schicksal, dem »Geschickten« zu entkommen. Das bekannteste Beispiel ist wohl die Ödipus-Sage, in der der Schicksalsspruch sich gerade dadurch erfüllt, daß man ihm zu entgehen sucht. (Vor der Geburt des Ödipus wird seinem Vater geweissagt, sein Sohn werde ihn einst töten und seine Mutter heiraten. Der Vater Laios setzt nun das neugeborene Kind aus. Es wird jedoch von

Hirten gefunden und wächst bei Pflegeeltern auf. Als junger Mann befragt auch er das delphische Orakel und erfährt von seinem Schicksalsspruch. Entsetzt flieht er von seinen Pflegeeltern, da er meint, der Spruch beziehe sich auf sie. So gerät er später in Streit mit seinem ihm ja unbekannten Vater Laios und erschlägt ihn. Auch das weitere ihm Zugedachte nimmt seinen Lauf.)

In der griechischen Mythenwelt ist das Schicksal daher die letzte Größe – der Faden kann nur *abgespult* werden.

In manchen Märchen erscheinen die spinnenden Schicksalsgöttinnen als Feen, die dem Kind bei der Geburt etwas mitgeben. Das bekannteste Beispiel ist sicher Dornröschen. In der dreizehnten Fee erkennt man die dritte Moire, die Hüterin des Todesfadens, die, weil nicht eingeladen, sich rächt, da sie als Teil des Lebens wahrgenommen werden will.

Im Unterschied zu den tragischen Geschicken der griechischen Helden geht es in den Märchen meist darum, daß das Schicksal oder die weisen Frauen auf Seiten des Helden und der Heldin sind. Sie verhelfen zu einer positiven *Entwicklung*.

Das Geschenk des Anfangs, z.B. die Bestimmung, König oder Königin zu werden, das Glück zu finden, kann letztlich nicht durchkreuzt werden. Zwar treten allerlei Schwierigkeiten auf, Verwünschungen und Irrwege, die überwunden, Rätsel, die gelöst, Aufgaben, die erfüllt werden müssen, bis die ursprünglich zugedachte Bestimmung sich erfüllt. Aber letztendlich sind gütige Mächte am Werk, ja, das Schicksal läßt sich aufwecken und verändern.[3] Der rote Faden dieser Märchen ist eine liebevolle Weisheit, die die Menschen begleitet.

In der christlichen Kunst wird später oft Maria in Anlehnung an die Schicksalsgöttinnen mit der Spindel in der Hand dargestellt, die den roten Faden spinnt. Ein neues Zeitalter beginnt mit ihr: Nicht, wie die Mythen der patriarchalen Welt weismachen wollen, sind Gewalt, Schrecken, ewige Qual, Tod und Krankheit die ständigen Schicksalsgenossen der Menschen, sondern die göttliche Weisheit, die von Anbeginn der Welt da war und deren mütterliches Antlitz Liebe ist, hat die Fäden in der Hand. Ihr Geist, ihre schöpferische

16

Kraft fließt durch Maria zu dem göttlichen Kind, durch das die Welt wieder verbunden wird mit der wahren Seinsmacht, die Liebe heißt.

In der hebräischen Wortwurzel *Ruach* (hebräisches Wort für die göttliche Lebenskraft, Urenergie, Geist) schwingt die Farbe Rot mit. *Ruach* könnte demnach auch »*Kraft des Roten*« bedeuten.[4] Rot ist die Farbe des Blutes, der Urenergie allen Lebens. In Erinnerung und in Anbindung an dieses alte Wissen wurden in aller Welt Rituale gefeiert. So binden sich die Mysten auf ihrer Prozession von Athen nach Eleusis einen purpurroten Faden an den Fuß.[5] Auch der Ariadne-Mythos, in dem der rettende Faden Wegweiser durch das Labyrinth wird, deutet auf alte kultische Begehungen. Auch das rote Seil das Priesterin Rahab aus Jericho (Mondstadt) weist auf matriarchale Riten hin, die die Wiedergeburt symbolisieren.[6] Der rote Faden verbindet wieder mit dem mütterlichen Urstrom, der von Anbeginn der Welt da ist. Dieser Urstrom heißt *Liebe* und hat nicht die blinden Augen des Schicksals.

In diesem Buch habe ich nun ein wenig um den roten Faden herumgesponnen. Als geflügeltes Wort verwende ich ihn oft undifferenziert da, wo es um Sinnzusammenhänge geht. Was ich mit dem roten Faden in einem mystischen Sinn meine, werden der Leser und die Leserin – wie ich hoffe – selbst herausfinden. Im ersten Kapitel steht die früheste Verbindung im Mittelpunkt, die Verbindung von Mutter und Kind, mit der das Urmuster beginnt, das unser weiteres Leben beeinflußt. Im zweiten Kapitel gehe ich den Wirkungen nach, die unsere Erfahrungen und Entscheidungen, die guten und die bösen Feen unserer Kindheit auf unsere Lebensmuster haben. Diese Fäden in die Vergangenheit, die unser Heute bestimmen, gilt es zu entdecken. Dabei entstehen folgende Fragen von selbst: Kann ich denn Einfluß nehmen auf mein Schicksal? Was kann ich an meinem Lebensmuster verändern? Wie weit reichen denn die Fäden in die Vergangenheit? Was bedeuten sie im Blick auf die kollektive Geschichte der Frauen und die der Männer?

Im dritten, umfangreichsten Kapitel entfalte ich nun ein typisch weibliches und ein typisch männliches Lebensmuster am Beispiel der Elisa aus dem Märchen »Die wilden Schwäne« von Hans Christian Andersen und am Beispiel der Jakobsgeschichte aus der hebräischen Bibel, mit all ihrer kollektiven Verflochtenheit.

Im vierten Kapitel lade ich ein, in die Mitte des Dunkels zu gehen, den Labyrinthweg zu beschreiten, und im fünften Kapitel, das Kraftfeld der Weisheit zu betreten und den roten Faden zu finden.

An den Schluß der meisten Kapitel habe ich Impulstexte und geleitete Phantasien gestellt, die als Einladung gedacht sind, sich über das Gelesene hinaus persönlich auseinanderzusetzen, destruktive Muster aufzulösen und den eigenen roten Faden zu finden.

Im letzten Kapitel lasse ich vier Menschen zu Wort kommen, die ich zu ihrem Lebenszusammenhang befragt habe, und deren Gedanken und deren Tun ich für wichtig genug hielt, daß sie Modelle werden können für andere, die auf der Suche sind. Zu jedem Kapitel habe ich Bilder ausgesucht, die das Geschriebene auf ihre eigene Art meditativ ergänzen. Manche sprechen für sich, andere bedürfen einer Erklärung.

Ich lade Sie nun ein, sich auf den Weg des roten Fadens zu machen…

Mutter und Kind

Kapitel 1:
Die erste Verbindung

Da ist es geboren, ein kleines Menschenkind. Mit noch fest zusammengepreßten Augen, feucht und glänzend, liegt es auf dem Bauch seiner Mutter. Noch hängt es an der pulsierenden Nabelschnur, ist es verbunden mit der ersten Quelle seines Lebens. Sanft streicheln es die Hände der Mutter, während die Hebamme, vorsichtig und behutsam, den ersten Schnitt im Leben eines Menschen vorbereitet. Sie trennt das Kind von der Nabelschnur. Ein neuer Lebensabschnitt beginnt. Das Kind hat nun seinen eigenen Blutkreislauf. Die Lunge nimmt die Atmung auf; das Kind tut seinen ersten eigenen Atemzug. Nun ist es wirklich geboren. Es öffnet seine Augen und nimmt Kontakt auf mit dem, was es umgibt. Und wie wichtig ist es, wenn ein liebevoller Mensch es anschaut und es spürt: Ich bin willkommen. Im Willkommensblick, im Strom der Liebe, die es einhüllen, erfährt das Neugeborene eine neue Verbindung. Oder anders ausgedrückt: In der neuen seelischen Verbindung erfährt es ein Fortbestehen dessen, was früher war, auf einer anderen Ebene. Es erkennt den Herzschlag, die Stimme der Mutter wieder, ihr ganzes So-sein, mit dem es ja schon neun Monate Kontakt hatte.

Es ist schon ein besonderes Band, das in den ersten Stunden des Lebens entsteht. Ein Band des Vertrauens oder aber auch des Mißtrauens, je nachdem, ob es gelingt, eine tragfähige Beziehung aufzubauen. Wie neuere, faszinierende Untersuchungen der pränatalen Forschung zeigen[1], hat dieses Band zwischen Mutter und Kind schon eine lange Geschichte der »Tiefenkommunikation«[2], einer Sprache aus dem Schwingen der Energie, die schon früh im Mutterleib beginnt. Nach diesen ganz neuen Einsichten begegnet uns dieses kleine Wesen, das wir einmal waren, als eine kleine Persönlichkeit mit einem sehr früh vorhandenen Wahrnehmungsvermögen, ein Wesen, das schon vor seiner Geburt hört und sieht, in der Lage ist, das Sprachmuster seiner Mutter zu erinnern, Musikvorlieben entwickelt, ja sogar träumt und spielt und sich aus all dem, was es erlebt, ein eigenes kleines »Weltbild« macht. Auch das ist vermutlich als Körpererinnerung bis heute in uns gespeichert. David Chamberlain, der langjährige pränatale Forschung betrieben hat, redet von einer anderen Art von Intelligenz, die auf ihre Weise mit und ohne Sprache denkt. Es scheint so, daß dem Ungeborenen über die Nabelschnur eine Fülle von Informationen »gesendet« werden und daß auch das Kind auf seine Weise mit seiner Mutter in Kontakt tritt.[3] In der Therapie begegne ich manchmal Menschen mit unerklärlichen Ängsten und tiefen Depressionen, die oft ausgelöst werden von Lebenskrisen wie Trennungen und Verlusten, die sie erfahren haben. Da tauchen dann Bilder und Gefühle auf, die an frühe Situationen bei der Geburt erinnern, oder oft sogar auf diese vorgeburtliche Tiefenkommunikation hinweisen. Ich habe Menschen erlebt, die regelmäßig in der Zeit um ihren Geburtstag herum in schwere Depressionen fielen. Chamberlain berichtet von ähnlichen Fällen.[4]

Auch Sprachbilder, die Menschen in schweren Krisen oft verwenden, können auf angstvolle Erlebnisse bei der Geburt aufmerksam machen: »Ich fühle mich abgeschnitten von anderen, von der Freude, vom pulsierenden Leben« mag z.B. auf das abrupte, für das Baby äußerst beängstigende Abschneiden der Nabelschnur zurückzuführen sein, zumal dies oft mit einer frühen Trennung von der Mutter verbunden war, wie es bei uns jahrzehntelang in Kliniken üblich gewesen ist. Ähnlich mögen sich angstvolle Erinnerungen in dem Ausdruck spiegeln: »Ich fühle mich hängengelassen.« Da tritt mir spontan ein Bild vor Augen, wie ein Baby, kurz nach seiner Geburt, aus medizinischen Gründen nur an den Füßchen gehalten mit dem Kopf nach unten hängengelassen wird, worauf es meist mit einem wilden, atemlosen Angstschrei reagiert.[5]

Auch die Erfahrung, die Erwachsene manchmal äußern, daß sie andere, vor allem aber den geliebten Menschen wie hinter Glas, sich selbst unfähig zur Berührung, zu Kontakt erleben, mag auf frühe

Trennungen hinweisen, wie sie vor Jahrzehnten in Kliniken im Regelfall praktiziert wurden.

Wenn man bedenkt, wie vorschnell man in Krankheitsfällen und bei Komplikationen sogar der eigenen Mutter Zutritt zu ihrem Baby verweigert hat, das sie oft nur durch eine Glastrennscheibe sehen durfte, dann sind für mich manche tiefsitzendenKontaktstörungen und Isolationsängste nicht verwunderlich. Therapieerfahrungen bestätigen dies: Erst eine Geburtskultur, die sich an der Einfühlung in die frühen Bedürfnisse eines Neugeborenen orientiert, kann neue Anfänge für menschliches Leben schaffen. Gottseidank setzen sich diese Einsichten in die Notwendigkeit der »sanften Geburt« und der kontinuierlichen Verbindung zwischen Mutter, Vater und Kind immer mehr durch. Ich habe jedoch den Eindruck, daß immer noch mehr Geld in eine Apparatemedizin gesteckt wird als in eine babyintensive Betreuung; obwohl es z.b. möglich ist, daß Schwestern Frühgeborene überwiegend am Körper tragen, statt sie in allen Fällen in Brutkästen zu versorgen, wird dies bisher nur in einigen wenigen Kliniken praktiziert.

Auch eine auffällige Anfälligkeit der Atemorgane für Krankheiten, Atembeschwerden oder undefinierbare Ängste zu ersticken weisen oft auf frühe Traumata hin, daß z.b. sich die Nabelschnur bei der Geburt um den Hals gewickelt hat oder andere Komplikationen aufgetreten sind. All diese Erfahrungen im Mutterleib, bei der Geburt und in der ersten Zeit danach werden offenbar in unseren Körperzellen gespeichert und ergeben einen wichtigen Teil unseres ganz persönlichen Beziehungsmusters, unseres Körperempfindens, unserer Gefühle uns selbst, anderen und der Welt gegenüber.

Immer wieder im Lauf unseres Lebens tauchen diese frühen Prägungen auf; vor allem aber bei Lebensübergängen, bei Schicksalsschlägen oder in persönlichen Krisen. Sie können sich in verschiedenen Formen zeigen: in diffusen Ängsten, in Gefühlen, keine Lebensberechtigung zu haben, sich total ausgeliefert, abhängig und hilflos zu fühlen, machtlos in Beziehungen zu anderen Menschen zu sein oder hilflos in Konfliktsituationen, die eher ein tatkräftiges Handeln erfordern als abgrundtiefe Depression und Passivität.

Sehr eindrücklich habe ich die Geschichte einer fast fünfzigjährigen Frau vor Augen, die wegen schwerer Depressionen nach der Trennung von ihrem Freund zu mir kam. Sie wirkte auf mich immer wieder sehr klein und dünnhäutig. Auffallend war, in welch hohem Maße sie sich um andere bekümmerte, die ihr wichtig waren. Sie entwickelte dabei ein Einfühlungsvermögen, das manchmal an hellseherische Fähigkeiten grenzte. Ihr Ziel war, es anderen immer irgendwie recht zu machen, ihre Bedürfnisse zu erraten und für deren Erfüllung zu sorgen. Verbunden war diese Lebenshaltung mit einer enormen Angst um andere, die ihr etwas bedeuteten. Konkret ging es um diesen Freund, der sie auf recht schlimme Weise ausgebeutet hatte und den sie, wie sie meinte, doch nicht im Stich lassen könne, nachdem er sich – obwohl er sie gerade erst wegen einer anderen Frau verlassen hatte – wieder hilfesuchend an sie gewandt hatte.

»Um wen hast du dich früher denn immer gesorgt und Angst gehabt?« frage ich sie. Schnell wird deutlich, daß es die Mutter war. Das erste, was ihr einfällt, ist der frühe Tod ihres Vaters – sie war zwölf – an dem sie »hing«. Nicht nur der Verlust des Vaters war schlimm, sie hatte nun auch permanent das Gefühl, für ihre Mutter sorgen zu müssen.

Ich frage weiter, wie es ihr mit ihrer Mutter ging, als sie noch kleiner war. Heike – so nenne ich die Frau – antwortet heftig: »Mutter war immer wie ein Moloch. Sie nahm immer das Recht für sich in Anspruch, daß alle sich nur um sie kümmern sollten!«

Heike hat ein starkes Bild für ihre Mutterbeziehung gewählt. Moloch – das war ursprünglich ein kanaanäischer Gott, der Menschenopfer forderte. Was hat Heike ihrer Mutter geopfert? Ich frage sie, was sie über die Zeit weiß, als ihre Mutter mit ihr schwanger war. Da sagt Heike einen überraschenden Satz: »Als ich schwanger war (sie meint damit: Als ich im Bauch meiner Mutter war – die Mutter also schwanger war), war Vater das erste Mal sehr schwer krank: Lungen-TBC.« Heike hat gar nicht bemerkt, daß sie sich versprochen hat. Ich mache sie darauf aufmerksam. Sie lacht irritiert und sagt: »Natürlich meine ich, als Mutter schwanger war.«

Solch kleiner Versprecher ist meist nicht zufällig. Hier weist er darauf hin, daß Heike sich im Moment sehr stark mit ihrer Mutter identifiziert. Ich gehe der Spur nach und frage:»Magst du dir vorstellen, wie es wohl deiner Mutter zumute war in dieser Zeit, als sie mit dir schwanger war?« Heike schließt die Augen und sagt:»Meine Mutter – sie war ärgerlich, daß niemand für sie sorgte, wie es sich für eine Schwangere gehört. Im Gegenteil: Sie mußte sich ständig um meinen Vater sorgen!«
»Und wenn du dir nun auch vorstellst, wie es ist, in ihrem Bauch zu sein? Ein kleines Wesen, das heranwächst?« Heike hält plötzlich die Luft an und atmet dann ganz schwer, als bekäme sie keine rechte Luft und sagt – ihre Stimme ist ganz hoch und winzig und leise –:
»Das ist so, als würde dieses kleine Ding pausenlos für Mutter sorgen, daß es ihr gut geht, und ihr sagen, paß auf dich auf, paß auf dich auf, daß es dir gut geht. Sonst muß ich sterben! Ich habe das Gefühl, daß durch die Nabelschnur ganz viel Schwarzes auf mich zukommt, so daß ich pausenlos umgekehrt zu Mama ganz viel Fürsorge nach oben senden muß: Paß auf dich auf, bitte, bitte!«

Ob da eine Wurzel liegt für Heikes ständige,übertriebene Fürsorge und Angst um andere, ihre unglaubliche Intuition, herauszufinden, wie andere sich fühlen? Denn nur dann, wenn es der Mutter gut geht, kann auch die kleine Heike hoffen zu überleben.
Heike hatte kurz nach der Geburt eine lebensgefährliche Erkrankung der Atemwege. Sie brauchte viel Aufmerksamkeit. Krankheiten ziehen sich dann auch wie ein roter Faden durch ihr Leben. So als ob sie nur dann ein wenig Fürsorge erlebte, wenn sie krank ist. Ansonsten galt überwiegend ihre Lebensstrategie, mit letzter Selbstaufgabe für andere dazusein, sich in sie hineinzufühlen, ja nichts zu übersehen. Wenn ich sie so anschaue, sie ist klein und dünn mit ganz winzigen Füßen, dann kann ich nur ahnen, welch unglaubliche Anstrengung es sie gekostet haben mag, mit dieser Überlebensstrategie zu leben.
Das Muster unserer frühen Bindung wiederholen wir ja oft in unseren Partnerschaften, mit Personen, die uns wichtig sind. Bei Heike

war dies offensichtlich der Fall in dieser ausbeuterischen Liebesbeziehung, von der sie sich nun lösen will.

Ich erinnere mich jetzt auch, daß Heike einige Zeit vor dem Gespräch, das ich in kurzen Zügen skizziert habe, an einem Wochenendkurs bei mir teilnahm. Dort schlug ich der Gruppe eine kleine Phantasieübung vor, daß sie sich vorstellen sollte, wie mit einer Nabelschnur mit der Erde, dem mütterlichen Bereich, verbunden zu sein. Heike hatte mit dieser Übung große Schwierigkeiten, sie erlebte diese Verbindungsschnur als bedrohlich. Jetzt wird mir klar, warum. Die Übung hatte zu einer Wiederbelebung ihrer alten Ängste aus der Zeit noch vor ihrer Geburt geführt.

Heikes Geschichte ist die Geschichte eines Menschen, dessen eigenes »inneres Kind« unterversorgt ist, dessen Lebensstrategie dann ist, ständig für andere zu sorgen in der Hoffnung, daß – wenn es den anderen gut geht – auch er etwas bekommen wird. Dabei gerät Heike immer wieder an Menschen, deren Beziehungsstruktur der ihrer Mutter entspricht, bei der sie sich »opfert«.

In einem unserer letzten Einzelgespräche, als ihr all diese Zusammenhänge bewußt werden, lade ich sie ein, in einer Phantasieübung sich ein kleines Baby vorzustellen und zu spüren, was es braucht. Heike stellt sich ein reales Baby aus der Verwandtschaft vor, an dessen Geburt und an dessen Entwicklung sie starken Anteil genommen hat. Plötzlich verändert sich ihr Gesicht. Da kommt ein Strahlen hinein, das vorher nicht da war. Sie erzählt, daß sie in ihrer Vorstellung das Baby auf den Arm genommen hat und plötzlich ein überwältigender Strom der Liebe zu diesem Kind floß und der Wunsch, gut für es zu sorgen. Das war kein fremdes Baby mehr für sie, sondern sie selbst: der kleine bedürftige Teil in ihr, den sie nun selbst mit Nahrung versorgen wollte wie eine gute Mutter, statt in ständiger Abhängigkeit und Todesangst zu erwarten, daß ein anderer von außen ihren tiefen Mangel stillt.

Während unserer Einzelgespräche gab es immer wieder Phasen, in denen Heike über all das Schlimme, an das sie sich erinnerte, geweint hat. Dabei habe ich sie oft zwischen meinen beiden Händen gehalten. Später hat sie mir erzählt, wie unglaublich wichtig dies für sie gewesen sei.»Indem du mich gehalten hast, hab ich mich selbst *dazwischen* gespürt.«Eine wichtige Erfahrung für einen Menschen wie Heike, die ihre Ich-Grenzen so früh schon aufgegeben hat, die eher zu Hause war in den Köpfen und Gefühlen anderer als bei sich selbst!

»Lange Zeit war mein Identifikationsbild eine Pieta-Darstellung, wo eine übergroße Mutter (Maria) den toten Sohn (Jesus) im Arm hält und beweint. So habe ich mich immer gefühlt, vor allem in meiner Partnerbeziehung, hoffnungslos sorgend. Dabei wußte ich ganz genau, daß doch alles umsonst war.«

Für Heike wird nun ein neues Bild wichtig: die nährende Mutter mit dem Kind auf dem Arm. Mir fällt ein, wie faszinierend Marienbilder auf uns wirken können, vor allem Ikonen, auf denen Maria mit dem Kind auf dem Arm dargestellt wird. Werden wir da nicht alle in einer ganz tiefen Schicht angerührt? Nicht nur, daß uns in diesen Bildern die innige Verbindung zwischen Mutter und Kind entgegenkommt, die uns an unsere erste Beziehung erinnert. In den Bildern der nährenden Gottesmutter, die das göttliche Kind trägt, ist die archetypische Kraft verborgen, die unserer Lebenswirklichkeit zugrundeliegt. Wenn in unseren Träumen oder Phantasien das neugeborene Kind auftaucht,[6] symbolisiert es ja auch die Kräfte des Neuanfangs, die Quellen des Schöpferischen, dessen, was oft das »Selbst« genannt wird, was als »Bild Gottes« in uns aufleuchten will.

Für mich zeigt sich dieses Symbol des Kindes immer in der Gebrochenheit menschlicher Existenz. Viele Maler in der Christustradition haben das göttliche Kind auf dem Arm seiner Mutter schon mit dem Kreuzzeichen gemalt.[7] Es gibt einen Hinweis auf den konkreten Christusweg, der vor ihm liegt, hat für mich aber auch überindividuelle Bedeutung. Wenn wir an unsere eigenen Anfänge zurückgehen, begegnen wir meist auch dem gezeichneten, verletzten Kind, dem Dunkel und dem Schmerz. Wir begegnen dem Kreuzeszeichen, unter dem unser Menschsein steht. Tiefenpsychologisch gesehen, bedeutet das Kreuz das Eingespanntsein in die Gegensätze, die unser Leben bestimmen: in männlich und weiblich, in Leben und Tod, in die Begrenzungen des Irdischen und in die Offenheit des Geistes. So finden wir uns vor, das ist unser aller Schicksal.

Und dann gibt es noch das individuelle Kreuz, das ganz persönliche Eingespanntsein in Lebenszusammenhänge: meine Familie, das Land und Volk, zu dem ich gehöre, mit seiner Geschichte, meine Gaben und auch Behinderungen. Mag sein, daß auch kosmische Wirkkräfte, von denen die Astrologie etwas zu wissen meint, mit an dem Faden spinnen, der mir zugedacht ist, aus dem ich mein persönliches Lebensmuster gestalten kann – das Geheimnis ist groß! Mit diesem inneren Kind in uns unter dem Kreuzeszeichen eine Verbindung einzugehen und es liebevoll anzunehmen, darin sehe ich eine Aufgabe und Möglichkeit, das eigene Schicksal anzunehmen und heilende Kräfte in Bewegung zu setzen.

Manchmal werde ich gefragt: »Ist das wirklich so, daß so frühe Verletzungen, Probleme bei und nach der Geburt, ja sogar schon vor der Geburt so prägende Auswirkungen haben können? Wozu soll es gut sein, das alles hervorzuholen und zu erinnern?« Und viele werden mutlos, wenn sie an ihre eigenen Kinder denken oder an das, was sie aus Unwissenheit versäumt haben, und fragen nun bestürzt: »Wie können sie je zu glücklichen Menschen heranwachsen?«

Ich denke, hinter die Erkenntnisse des Unbewußten durch Freud und Jung und viele andere in deren Gefolge können wir nicht mehr zurück. Wir wissen von Menschen, die ihren Ängsten und Krankheiten auf der Spur waren und bis zu diesen frühen Verbindungen einen roten Faden gefunden haben. Viele fanden im Durchleben alter Verletzungen, in regressiven Zuständen, in der Arbeit mit Träumen oder einfach im erzählenden Erinnern Heilung – aber doch nicht alle! Genauso gibt es Menschen, die trotz ihrer schweren Kindheit ein reiches, liebevolles Leben führen können, ohne je eine Therapie gemacht zu haben. Wir können die Vergangenheit nicht mehr ändern, sie nicht zurückdrehen, um sie noch einmal neu und besser gestalten. Es ist auch nicht hilfreich, in der Anklage- und Opferposition stehenzubleiben, an den Fragen zu kleben: »*Warum* nur hatte ich nicht das, was ich brauchte, als ich klein war? *Warum* bin ich so früh ohne echte Beziehung geblieben? *Warum* ist meine Mutter so bald gestorben, hat mein Vater mich mißbraucht?« oder was der Fragen viele mehr sind. Diese *Warum*-Fragen im Zurückschauen auf die Vergangenheit lassen uns zur Salzsäule erstarren. Unsere Lebensenergie kann nicht mehr fließen. Erst, wenn wir bereit sind, die Vergangenheit als einen Teil unserer ganz persönlichen Geschichte anzunehmen und aus ihr zu lernen, das *Heute* anders und liebevoll zu leben, entstehen Hoffnung und Wandlung. Lernen kann bedeuten, auch Konsequenzen zu ziehen, die tief und einschneidend das bisherige Leben verändern können. Gesellschaftlich bedeutet Lernen für mich, daß mehr und mehr Konsequenzen aus der Tiefenpsychologie gezogen werden und aus dem Wissen, wie verheerend sich eine Geburtskultur auswirken kann, die Neugeborene in einer Klinikmaschinerie zum medizinischen Opfer macht und die junge Mütter mit all ihren Unsicherheiten und Ambivalenzen allein läßt.

Eine Geburtskultur, die ernst nimmt, wie prägend frühe Bindungsmuster für ein weiteres Leben sein können, wird alles daran setzen, den Empfang eines neuen Menschen liebevoll und aufmerksam zu gestalten, damit auch später ein aufmerksamer und mitfühlender Mensch eine friedliche Gesellschaft mitgestaltet. Marianne Krüll erzählt in ihrem Buch,»Die Geburt ist nicht der Anfang«[8], sehr eindrucksvoll von Geburtsritualen auf der Insel Bali, deren Kultur ein Bewußtsein dafür hat, wie wichtig der Übergang vom vorgeburtlichen zum nachgeburtlichen Leben ist, nicht nur für den einzelnen Menschen, sondern für die ganze Gemeinschaft. Bali ist bekannt für seine Gewaltlosigkeit und Kinderfreundlichkeit. So gehört es zur Aufgabe des Geburtshelfers, während der Kopf des Kindes heraustritt, den neuen Menschen willkommen zu heißen, ihn einzuladen, auf diese Welt zu kommen.

Auch die Rolle des Vaters ist fest umschrieben. Er stützt und hält seiner Frau während der Geburt den Rücken, und er ist derjenige, der die Nabelschnur durchtrennt. Daß die Mutter von ihr vertrauten Menschen umringt und begleitet wird, ist selbstverständlich.

Vieles setzt sich auch bei uns mehr und mehr durch, und es mag sein, daß es bald nur noch Geburtshäuser gibt, die nicht an die sterile und nüchterne Krankenhausatmosphäre erinnern, wie sie bei uns noch vor 20 Jahren gang und gäbe war, sondern die geprägt sind von all dem, was ein Neugeborenes und seine Eltern brauchen, nämlich die Möglichkeit des Kontaktes rund um die Uhr, Freunde und Verwandte, die auch mal mit übernachten können, eine gute Stillberatung und Kontaktmöglichkeit der Frauen untereinander und vieles, vieles mehr.

Ich denke, daß es in unserer westlichen Zivilisation durchaus an der Zeit ist, wieder Verbundenheit zu lernen. Wann kann das besser geschehen als am Anfang des Lebens, wenn ein kleiner Mensch dieser Welt begegnet, der mit allem ausgestattet ist, Beziehungen zu suchen und Kontakt?

Eines der faszinierendsten Bücher, das ich in den letzten zwölf Jahren gelesen habe, war das Buch von Jean Liedloff »Auf der Suche nach dem verlorenen Glück«.[9] Die Autorin hat zweieinhalb Jahre bei den Yequana-Indianern gelebt und nach den Ursachen für deren glückliches und harmonisches Zusammenleben geforscht. Auch hier ist es das gelungene Kontinuum zwischen vorgeburtlicher Zeit und Säuglingszeit, der ununterbrochene Kontakt durch das selbstverständliche Getragenwerden, das Hineinwachsen in eine aktive Gemeinschaft.

Es ist wichtig, daß wir solch andere Gesellschaftsformen mehr und mehr wahrnehmen, auch wenn wir unsere Zeit nicht mehr zurückdrehen können. So halte ich es für absolut notwendig, daß wir unseren westlichen, männlich geprägten Kulturstolz hinterfragen und zur Kenntnis nehmen, daß es jahrtausendealte partnerschaftlich geprägte, kulturell hochentwickelte, friedliche Gesellschaftsformen gab, die nach den Erkenntnissen der mit ihnen befaßten WissenschaftlerInnen um den Zusammenhang mit der nährenden kosmischen Mutter wußten und die vorrangigen Grundbedürfnisse von Mutter und Kind respektierten.[10]

Es ist Zeit, daß wir uns öffnen für andere Lebensweisen, in denen offensichtlich etwas mehr davon aufleuchtet, wie menschliches Zusammenleben gelingen kann: in liebevoller Verbundenheit statt in ständigem Konkurrenzkampf. Alles, was wir tun können, ist zu lernen. Das kann sicher nicht ohne eine Art Transformation geschehen, denn wir können eben nicht mehr zurück in den Urwald oder in alte versunkene Zeiten. Trotzdem gilt es, Visionen zu entwickeln von einer anderen Menschengemeinschaft, deren Merkmal liebevolle Verbundenheit sein kann anstelle von feindseligen Aufspaltungen und Trennungen in verschiedene Nationalitäten, in Juden, in Christen und Moslems, in Frauen und in Männer, in Gute und Böse und was der Einteilungen mehr sind.

»Von allen Seiten umgibst du mich und hältst deine Hand über mir«, so betete ein unbekannter Mensch vor zweieinhalbtausend Jahren, wie es in Psalm 139 heißt, und spricht damit die uralte Erfahrung aus, die Menschen damals wie heute machen: Auch, wenn ich mich als getrenntes Wesen begreife, als Individuum – und niemals in der Geschichte der Menschheit ist dieser Individualismus so auf die Spitze getrieben worden wie in unserer Zeit – gibt es ein tieferes Wissen, das ab und zu mehr oder weniger aufleuchtet, von einem Getragen- und Verbundensein über meine individuellen Grenzen hinweg. Du magst es spüren, wenn du der tosenden Urkraft des Meeres begegnest und plötzlich entdeckst, daß du ein Teil dieser Kraft bist. Du magst es erfahren in den Begegnungen der Liebe zu anderen Menschen, auch auf einsamen Bergwanderungen, im Gesang der Vögel, bevor die Sonne aufgeht, wenn du völlig wider alle Vernunft mit dem Baum gesprochen hast, wenn in Grenzsituationen deines Lebens dich Unerwartetes berührt.

Gemeinsam ist all diesen Erfahrungen das fast mystische Erleben der Verbundenheit mit einem größeren Ganzen, einem Getragenwerden in einem liebevollen Kosmos. Ich bin überzeugt davon, daß jeder Mensch solche deutlichen Erlebnisse mehr oder weniger kennt. Nur reden viele nicht über sie oder werten sie ab, zumal in unser Kultur, über Jahrhunderte gepflegten Denkstrukturen das trennende, sezierende, sogenannte logische als das »richtige« Denken ausgegeben und in unseren Schulen, oft auf einseitige Weise, weitergegeben wird.

So erfahren wir uns zwar als getrennte, oft isolierte Wesen, abgeschnitten auch von der göttlichen Liebe und schöpferischen Kraft, aber in Wirklichkeit hat die Verbundenheit Gottes mit uns nie aufgehört. Das ist die Kernaussage aller biblischen Traditionen, daß Gott uns näher ist, als wir uns selbst sind.

Verbundenheit spüren

Ich möchte Sie auf verschiedene Weise einladen, diese Verbundenheit neu in Ihr Leben aufzunehmen. Mit unseren Füßen haben wir den unmittelbarsten Kontakt mit der Erde, die uns trägt. In Krisenzeiten, wenn es uns schlecht geht, wir uns »abgeschnitten«, »entwurzelt«, kontaktlos fühlen, »neben uns« stehen, ist unsere Energie oft nicht mehr genügend mit der Erde verbunden. Manche Menschen in schwierigen Phasen berichten, daß sie das Gefühl haben, den Boden zu verlieren, außer sich zu sein, sich aufzulösen, ja, zu schweben, im negativen Sinn weggetreten zu sein. Da ist folgende Übung zur Erdung hilfreich:

- Stellen Sie sich mit lockeren Knien, die Beine leicht auseinandergestellt, auf den Boden.

- Spüren Sie, wie Ihre Energie am Ende der Wirbelsäule und von Ihrem Unterbauch her die Beine hinunterfließt und Sie Wurzeln schlagen wie ein Baum. Bleiben Sie eine Weile so stehen, bis Sie spüren, wie sich Ihre Energie wieder verbindet mit der Energie der Erde, die uns trägt. Spüren Sie, daß diese Kraft der Erde für Sie da ist, ganz unabhängig davon, wie Sie sich fühlen.

- Bedanken Sie sich bei der Erde für ihre tragende Kraft, die ausnahmslos für alle da ist.

- Wenn Sie mögen, können Sie sich in weiteren Schritten auch eine Verbindungsschnur zur »Mutter Erde« vorstellen.

- Es kann sein, daß bei dieser Übung alte, bedrohliche, negative Erfahrungen aus der vorgeburtlichen Zeit aktiviert werden, so daß es zu unangenehmen Gefühlen kommen kann. Unterbrechen Sie dann die Übung.

- Es mag sein, daß sich alte, schmerzliche Körpererinnerungen melden, die es im Moment schwermachen, sich mit einem mütterlichen Zentrum zu verbinden, weil Sie unbewußt erwarten, die gleichen Erfahrungen zu machen wie früher.

Bei dieser Übung sind Sie nun aber selber die Handelnde, der Akteur. Sie sind nicht mehr in dem Maße »abhängig« wie damals, als Sie im Bauch Ihrer Mutter heranwuchsen oder ein kleines Kind waren. Sie können sich selbst heute neu einladen, andere Erfahrungen zu machen.

- Setzen Sie sich bequem und locker auf einen Stuhl. Die Hände liegen mit den Handflächen nach oben auf dem Oberschenkel.
- Schließen Sie die Augen, und spüren Sie, wie der Atem durch Sie hindurchfließt.
- Stellen Sie sich vor, daß Sie, wie mit einer Nabelschnur, verbunden sind mit dem mütterlichen Bereich der Erde. Lassen Sie sich Zeit bei diesem Bild. Öffnen Sie sich für den Strom der Liebe, der Energie zum Wachsen und zum Leben, der durch diese Verbindungsschnur in Sie einströmt. Spüren Sie, daß Sie verbunden sind mit der Lebensenergie der Erde, und lassen Sie sie in alle Zellen Ihres Körpers einströmen.
- Bedanken Sie sich für das, was Sie bekommen haben.
- Und dann öffnen Sie wieder Ihre Augen und nehmen wahr, wo Sie sind.
- Es mag sein, daß Sie heute Ihre Umgebung, Bäume, Pflanzen, Tiere, Menschen, alles, was die Erde hervorbringt und was auf ihr lebt, in neuer Verbundenheit wahrnehmen können, denn es ist alles gespeist von derselben Lebensenergie.

Heilige Ganzheit

Mutter Gott
du trägst uns zärtlich
seit dem Beginn der Welt
in deinem Schoß
Vater Gott
deine Augen ruhen auf uns
voll Liebe
seit dem Beginn der Welt

heilige Ganzheit
nach der wir tasten
mit unseren menschlichen Namen
du schickst uns ins Leben
der wunder-vollen
der gefahr-vollen Erde

du traust uns das Gute zu
für deine Schöpfung
du Himmel willst alles umarmen
du Quelle willst alles Hungrige stillen
willst alles Schmerzende heilen
willst alle Schuld von uns waschen

heiliges Du
öffne uns für deine Gegenwart
öffne uns für die Menschengeschwister
öffne uns für alles, was lebt

Amen

(Christa Peikert-Flaspöhler)[11]

34

Herr, du erforschest mich / und kennest mich.

Ich sitze oder steh auf, so weißt du es; / du verstehst meine Ge-
danken von ferne.

Ich gehe oder liege, so bist du um mich / und siehst alle meine
Wege.

Denn siehe, es ist kein Wort auf meiner Zunge, / das du, Herr,
nicht schon wüßtest.

Von allen Seiten umgibst du mich / und hältst deine Hand über
mir.

Diese Erkenntnis ist mir zu wunderbar und zu hoch, / ich kann
sie nicht begreifen.

Wohin soll ich gehen vor deinem Geist, / und wohin soll ich
fliehen vor deinem Angesicht?

Führe ich gen Himmel, so bist du da; / bettete ich mich bei den
Toten, siehe, so bist du auch da.

Nähme ich Flügel der Morgenröte / und bliebe am äußersten
Meer,

So würde auch dort deine Hand mich führen / und deine Rechte
mich halten.

Spräche ich: Finsternis möge mich decken / und Nacht statt Licht
um mich sein,

So wäre auch Finsternis nicht finster bei dir, / und die Nacht
leuchtete wie der Tag.

Finsternis ist wie das Licht.

Denn Du hast meine Nieren bereitet / und hast mich gebildet im
Mutterleibe.

Ich danke dir dafür, / daß ich wunderbar gemacht bin;
Wunderbar sind deine Werke; / das erkennt meine Seele.

Es war dir mein Gebein nicht verborgen, als ich im Verborgenen
gemacht wurde / als ich gebildet wurde unten in der Erde.

Deine Augen sahen mich, / als ich noch nicht bereitet war,
und alle Tage waren in dein Buch geschrieben, / die noch werden
sollten und von denen keiner da war.

Aber wie schwer sind für mich, Gott, deine Gedanken! / Wie ist
ihre Summe so groß!

Wollte ich sie zählen, so wären sie mehr als Sand: / Am Ende bin ich noch immer bei dir.

Erforsche mich, Gott, und erkenne mein Herz; / prüfe mich und erkenne, wie ich's meine.

Und sieh, ob ich auf bösem Wege bin, / und leite mich auf ewigem Wege.

(Aus Psalm 139)

Jahresringe

Kapitel 2:
Die Fäden der Vergangenheit

Wenn Menschen sich kennenlernen, erzählen sie oft einander Geschichten aus ihrem Leben: woher sie kommen, was ihnen zugestoßen ist und welche Entscheidungen sie getroffen haben. Bei manchen Geschichten bleiben sie hängen, als ob unsichtbare Fäden sie dorthin gezogen hätten, die sich daran festhaken. Oft sind es die Geschichten der Enttäuschung, der Trauer, des Leides, als schlimme Dinge passiert sind, die uns in Angst und Schrecken versetzt haben oder in ohnmächtigen Zorn. Und sie wirken häufig in unsere Gegenwart hinein, ohne daß wir es merken.

Noch zu vieles ist unerledigt geblieben. Es blieb zum Beispiel keine Zeit zu trauern, als die Mutter starb und die Kleine erst zwölf war. Sie mußte ja vernünftig sein und es Papa nicht noch schwerer machen. Die neue Mutter gab sich zwar solche Mühe, aber das junge Mädchen konnte ihr Herz ihr nicht mehr öffnen... Das hatte sie fest verschlossen, versteckt hinter einer coolen, schnodderigen, leicht ironischen, selbstbewußten Art, die sie auch heute zeigt.

Es war kein Platz für den kleinen Jungen, der zusammen mit seiner Mutter und dem Bruder als Flüchtling einquartiert wurde in einem kleinem Dorf, wo die Katze es besser hatte als der kleine Junge, dem von den Vermietern deutlich gezeigt wurde, wie unerwünscht er und seine Familie waren. Er sah keine Möglichkeit, sich zu behaupten – außer sich an der Katze zu rächen!

Da ist die Frau, die es nicht verwinden kann, daß sie nicht die gleichen Ausbildungschancen hatte wie ihr Bruder, weil sie ein Mädchen war. Es war damals nicht üblich, solche Bedürfnisse zu haben und sich durchzusetzen.

Da ist der Mann, der sich auf Drängen anderer für einen falschen Beruf entschieden hat. Damals hatte er kein Gespür für seine eigenen Fähigkeiten und Interessen.

Da ist die junge Frau, deren ganze Lebensplanung über Bord ging, als sie an einer unheilbaren Krankheit erkrankte. Da ist die andere Frau, die es nicht verwinden kann, daß sie sich von ihrem Partner zu einer Abtreibung drängen ließ.

So vielfältig wie die Geschichten der Menschen sind, so vielfältig sind auch die Verknüpfungen, die mit diesen Geschichten einhergehen. So mag die eine daraus folgenden Lebensgrundsatz formen: Ich werde mein Herz nur noch ganz insgeheim öffnen; denn wenn ich mich zeige und vertrauensvoll jemanden liebe, dann werde ich doch verlassen.

Oder ein anderer: Für mich gibt es wohl keinen sicheren Platz. Also werde ich denen, die einen Platz beanspruchen oder haben, das Leben schwermachen und sie vertreiben.

Oder: Ich schaffe es wohl nie, erfolgreich und zufrieden in meinem Beruf zu sein. Ich bin nicht wichtig genug.

Oder: Ich bin es wohl nicht wert zu leben, also nehme ich mich immer mehr zurück.

Wenn Menschen diesen Lebensmuster-Sätzen entlanggehen, den Faden in die Vergangenheit zurückverfolgen, dann stoßen sie oft darauf, daß sie solche Sätze schon sehr früh gebildet haben, in einer Zeit, in der sie noch ganz klein und abhängig waren von den großen Mächtigen, die für sie sorgten.

Solche frühen Lebenseinstellungen sind eine Antwort auf die vielen schmerzlichen oder unverständlichen Dinge, die uns zugestoßen sind. Oft sind sie Überlebensstrategien in einer uns bedrohlich erscheinenden Welt.

Ein Kind, das beschließt, seine Gefühle nicht mehr zu zeigen, niemandem mehr zu vertrauen, antwortet damit auf die Erfahrung, daß da kein zuverlässiger Erwachsener war, der ihm genügend Halt gab, seine Gefühle aushielt, angemessen und liebevoll darauf reagierte. Je kleiner es ist, desto stärker steht es in der Gefahr der Verallgemeinerung, so daß es zum Beispiel denkt: Die *ganze* Welt ist ein gefährlicher Ort. Oder: *Alle* Menschen sind unzuverlässig (oder als Variante: Besonders *allen Frauen* bzw. *allen Männern* kann man nicht vertrauen).

Alle diese Glaubenssätze, Lebenseinstellungen, diese »Lebensmuster-Sätze« über uns selbst, die Welt und andere sind tief in uns gespeichert. So wie die Jahresringe eines Baumes seine Lebensgeschichte wiederspiegeln, so ist auch unsere Geschichte in uns Menschen eingegraben in Form all unserer frühen und späteren Erfahrungen, aus denen wir so etwas Ähnliches wie ein Lebensdrehbuch (Skript)[1] entworfen haben, nachdem wir unser späteres Leben verwirklichen wollen.

Unseren Erfahrungen haben wir eine ganz persönliche Deutung gegeben, die sich verdichtet hat in diesen Lebensmuster-Sätzen, mit deren Hilfe wir unsere Gegenwart und Zukunft gestalten.

Diese Schlußfolgerungen, die wir getroffen haben, werden oft erst aus unseren Geschichten verständlich. Aber es ist wichtig zu entdecken, daß es immer unsere ganz persönliche Entscheidung war, genau so und nicht anders zu reagieren. Es ist wichtig zu sehen, daß es unsere Verknüpfungen sind, mit denen wir an unserem Lebensmuster gestrickt haben. Jemand anders hätte vielleicht einen anderen Weg gewählt.

Es entsteht eine Art Wechselspiel: Auf der einen Seite sind wir von unserer Herkunft geprägt, unserer Erbmasse, unseren Genen, unserem sozialen und kulturellen Umfeld. Auf der anderen Seite sind wir Akteure, treffen Entscheidungen, die wiederum Folgen haben, die wir auch wieder als von außen kommend erleben können, wenn wir das Gefühl haben, an Fäden gezogen zu werden.

Je weniger Zugang wir zu dem inneren Kind in uns finden, dazu, was ihm gefehlt hat und welche Beschlüsse es gefaßt hat, um so mehr fühlen wir uns vom Schicksal blind getrieben, fremdgesteuert, machen häufig andere für unsere Unzufriedenheit verantwortlich, statt zu entdecken, daß wir selbst mit unseren Lebenseinstellungen etwas so einfädeln, daß häufig genau das eintrifft, was wir insgeheim sowieso schon befürchtet haben.[2]

41

Gummibänder in die Vergangenheit

Vor einiger Zeit kam ein junges Mädchen zu mir zur Beratung. Gerade hatte sie Abitur gemacht. In der Zeit danach holte sie eine Kiste aus dem Keller, in der ihre alten Kuscheltiere aufbewahrt wurden, die Gefährten ihrer Kindheit. Und mit den alten Kuscheltieren kam die Angst in der Nacht. Plötzlich konnte sie nicht mehr schlafen, hatte Angst, allein zu sein. Eine Freundin mußte so oft wie möglich bei ihr übernachten. Dabei war sie es doch seit ihrem siebzehnten Lebensjahr gewöhnt, in einer kleinen Wohnung allein zu leben (nach der Scheidung ihrer Eltern wollte sie die Schule in München abschließen und nicht mit ihrer Mutter und deren neuen Mann mitziehen). Damals hatte sie das doch anscheinend ganz gut gemeistert, um so verwunderlicher ihre jetzige Reaktion. Oder gerade nicht?

Das saß sie nun bei mir mit ihren zwanzig Jahren und war in Wirklichkeit ein ganz kleines Mädchen. Mit der Kiste aus dem Keller kamen viele Ängste und alte Erinnerungen hoch an die langen Nächte, wenn Papa und Mama sich stritten, und an die Phantasien, die das kleine Kind erschreckt hatten. Die Ungeborgenheit ihrer Kindheit, die in den Kuscheltieren nistete, hatte sie wieder eingeholt.

Manchmal ist der Auslöser für solche alten Gefühle aus der Vergangenheit anscheinend ganz klein und unbedeutend. Es kann ein Musikstück sein, ein Lied, das z.B. an eine vergangene Liebe erinnert, eine Landschaft, ein Duft, der Klang einer Stimme, eine ähnliche Situation…

Je nach dem, was sich damit verbindet, gerät unser inneres Kind in Panik: die hochgezogene Augenbraue des neuen Chefs, sein ironisches Lächeln, können z.B. Birgit zum Herzrasen bringen. Sie weiß gar nicht, warum. Sie hat dann einen Blackout und kommt sich entsetzlich blöd vor. Ihre Hände zittern,und sie verspürt Fluchtreaktionen bei sich. Wie sie erst später herausfindet, erinnert sie dieser Chef an einen Lehrer, der sie als kleinesMädchen oft vor der ganzen Klasse beschämt hatte. Wie mit einem Gummiband hat sich die alte

Situation mit der neuen verbunden, das alte bedrohliche Gesicht des Lehrers über das Gesicht des Chefs gelegt.

Birgit ist es wichtig zu lernen, das *Hier* und *Jetzt* von dem *Damals* zu unterscheiden, als sie klein und hilflos war. Jetzt ist sie eine erwachsene Frau und könnte mit den Reaktionen ihres Chefs anders umgehen, z.b. wie ihre Kollegin, die selbstbewußt kontert, wenn er mal schlechte Laune hat.

Gummibandsituationen kennen wir alle mehr oder weniger. Oft merken wir das gar nicht selbst. Häufig erkennen andere unsere übermäßige, der Situation nicht angemessene Reaktion leichter, etwa, wenn wir bei dem kleinsten Anlaß in die Luft gehen, eine harmlose Bemerkung einen Wutanfall auslöst oder einen Tränenausbruch zur Folge hat.

Wenn wir diesem Faden nachgehen und uns fragen, wann wir so ein ähnliches Gefühl schon einmal hatten (z.b. im Boden versinken zu wollen, weggestoßen zu werden, kaltgestellt, im Stich gelassen, zu kurz gekommen zu sein...),dann stoßen wir auf alte Situationen aus der Kindheit, die schwupps, wie mit einem Gummiband, wieder herbeigeholt werden, wenn eine annähernd ähnliche Situation auftritt. Oft hilft es schon, sich an das alte Erlebnis zu erinnern, davon zu erzählen und sich den Unterschied zum Hier und Jetzt bewußtzumachen. Damit können wir die Fäden zu unseren alten, schlimmen Erfahrungen durchschneiden und den Menschen in der Gegenwart mit klarem Blick begegnen.

Wenn das nicht gelingt, dann verwickeln wir uns häufig in unsere Bänder. Wir übertragen immer wieder unsere Vergangenheit in unsere Gegenwart, sehen Feinde und Bedrohungen, wo keine sind,und fühlen uns ungeliebt, obwohl unsere Partnerin, unser Partner uns das Gegenteil versichern.

Es sind unsere eigenen Trübungen aus der Vergangenheit, die uns hindern, die Welt jeden Tag neu als ein Geschenk zu nehmen, an dem wir andere, neue Erfahrungen machen können.

Verwickelt in die Gummibänder der Vergangenheit, spulen wir ein altes Leben ab, ohne Einfluß nehmen zu können auf das Heute, das doch jeden Morgen eine neue Chance enthält.

Rabbi Sussja lehrte einst: Gott sprach zu Abraham:»Geh du aus deinem Land, aus deinem Geburtsort, aus dem Haus deines Vaters in das Land, das ich dir zeigen werde!«Gott spricht zum Menschen: »Zuvorderst geh aus deinem Land – aus der Trübung, die *du dir selbst* angetan hast. Sodann aus deinem Geburtsort – aus der Trübung, die deine *Mutter* dir angetan hat. Danach aus deinem Vaterhaus – aus der Trübung, die dein *Vater* dir angetan hat. Nun erst vermagst du in das Land zu gehen, das ich dir zeigen werde«.[3]

Unser eigenes Land, das wir uns als Kinder geschaffen haben, um zu überleben, mit all den Wegweisern und Halteschildern, den lebensfeindlichen und wachstumshemmenden Grundüberzeugungen, dieses eigene Land zu verlassen, erfordert Mut! Es heißt nämlich, Vertrautes aufzugeben, das uns einmal Sicherheit geboten hat. Es heißt aber auch, sich der Schmerzen wieder bewußt zu werden, die wir erlitten haben, bevor wir solch einem Lebensmuster-Satz in uns Raum gaben, der z.b. heißen kann: Ich bin nichts wert. Mit all den verhängnisvollen Folgen, die daraus erwachsen können, etwa daß ich mich selbst ständig abwerte, meine Bedürfnisse nicht beachte oder – als Abwehr dagegen – mich aufblähe und den anderen neben mir fertigmache, ihm zeige, daß er nichts wert ist.

Das eigene Land, die Trübung verlassen, ist ein schmerzhafter Prozeß. Es braucht Zeit, das eigene innere Kind mit seiner Landkarte kennenzulernen, ihm liebevoll zuzuhören, was es dazu veranlaßt hat, sich selbst und andere schädigende Lebensgrundsätze aufzustellen. Es braucht Zeit, die Gummibänder zu erkennen und durchzuschneiden, um im Hier und Jetzt neues Positives aufzubauen[4].

Bannbotschaften

Wenn ich den alten Gummibandsituationen auf der Spur bin, die Landkarte meines inneren Kindes mit all seinen Lebenseinstellungen und Lebensmuster-Sätzen kennenlerne, stoße ich unweigerlich auf die Akteure, die zu meiner Welt gehörten: meine Mutter, mein

Vater, Großeltern, Geschwister, Verwandte, Lehrer und Lehrerinnen, alle Menschen, die auf mich Einfluß hatten, als ich klein war. Sie alle hatten Macht wie die guten und bösen Feen im Märchen. Sie sind die Schicksalsgöttinnen und -götter meiner Kindheit, in deren Spiele ich miteinbezogen bin: Geben sie mir gute Geschenke, die Wachstum und ein gelingendes Leben verheißen, oder sind Rachsucht, Eifersucht und Mißgunst mit dabei, so daß auch Fluchworte über meiner Wiege stehen, so wie wir es von Dornröschen kennen?

Fluchworte, auch Bannbotschaften genannt[5], sind lähmende, bedrohliche, entfaltungshemmende, unter Umständen Verwünschung, Tod und Krankheit bringende Botschaften.

Der amerikanische Therapeut Robert E. Goulding hat die wichtigsten solcher Bannbotschaften zusammengestellt, die im Leben eines Kindes vorkommen können. Ich möchte sie hier verkürzt darstellen.[6]

1. »Sei nicht!« (Don't exist!)

Diese Botschaft wird selten verbal vermittelt (manchmal allerdings doch, z.B. mit folgenden Worten: »Es wäre besser, du wärst gar nicht geboren!«, »Mit dir habe ich ja nur Ärger!«, »Du bringst mich noch ins Grab!«). Oft ist sie einer negativen Energie vergleichbar, die dem Kind häufig schon im vorgeburtlichen Stadium vermittelt: Du sollst nicht auf die Welt kommen (vgl. auch Kapitel 1), wir wollen dich nicht! Ist es einmal geboren, kann es diese negative Energie erleben, z.B. in der wiederholten Nichtbeachtung seiner Bedürfnisse oder in körperlicher und seelischer Mißhandlung.

2. »Sei nicht nahe!«

Die Bannmeile muß gewahrt bleiben. Kinder nehmen diese Botschaft wahr, wenn ihr Bedürfnis nach Nähe und Schmusen immer wieder abgewehrt und in Grenzen gehalten wird. In manchen Familien herrscht eine gewisse Kühlschrank-Atmosphäre, in der das Kind zwar äußerlich versorgt scheint, aber es wenig Wärme und Zärtlichkeit, keine wirkliche Nähe von Herz zu Herz gibt. Wenn das Kind beispielsweise erlebt, daß ein Elternteil weggeht oder stirbt, kann es dies als Botschaft verinnerlichen: »Geh keine Bindung ein!«

3.»Sei nicht wichtig!«

Dies ist eine abwertende Botschaft. Sie bannt die Spontaneität und die Lebendigkeit sowie die Fähigkeit, die eigenen Bedürfnisse wahrzunehmen und für ihre Beachtung zu sorgen. Sie wird oft verbal vermittelt:»Stör mich nicht!«,»Nimm dich nicht so wichtig!«,»Auf dich kommt's doch nicht an!« oder non-verbal, indem dem Kind kein Einfluß, kein Mitentscheidungsrecht in der Familie zugesprochen wird. Verinnerlicht haben diesen Satz in unserer Gesellschaft vor allem Frauen, die die Rolle des Aschenputtels übernommen haben. Aber auch Männer, die in einer autoritären Familie aufgewachsen sind, sich nicht mucksen durften, spüren diesen Bann.

4.»Sei kein Kind!«

Wenn sich ein Kind nicht altersgemäß entwickeln darf, sondern schon früh wie ein Erwachsener funktionieren soll, dann wird diese Botschaft wirksam. Dazu gehört die Überforderung mit nicht altersgemäßen Aufgaben genauso wie der sexuelle Mißbrauch von Kindern. Kindliches Spielen, Herumalbern, Toben ist meist nicht erlaubt.

5.»Sei nicht gesund!«

In manchen Familien scheinen Krankheiten häufiger aufzutreten als in anderen; Krankheiten sind dort ein ständiges Thema. Ein Kind kann die Erfahrung machen, daß es angenehm ist, krank zu sein; denn dann kümmert sich Vater endlich um es, dann fragt wenigstens jemand, was ihm fehlt, dann wird es endlich beachtet.

6.»Schaff es nicht!«

Ein Vater, der mit seinem Sohn spielt und häufig ärgerlich wird, wenn der Sohn gewinnt, vermittelt indirekt:»Gewinn lieber nicht!«. Auch wer seine Kinder nicht für ihre selbständige und durchaus andersartige Leistung genügend anerkennt, sondern diese ironisiert und schlechtmacht, kann ausstrahlen:»Wenn du erfolgreich bist (vielleicht erfolgreicher, schöner als ich), dann mag ich dich nicht mehr!«. Dahinter stehen die Eifersucht, der Neid, die viele Kinder spüren und daher beschließen, lieber nicht erfolgreich zu sein, das Examen nicht zu schaffen usw.

7. »Fühle dich nicht zugehörig!«
Auf dem Fußballplatz hören die Kinder auf zu spielen, wenn Walter dazukommt. In der Schule spricht der Lehrer davon, daß einer in der Klasse anders ist... Eine jüdische Kindheit in Nazi-Deutschland. Heute könnten es Aussiedlerfamilien, Asylbewerber sein, ein behindertes Kind, einer, der nicht mitmacht beim Trinkgelage während der Klassenfahrt usw. Fremd, anders zu sein, wie aussätzig: auf vielfache Weise kann das vermittelt werden und bleibt meist ein Leben lang haften, trifft es doch ein Urbedürfnis des Menschen, mit anderen verbunden zu sein.

8. »Zeige keine Gefühle!« oder »Fühle nicht!«
Das kann bedeuten: Sperr deine Gefühle ein, zeige sie nicht, spüre sie nicht, vor allem keine sogenannten negativen Gefühle wie Wut oder Angst. »Ein Indianer kennt keinen Schmerz!« ist ein beliebtes, vor allem weinenden Jungen gegenüber eingesetztes Sprichwort. Wo »Fühle nicht!« herrscht, ist ein Teil der Lebendigkeit eingesperrt. Ähnlich ist es mit »Denke Nicht!« und »Sei nicht du selbst!« (z.B. »Sei lieber ein Junge statt ein Mädchen!« und umgekehrt) oder mit der Aktivität und Neugier hemmenden Botschaft: »Laß das!«, »Tu es nicht!«.

Da wir alle nicht zu Beginn der Schöpfung leben, als es hieß: »Siehe, es war sehr gut«, haben wir uns alle in irgendeiner Weise mit solchen Bannbotschaften auseinanderzusetzen.
Trotzdem ist es ganz verschieden, wie Menschen auf diese Bannbotschaften reagieren. Um zu überleben, entwickeln wir abwehrende und abmildernde Strategien: So kann eine Strategie zur ersten Bannbotschaft »Sei nicht!« heißen: Nur wenn ich ganz viel arbeite, habe ich das Recht zu leben.« Oder: »Ich beweise es euch schon – auch wenn ich dabei draufgehe.« Kein Risiko wird ausgelassen, die

Gefahr wird gesucht. Auch viele Suchtkrankheiten sind die Antwort auf diese existenzbedrohende Botschaft, die betäubt werden muß, um sie nicht zu spüren, mit der fatalen Auswirkung, daß ich sie letztlich befolge, indem ich meinen Körper zerstöre.

Manche Bannbotschaften werden von Generation zu Generation weitergegeben, sind wie ein Familienfluch.[7] Eltern, die als Kinder nicht wichtiggenommen wurden, werden ihre Kinder auch nicht wichtignehmen können, nicht einfühlsam und angemessen auf sie eingehen; die Wut und Kränkungen über die eigene ausgesparte Lebendigkeit, das Gefühl, nicht bedingungslos geliebt worden zu sein, werden weitergegeben – es sei denn, sie haben ihr inneres Kind kennengelernt und neue, andere Lebensentscheidungen getroffen.

Auch die Märchen sprechen in ihrer Symbolsprache der Seele von den Hindernissen, dem Bedrohlichen, den Schicksalssprüchen, die von Anfang an oder erst im Laufe der Entwicklung auf unserem Weg auftauchen.

Märchen haben die Weisheit der Träume, ja, sie sind die Kollektivträume der Völker.[8] In ihnen spiegeln sich die existentiellen Themen der Menschheit: ein eigener Mensch werden, seinen Platz im Leben finden, Gegensätzliches vereinen (Weibliches und Männliches), Selbstbestimmung finden (Königin und König im eigenen Reich werden).

Die Märchen transportieren ein magisches Weltbild und sprechen eine universelle, archetypische Symbolsprache, die unsere tiefere Bewußtseinsschicht gut versteht. Sie versteht, was passiert, wenn Verwünschungen ausgestoßen werden: Nach dem Zornausbruch des Vaters verwandeln sich die sieben Söhne wirklich in Raben. Yorinde wird als Vogel in den Käfig gebannt, die kluge Tochter vom Vater aus Neid in einen Frosch verwandelt, das Brüderchen in ein Reh.

Das Wunderbare an vielen Märchen ist nun, daß sie einen Erlösungsweg beschreiben. Kinder und auch das Kind in uns erfassen meist intuitiv, was eine tiefenpsychologische Interpretation auch dem »Erwachsenen« in uns wieder vermittelt hat.

Die Hoffnung des Märchens heißt also: Wie immer deine Fäden in der Vergangenheit verstrickt und verwirrt sind (oder was dir als

Schicksal zugedacht ist), du kannst neue Muster stricken! Du kannst das Lähmende, Bannende, dich Verwünschende, das stumm und blind Machende verwandeln. Das Leben ist auf deiner Seite. Zwerge und Feen, Tiere, die Rat geben und dir helfen, begleiten dich überall auf deinem Weg. Sogar das Schicksal läßt mit sich handeln! Der glückliche Ausgang fällt jedoch nicht in den Schoß. Das Rechte zur rechten Zeit tun, der Kraft der erlösenden Liebe vertrauen: das ist die Art und Weise, wie in den Märchen eine gute Entwicklung in Gang kommt und zu Ende geführt wird.

Auf der psychischen Ebene heißt das: Obwohl ich meine Gummibänder in die Vergangenheit habe, schwarze Fäden, die mich mit bedrohlichen, angsterregenden Erlebnissen verbinden, mit lähmenden destruktiven Bannbotschaften oder Fluchworten, ist es meine Entscheidung gewesen, darauf zu reagieren. Ich habe mit meinen Lebensmuster-Sätzen darauf reagiert, ich habe meinen Lebensplan gemacht, mir mein Land geschaffen, weil ich keinen anderen Weg wußte, mich in dieser Welt zu orientieren und zu überleben. Weil das so ist, kann nur ich etwas daran ändern. Das ist die Chance, dem Leben eine neue Wendung zu geben.

Sich den Wegen der Schöpfungsspiritualität anvertrauen

Im Märchen von der Schneekönigin erzählt Hans Christian Andersen von einem Spiegel, den der Teufel gemacht hat und der alles verzerrt. Wer hineinsieht, sieht alles verkehrtherum; sieht das Gute und Schöne ganz klein und das Böse und Schreckliche ganz groß. Als der Teufel diesen Spiegel Gott und seinen Engeln vorhalten wollte, zersprang er in tausend Stücke, und seine Splitter fielen auf die Erde. Einige Menschen bekamen die Splitter ins Auge, dann sahen sie alles verkehrtherum. Manche jedoch traf ein Splitter ins Herz. Ihr Herz wurde zu einem Eisklumpen. So beginnt das Märchen und erzählt dann die Geschichte von Kay, der plötzlich alles Schöne nur noch häßlich findet und auch seine Freundin nicht mehr mag, kein Herz mehr für sie hat und schließlich in das kalte Reich der Schneekönigin entführt wird.

Ich finde, das Märchen spiegelt sehr genau wider, in welch großer Gefahr wir alle sind: das Böse, Schreckliche, Ängstigende, Lähmende, Bannende groß und mächtig zu erleben und das Gute, Positive, Liebevolle auf der Welt und in unserem Leben ganz klein. Das gilt nicht nur im Blick auf unsere individuelle Lebensgeschichte, sondern auch auf unsere kollektive Sichtweise – unsere Art der Nachrichtensendungen in Radio und Fernsehen, die das Katastrophale heraushebt, bestätigt dies.

Der amerikanische Theologe Matthew Fox ruft dazu auf, sich wieder des Schöpfungssegens zu erinnern, der wunderbaren Kräfte und Energien, die unsere Erde ins Leben gerufen haben, ja diesen Kosmos und uns ständig erhalten. Er knüpft an alte spirituelle Traditionen an, wenn er uns einlädt, uns wieder an die schöpferische Kraft der Schöpfungsspiritualität zu erinnern [9].

Vier Wege beschreibt er. Mich reizt es, die heilende Kraft dieser alten Traditionen auszuprobieren, umzusetzen und mit meiner Art zu arbeiten zu verbinden. Für mich selbst meditiere ich die vier Wege durch, die Via Positiva, die Via Negativa, die Via Creativa und die Via Transformativa. Es tut gut, mit der Via Positiva zu beginnen. Auf diesem Wege geht es, nach Matthew Fox, darum, wieder das Staunen zu entdecken, sich zu verlieben in die Schönheit dieser Welt, die Welt mit den Augen eines Kindes zu sehen.

Die Via Positiva entdecken

In einem viertägigen Seminar begeben wir uns auf diesen Weg. Unterschiedliche Menschen aus verschiedenen Berufen sind beisammen. Eine junge Frau, die nur mit ihrem Sauerstoffgerät leben kann, mit dem sie durch einen langen Schlauch verbunden ist, ist auch dabei.

Ich schicke die Gruppenteilnehmer nach draußen, das Staunen wiederzuentdecken, sich bezaubern zu lassen von den Wundern der Schöpfung und etwas davon nach drinnen mitzubringen.
Gerne und etwas verwundert gehen die Menschen nach draußen. Was sie mitbringen, breiten wir auf einer großen Decke auf dem Boden aus. Es sind kleine Dinge: ein Blatt von der Kirchhofsmauer, die Farbe Lila in Form von leuchtenden Blüten, eine Wurzel, ein Schneckenhaus, ein Häufchen Erde, ein Stein... Für jede und jeden verbindet sich etwas Kostbares damit, eine Einsicht, eine Freude, eine Hoffnung und ein Glück.
Auf unserer Decke ist ein Bild entstanden, ein Bild der Via Positiva.
Gibt es nicht genauso viele Dinge zum Staunen und zum Freuen in unserer Vergangenheit zu entdecken? Viele bunte Fäden? Vor allem den roten Faden der Geschenke an uns: unsere Gaben und Fähigkeiten, unsere Einmaligkeit, positive Begegnungen in unserem Leben, Erfahrungen von Glücksmomenten, Erfahrungen von Freundschaft und Liebe.
Ich sitze auf dem Boden und schneide von einem roten Wollknäuel rote Fäden ab. Jede und jeder nimmt sich solch einen roten Faden und dazu viele kleine Kärtchen. Zuerst fällt es einigen nicht leicht, positive Dinge an sich und ihrem Leben zu entdecken – ist diese Sichtweise zu ungewohnt?
Im Schweigen, jeder für sich, versenken wir uns in unsere Via Positiva. Und dann schreiben wir auf, was uns einfällt. Zum Schluß kleben wir die Kärtchen an den roten Faden und tauschen uns darüber aus, was wir alles entdeckt haben auf unserem Weg in die Vergangenheit. Lange nicht mehr Beachtetes ist aufgetaucht, Dankbarkeit ist zu spüren, Kraft ist im Raum.
Wir haben Lust zu tanzen. Mit unseren roten Fäden in der Hand tanzen wir zu einer schwungvollen Musik. Danach gestalten wir das gemeinsame Bild der Via Positiva, wo schon unsere »Findlinge« vom Vormittag liegen, mit unseren roten Fäden weiter, die uns mit den positiven Erfahrungen, unserer Freude aus unserer Vergangenheit verbinden.

Sich einmal dieser positiven Seite zuzuwenden, nachdem es eher üblich ist, zu jammern und zu klagen über alles, was schrecklich ist in unserer Welt, hat etwas ungemein Wohltuendes.

Auf der Via Negativa

Auch das Dunkel gehört zu unserem Leben, das haben wir ja alle schon oft genug erfahren und beklagt. Die Via Negativa wendet sich dem Dunkeln zu, schaut genau hin, hinter unsere Verdrängungsmechanismen, mit denen wir unser persönliches Dunkel verstecken genauso wie das Leid der anderen, unserer Gesellschaft und unserer Mitwelt.

Diesen Weg zu gehen, erfordert Behutsamkeit. Wir nähern uns an mit Gebärden, wir malen unsere Geschichte, alter Schmerz kommt hoch. Es ist Zeit genug, Dunkles ans Licht zu holen, mit den anderen zu teilen. Für manche ist es das erstemal, daß ihnen jemand aufmerksam zuhört, wenn sie von vergangenem Schmerz erzählen.

Vor allem Veronika, die schwerkranke junge Frau, gräbt noch einmal nach ihren Wurzeln – gleich nach ihrer Geburt wurde sie in ein Heim gegeben. Sie spürt noch einmal mit dem kleinen Teil ihrer Lunge, mit dem sie noch Luft zum Atmen hat, wie weh das tut.

Es ist deutlich, daß sie besonders viel Raum und Aufmerksamkeit braucht, Halt und Wärme von Menschen; und hier sind Menschen, die sich berühren lassen und bereit sind, das Schlimme zu teilen, das Veronika erlebt hat und das sie in sich selbst hat wachsen lassen, so daß ihr Körper nun ausdrückt, was ihr kleines Kind verinnerlicht hat: »Für mich ist nicht genug Raum zum Atmen da!«

Wie ich schon zu Beginn dieses Kapitels geschrieben habe, verdichten wir unsere negativen Erfahrungen zu negativen Lebenseinstellungen, die sich in Sätzen äußern, z.B. »Ich bin nicht liebenswert!«, »Ich habe keinen Platz zum Leben!«, »Ich fühle mich nicht richtig zugehörig!«, »Ich komme immer zu kurz!«

Es ist gut, diesen Sätzen auf die Spur zu kommen.

Wir begeben uns nun in die Stille und bitten unsere innere Weisheit, uns behilflich zu sein bei der Suche nach unseren destruktiven Mustern.

Mir ist noch wichtig zusagen, daß wir auch die Folgen mitbedenken müssen, die unsere Lebensmuster-Sätze haben: für uns selbst und auch für die Menschen, mit denen wir es zu tun haben. Das kann dann z.b. so aussehen: Der Skriptsatz:»Ich habe keinen Platz« kann für mich bedeuten: Ich bin unruhig und kann es nirgendwo aushalten, muß ständig umziehen, gönne mir keinen Raum, fühle mich ständig weggestoßen. Für andere kann das bedeuten, daß ich ihnen ihren Platz auch nicht gönne, ja,anderen ihren Platz wegnehme.

Diesmal habe ich schwarze Fäden vorbereitet und wieder kleine Kärtchen, auf denen die destruktiven Sätze Platz haben.

Zu zweit tauschen die Gruppenteilnehmer ihre schwarzen Fäden aus, erzählen von dem Dunklen und Destruktiven in ihrem Leben, wie sie sich selbst und anderen schaden. Viel Ehrlichkeit ist im Raum, auch Betroffenheit über die Dinge, die entdeckt werden.

Auf der Via Negativa ist es gut, Klagetänze zu tanzen in dem Bewußtsein, daß Gott das Dunkel mit uns teilt. Auch Veronika tanzt mit, nabelt sich von ihrem Sauerstoffgerät ab und tanzt, solange es geht.

Auf der Via Creativa Neues gebären

Alle vier Pfade der Schöpfungsspiritualität gipfeln nach Matthew Fox in diesem dritten:»Wir erschaffen uns nur aus dem heraus, was wir in Licht und Dunkel geschaut haben!«[10]

Die Aufgabe, die ich der Gruppe auf der Via Creativa stelle, lautet, ihre destruktiven Lebensmuster-Sätze neu zu gestalten. Für jeden Satz, den sie zuvor an den schwarzen Faden gehängt haben, gilt es nun, einen neuen Satz zu entwickeln, sich selbst gute Botschaften zu geben.

Neues gebären auf der Via Negativa heißt: das Negative in Kreatives verwandeln, das dem Wachstum und der Liebe dient, im Vertrauen darauf, daß die schöpferische Kraft des Lebens, die Gott heißt, das, was an Imago Dei in uns ist, entfalten will.

Ich habe wieder rote Fäden vorbereitet und viele kleine Kärtchen.

Jede und jeder für sich geht an die Arbeit, aus den alten destruktiven Sätzen neue und Unterstützung gebende Botschaften zu erschaffen.

Das braucht Zeit und manchmal Hilfestellung, weil wir uns oft selbst ein Bein stellen, wenn wir zu sehr am alten kleben.

Aus den schwarzen destruktiven Lebensmuster-Sätzen sind nun neue »rote«, lebensfördernde Sätze entstanden. Unter Beifall der anderen teilen wir uns mit.

Aber was sollen wir tun mit den schwarzen Fäden, die wir nun nicht mehr brauchen?

Ich habe ein Ritual vorbereitet: Draußen entfachen wir ein kleines Feuer, und unter viel Gelächter und mit Trommeln verbrennen wir die schwarzen Fäden, von deren negativen Einfluß auf unser Leben wir uns trennen wollen.

An diesem Tag feiern und tanzen wir noch viel. Die neuen roten Fäden mit den positiven Lebensmuster-Sätzen, den guten Botschaften, verknüpfen wir mit unseren ersten von der Via Positiva und geben ihnen auf unserem Gruppenbild eine neue Form.

Wir sind Mitschöpfer und Mitschöpferinnen unseres Lebensmusters und haben die Kräfte des Universums auf unserer Seite, Neues zu erschaffen, das dem liebevollen Willen des Ganzen dient.

Auf der Via Transformativa Mitgefühl entwickeln

Wenn wir in unserem Leben Destruktives entwirrt und verwandelt haben, Neues gebären, dann gehen uns auch die Augen auf für das Verwickelte, Verknotete, Verwirrte um uns herum, für all die destruktiven Muster in unserer Gesellschaft, in Politik und Kirchen, in Wirtschaft und Technik. Wenn unsere Energie nicht mehr gebunden ist, so daß wir ständig selbst ums Überleben kämpfen müssen, indem wir z.B. die Stimme unseres inneren Kindes übertönen oder zum Schweigen bringen müssen, dann haben wir kreative Kräfte frei, unseren Beitrag zu leisten in unserer Familie, an unserem Arbeitsplatz und in der Gesellschaft, in der wir leben. Weil wir selbst gelernt haben, mit unserem inneren Kind mitzufühlen, sein gebrochenes Herz, seine Verzweiflung noch einmal – diesmal mitfühlend – zu spüren, können wir auch mit anderen mitfühlen. Matthew Fox spricht davon, daß im Mitgefühl die schöpfungsspirituelle Reise gipfelt, »in der Verbindung mit dem Schaffen von Gerechtigkeit und dem Feiern«.[11] Sich im Kampf für die Gerechtigkeit mitfühlend einzumischen und trotzdem das Feiern nicht vergessen, das ist die Aufgabe auf der Via Transformativa.

Wir sind am Ende unseres Kurses angelangt. Die Vision auf der Via Transformativa kann nur in jeder und jedem persönlich Gestalt annehmen.

Ich habe kürzlich in einem Münchner Laden »Märchenwolle« entdeckt. Das ist eine leuchtend bunte, noch ungesponnene Schafwolle, mit der man wunderbare Bilder gestalten kann, denn diese Wolle haftet ganz von allein auf Filzstoff. Eigentlich ist sie für Kinder gedacht. Für uns ist das Material gerade richtig. Aus der ungesponnenen Wolle suchen wir unsere Farben und Fäden heraus und formen unsere Bilder von dem Neuen, das in uns Gestalt annehmen will.

»Das Geheimnis der Befreiung heißt Erinnerung«
(aus dem Talmud)

Geht es auf der Via Transformativa darum, den Blick zu weiten auf das große Ganze, zu dem wir dazugehören, so bedeutet es auch, daß wir die kollektiven Fäden entdecken, mit denen wir z.b. als Volk mit unserer spezifischen Geschichte und Vergangenheit verwickelt sind. Auch hier gilt das Gummibandprinzip. Tauchen »ähnliche« Situationen auf, dann werden auch alte Ängste, Schmerzen, alte Feindschaften und alter Groll wiederbelebt.

Was in der Vergangenheit nicht bearbeitet wurde, erscheint wieder und fordert sein Recht. Ein Beispiel aus unserem Land sind das Wiederaufflackern des Neo-Nazismus' und des Fremdenhasses und die vielen Probleme in der ehemaligen DDR, die danach schreien, sich zu erinnern, den »Gefühlsstau« [12] zu erkennen, in dem ein ganzes Volk stand; gleichzeitig ist es nötig, auch uns Westdeutschen den Spiegel vorzuhalten, damit wir unsere eigenen blinden Flecke erkennen, die bekanntermaßen heißen: Besserwisserei, Selbstgefälligkeit und Raffgier.

Alles Verdrängte kehrt wieder – das ist offensichtlich ein Gesetz, unter dem wir stehen. Die alten Gummibänder schnalzen zurück in unsere Gegenwart und geben uns auch als Gesellschaft oder als Nation eine ungelöste Aufgabe zurück. Dies als Chance zu begreifen, alte Verstrickungen zu erkennen und Versöhnungsarbeit zu leisten, wäre ein Weg. [13]

Oft sind es ja die Jahresfeiern, die geschichtliche Zusammenhänge wieder ans Licht der Öffentlichkeit bringen. Da wurde z.b. vor 500 Jahren Amerika »entdeckt«, oder, wie im Frühjahr 1994 begangen, landeten die Alliierten vor 50 Jahren in der Normandie, oder 1995 ist der 50. Jahrestag des Kriegsendes. Und mit den Jahrestagen steigen auch die Schattenseiten hoch, die Folgen der Ereignisse, auch wenn sie noch so weit zurückliegen.

Eine lang verdrängte Schattenseite der Vergangenheit ist auch die Unterdrückungsgeschichte des Weiblichen (vgl. die nebenstehende Abb. »Im Schatten der Vergangenheit«).

Wir können unsere gesamte Kulturgeschichte, ja unsere gesamte Menschheitsgeschichte nur dann verstehen, wenn wir diesen Aspekt zulassen, die Augen nicht davor verschließen, wie weit uns die »herrschaftlichen« Strukturen gebracht haben in Religion und Gesellschaft (auf diesen Punkt werde ich später noch eingehen).

Im Licht der vier Wege der Schöpfungsspiritualität könnte das heißen, nicht vor der Via Negativa zurückzuschrecken, aber auch nicht, auf ihr steckenzubleiben. Sich der Schrecken aus der Vergangenheit bewußt zu werden, als »Opfer« oder als »Mittäter«, ist das eine, das andere ist, die Vergangenheit loszulassen und den Weg der Via

Im Schatten der Vergangenheit →

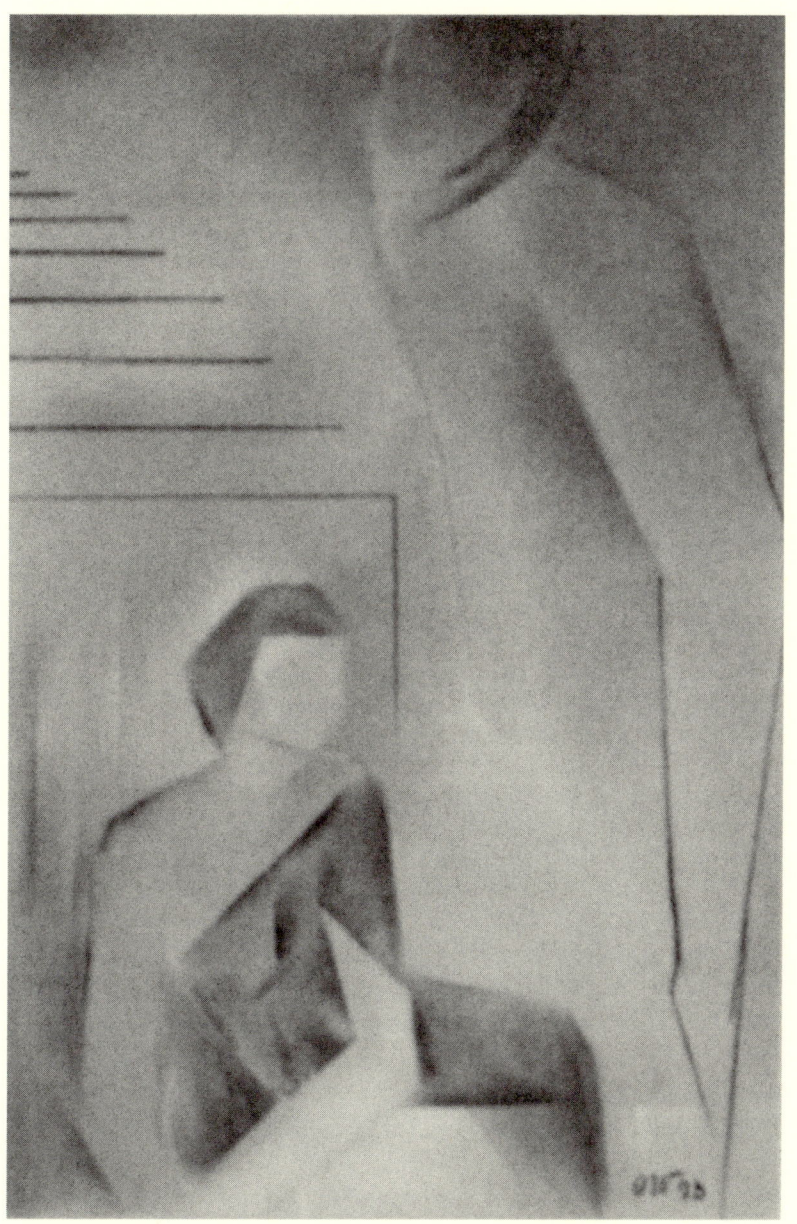

Creativa zu beschreiten. Das geht nicht ohne Vergebung. Vergebung heißt, das große Kraftfeld der allumfassenden Güte zu betreten, die alle miteinschließt, die bitten: Vergib uns unsere Schuld, wie auch wir vergeben unseren Schuldigern. Oder wie es im kosmischen Jesusgebet heißt:»Löse die Stränge der Fehler, die uns binden, bis wir loslassen, was uns bindet an die Schuld anderer«.[14]

Im Lösen unserer schwarzen Fäden, die weit in die Vergangenheit hineinreichen, in dem wir Haß und Groll und Schmerz loslassen, liegt die Hoffnung auf ein Neues.

Ich denke dabei an den Vater in Nordirland, dessen kleine Tochter bei einem Attentat der sich bekämpfenden Untergrundbewegungen umgekommen ist. Er hat nicht zur Waffe gegriffen, sondern sein Leben der Friedensarbeit gewidmet.

Das Geheimnis der Befreiung von der Vergangenheit heißt Erinnerung aus dem Geist des Mitgefühls und der Vergebung. Kampf für Gerechtigkeit in dieser Welt aus dem Geist des Hasses und der Vergeltung hat immer nur neuen Haß und neue Ungerechtigkeit gesät.

Wer auf der Via Creativa und Via Transformativa für Gerechtigkeit und Frieden»kämpft« und sich einmischt, tut dies aus dem Geist der Vergebung und der Liebe heraus, weil er um das eigene Dunkel und die eigene Schuldverstrickung weiß.

Gerechtigkeit durch Reinkarnation?

Bei der Frage, wie weit unsere Fäden in die Vergangenheit zurückreichen – sei es in der individuellen oder kollektiven Geschichte – bin ich unweigerlich auf das Thema»Karma«und»Reinkarnation« gestoßen, zumal sich die Berichte in den letzten Jahren häufen, nach denen Menschen meinen, sich an andere, frühere Existenzen erinnern zu können. Selbst wenn man die Spreu vom Weizen trennt, bleiben doch ernst zu nehmende, auch wissenschaftlich untersuchte Beispiele, die zum Nachdenken aufrufen.[15]

Reichen die Fäden unserer Vergangenheit also in andere Existenzen, in andere Leben, deren Auswirkung und Folge wir heute zu tragen haben? Denn obwohl die Auffassungen der verschiedenen Reinkarnationsvorstellungen unterschiedlich sind (z.B. was wiedergeboren wird: die »Seele« des Menschen?), so gründet doch die Lehre von der Reinkarnation auf dem Karmaprinzip, das besagt: Jede Ursache hat eine Wirkung, was du säst, wirst du ernten, im Guten und im Bösen. Jeder hätte dann die Folgen seines Tuns aus der Vergangenheit zu tragen (obwohl man andererseits nicht von einer direkten Ich-Kontinuität reden kann).[16] Der Glaube an eine Form der Wiedergeburt würde die Frage nach der Gerechtigkeit in dieser Welt beantworten, die in einem kurzen Leben sonst kaum sichtbar wird.

Bei all den ungelösten und doch ernst zu nehmenden Fragen ist mir eine Schilderung im Neuen Testament eingefallen, in der Jesus einem Blinden begegnet. Damals gab es die Vorstellung, daß Krankheit immer eine Folge von Schuld sei – sei es die eigene oder die der Väter –, ein Schuldzusammenhang wurde jedenfalls gesucht. Diese Fragestellung unterbricht Jesus, indem er sagt: »Niemand hat schuld, sondern dies ist geschehen, damit die Werke Gottes sich an ihm offen zeigen.« Und er heilt den Blinden. Ein Reinkarnationsglaube, der zur Passivität verführt oder zu Schuldzuweisungen – jeder ist wohl selbst schuld an seinem Schicksal, also brauche ich nicht zu helfen – verletzt das Prinzip der Liebe. Im Hier und Jetzt ist es wichtig, Liebe und Heilung zu erfahren und dies weiterzugeben. Der christliche Auferstehungsglaube geht über die Vorstellung eines Geburtenkreislaufes hinaus, meint er doch Erneuerung und Verwandlung der *ganzen* Existenz über den physischen Tod hinaus. Dies schließt jedoch einen Reifungsprozeß auf verschiedenen Existenzebenen nicht aus.[17]

Selbst wenn die Fäden unseres jetzigen Lebens weit über unsere bewußte Existenz hinausgehen, die wir nicht erinnern (höchstens als Bilder, Gedanken und Gefühle in der Meditation oder in Rückführungstherapien aufblitzen sehen), so ist das Leben *jetzt* unsere Zeit und Chance, dem die Zusage gilt: Du darfst neu anfangen, du bist geliebt – ganz gleich, was du erlebt hast, du darfst einen neuen Weg gehen im Vertrauen auf die Kraft, die dich ins Leben gerufen hat und die es letztlich gut mit dir meint.

Impulse und Anregungen, mit den Fäden
der Vergangenheit umzugehen

Vielleicht haben sie beim Lesen des letzten Kapitels manches in ihrem Leben wiederentdeckt, bei dem auch Sie »festhängen«, bei dem Sie das Gefühl haben, immer wieder das gleiche zu erleben oder von belastenden Erinnerungen nicht loszukommen. Ein Buch kann immer nur Anregungen geben, eine mögliche Richtung aufzeigen. Für eine wirkliche Aussöhnung mit der Vergangenheit ist es oft gut, sich eine seelsorgerliche oder therapeutische Begleitung zu suchen, das Gespräch zu suchen mit Menschen, die zuhören und etwas aushalten können. Unser inneres Kind ist oft zu sehr verwickelt in alte Erlebnisse und verwirrt durch alte Bannbotschaften, verhaftet an alte Lebensmuster-Sätze, so daß es immer wieder das Heute mit dem Gestern verwechselt, seine Beziehungen aus dem alten Bezugsrahmen heraus interpretiert und seine äußeren Erlebnisse von seinen Innen-Ansichten her deutet

Alles, was wir erleben, ist ja mehrdeutig. Erst in der Weise, wie wir dazu denken, fühlen und darauf reagieren, geben wir sogenannten »Tatsachen« unsere spezifische Bedeutung. Je mehr sich diese Interpretationen in unserem Kopf abspielen und wir darüber nicht mit den Betroffenen im Gespräch sind, interpretieren wir die Gegenwart aus dem Blickwinkel der Vergangenheit. Indem wir unsere destruktiven Lebensmuster-Sätze ständig mit der Gegenwart verknüpfen, fühlen wir uns unzufrieden, können mit Konflikten nicht umgehen (weil sie in unserem Kopf ein äußerst angsterregendes Ausmaß annehmen), werfen unseren Partnern und Partnerinnen das vor, was uns als Defizit und Verletzung aus der Kindheit nachhängt.

Je mehr Fäden und Gummibänder wir durchschneiden, um so freier kann unser Blick sein für die Gegenwart.

Je besser wir unser eigenes inneres Kind kennengelernt und verstanden haben, desto besser werden wir auch das innere

Kind unserer Mitmenschen verstehen – auch der Menschen, mit denen wir überhaupt nicht klarkommen. Unsere Eltern und Großeltern werden wir barmherziger beurteilen, denn auch sie hatten ein inneres verletztes Kind. Erst wenn wir aus ganzem Herzen den Menschen vergeben können, mit denen unsere Fäden in der Vergangenheit verwickelt sind, sind wir frei für das Heute, das wir neu gestalten können. Dann können wir uns aufmachen, das »neue Land« zu entdecken, wie es bei Rabbi Sussja heißt. Einen möglichen Weg, Gummibandsituationen auf die Spur zu kommen, möchte ich hier noch aufzeigen. Wenn Sie neugierig darauf sind, dann lade ich Sie zu einer Übung ein.

Die Gummibandsituationen erkennen[17]

- Schließen Sie einen Moment die Augen und entspannen Sie sich.
- Gehen Sie in Ihrer Erinnerung zurück zu einer Situation aus der letzten Zeit, in der Sie sich äußerst schlecht gefühlt haben, einer Situation, die ungut für Sie ausging…
- Vielleicht finden Sie auch einen Namen für dieses Gefühl, ein Bildwort, eine Beschreibung…
- Dann gehen Sie noch ein paar Jahre weiter zurück in die Vergangenheit. Fällt Ihnen eine Situation ein, in der Sie sich ähnlich gefühlt haben? Beschreiben Sie sie genau, und geben Sie auch dieser Situation einen Vergleich, ein Bildwort.
- Danach gehen Sie noch weiter zurück, bis in Ihre Kindheit.
- Gibt es eine Szene, die Ihnen vor Augen kommt, in der Sie dasselbe schlechte Gefühl hatten?
- Was ist da passiert? Wie alt waren Sie damals?
- Welche Gesichter tauchen vor Ihnen auf?
- Hören Sie Ihrem inneren Kind liebevoll zu, was es Schlimmes zu erzählen hat, was ihm gefehlt hat und was es eigentlich gebraucht hätte. Trösten Sie Ihr inneres Kind, und sagen

Sie ihm auch, daß es nun vorbei ist, daß Sie nun erwachsen sind und jetzt besser für Ihr kleines Kind sorgen können. Sagen Sie ihm auch, daß jetzt andere Menschen um es herum sind als damals.

(Es mag sein, daß ihre Gummibanderfahrung in eine Zeit zurückreicht, an die Sie sich nicht mehr erinnern können, weil Sie noch ein Baby waren. Ihr inneres Kind jedoch weiß noch alles und braucht nun Ihre liebevolle Beachtung.)

• Zum Schluß gehen Sie noch einmal zurück in die erste Szene der letzten Zeit, in der Sie sich schlecht gefühlt haben. Überlegen Sie nun, wie Sie anders hätten reagieren können (z.B. ohne Angst, ohne Panik), und gestalten Sie nun in Ihrer Phantasie die Szene neu...

• Dann drehen sie sich noch einmal um und schauen sich das lange Gummiband an, das bis in Ihre Kindheit reicht, als Sie noch klein und »abhängig« waren.

• Wenn Sie mögen, nehmen Sie in der Phantasie eine Schere und zerschneiden das alte Gummiband, das Sie so destruktiv mit der Vergangenheit verbindet.

• Danach nehmen Sie in Ihrer Vorstellung Ihr kleines inneres Kind auf den Arm und sagen ihm, daß Sie als Erwachsener gut für es sorgen wollen.

• Erzählen Sie einem Menschen Ihres Vertrauens, welche Erfahrung Sie gemacht haben.

Achte gut auf diesen Tag

Achte gut auf diesen Tag
denn er ist das Leben
das Leben allen Lebens
in seinem kurzen Ablauf
liegt alle Wirklichkeit
und Wahrheit des Daseins
die Wonne des Wachsens
die Größe der Tat
die Herrlichkeit der Kraft
denn das Gestern ist nichts
als ein Traum
 und das Morgen nur
eine Vision
das Heute jedoch – recht gelebt –
macht jedes Gestern
zu einem Traum voller Glück
und jedes Morgen
zu einer Vision voller Hoffnung
drum
achte gut auf diesen Tag

(Sinnspruch aus dem Sanskrit)

Gib mir Gott, die Gelassenheit, Dinge hinzunehmen,
    die ich nicht ändern kann;
gib mir den Mut, Dinge zu ändern, die ich ändern kann;
und gib mir die Weisheit,
    das eine vom anderen zu unterscheiden.

(Christoph Oetinger)

Vater unser im Himmel	*O Gebärer, Gebärerin, Vater –* *Mutter des Kosmos* *alles, was sich bewegt, erschaffst du im Licht* *Name aller Namen, unsere kleine Identität ent-* *wirrt sich* *in dir, du gibst sie uns zurück als eine Aufgabe.*

geheiligt werde   *dein Name, dein Klang, kann uns bewegen,*
dein Name   *wenn wir*
                       unsere Herzen wie Instrumente auf seinen Ton
                       einstimmen

dein Reich   *erschaffe dein Reich der Einheit jetzt*
komme   *laß deinen Rat unser Leben regieren und unsere*
                       Absicht klären für die gemeinsame Schöpfung.

dein Wille   *dein eines Verlangen wirkt dann in unserem*
geschehe wie   *– wie in allem Licht, so*
im Himmel   *in allen Formen*
also auch auf   *hilf uns zu lieben, wo unsere Ideale enden, und*
Erden   *laß Handlungen des Mitgefühls erwachsen*
                       für alle Kreaturen.

unser tägliches   *gewähre uns täglich, was wir an Brot und*
Brot   *Einsicht brauchen*
gib uns heute   *hilf uns zu erfüllen, was innerhalb unseres*
                       Lebenskreises liegt: jeden Tag erbitten wir
                       nicht mehr
                       und nicht weniger.

und vergib uns   *löse unsere inneren Knoten*
unsere Schuld   *löse die Stränge der Fehler, die uns binden,*
wie auch wir   *wie wir loslassen, was uns bindet*
vergeben unse-   *an die Schuld anderer.*
ren Schuldigern

und führe uns nicht
in Versuchung,
sondern erlöse uns
von dem Bösen

denn dein ist das Reich
und die Kraft
und die Herrlichkeit
in Ewigkeit
Amen

laß oberflächliche Dinge
uns nicht irreführen,
sondern befreie uns von dem,
was uns zurückhält von unserem
wahren Ziel.

aus dir kommt der allwirksame
Wille,
die lebendige Kraft zu handeln,
das Lied, das alles verschönert
und sich
von Zeitalter zu Zeitalter erneu-
ert.
Amen

Kapitel 3:
Lebensentwürfe, die sich in Geschichten und Märchen widerspiegeln

3.1 Elisa – eine Frauengeschichte am Beispiel des Märchens »Die wilden Schwäne« von Hans Christian Andersen

Elisa ist eine Frau, die ich schon lange kenne. Vieles allerdings habe ich erst in der letzten Zeit über sie erfahren, als sie hinabstieg zu den Wurzeln ihrer Geschichte. Was sie erlebt hat, ist eine typische Frauengeschichte unserer Zeit, und deshalb erzähle ich sie. Da gibt es ein uraltes Märchenbuch, das sie als Kind sehr liebte. Ein Märchen darin hat sie besonders fasziniert, »Die wilden Schwäne« von Hans Christian Andersen. Sie hat die Geschichte für mich in ihren eigenen Worten aufgeschrieben, so wie sie sie in Erinnerung hatte.

Es waren einmal ein König und eine Königin, die waren froh, daß sie einander hatten. Vor allem in den schweren Zeiten, es war nämlich Krieg. Und als die Königin dann wieder ein Kind erwartete, freuten sie sich sehr, aber hatten auch große Angst.
Die Nacht, in der Elisa geboren wurde, war dunkel und kalt, aber es wurde warm in den Herzen der Menschen, als sie das kleine Mädchen sahen.
Bald danach jedoch starb die Königin und ließ Elisa zusammen mit ihren elf Brüdern zurück. Nach einiger Zeit nahm der König sich

---

← *Die sieben Schwäne*

eine andere zur Frau. Die Stiefmutter jedoch war eifersüchtig und sah es nicht gern, daß die Kinder, die des Vaters Stolz waren, das Schloß mit ihrer Lebendigkeit und Freude erfüllten. Und sie ersann einen Plan, wie sie sie loswerden könne. Als Elisa nun zu einem schönen Mädchen herangewachsen war und ihr Vater sie sehen wollte, rieb sie sie mit braunem, stinkenden Öl ein, so daß der Vater sich abwandte und rief:»Das ist nicht mehr meine Tochter!« Und als Elisa aus dem Fenster schaute, sah sie elf wilde Schwäne über die Bäume fliegen weit in den Himmel hinein, deren klagender Schrei berührte ihr Herz. Als sie mit ihren Geschwistern spielen wollte wie immer, da fand sie sie nicht mehr. Über Nacht war die Welt anders geworden.

Da verließ Elisa das Schloß ihrer Eltern, denn es war dort traurig und leer, und niemand schien sie mehr zu erkennen. Und sie ging in die Welt hinein, ihre Geschwister zu suchen. Zuerst kam sie durch einen tiefen Wald, und als die Nacht hereinbrach und sie nicht wußte, wo sie schlafen sollte, da blinzelte ihr ein kleiner Stern zu. Dem ging sie nach. Unter einer großen Eiche fand sie ein Bett aus Moos, und sie schlief ein im Vertrauen auf Gott, von dem sie gehört hatte, daß er überall sei, auch im Moos, in den Wurzeln der Bäume, in der samtschwarzen Nacht und im Blinzeln der Sterne.

Am anderen Morgen wachte sie erfrischt auf. In der Nähe sah sie einen kleinen See. In den tauchte sie hinein, und alles Häßliche, mit dem die böse Stiefmutter sie eingerieben hatte, fiel von ihr ab, und mit Erstaunen sah sie im Wasser ihr helles Spiegelbild, und sie kämmte ihr Haar.

Ein Weilchen lebte Elisa im Wald. Die Tiere waren ihre Geschwister, die alte Eiche ihre Mutter und der Sternenhimmel das Dach ihres Vaterhauses. Sie ernährte sich von dem, was der Wald ihr gab. Manchmal sah sie abends elf weiße Schwäne über die Bäume fliegen, und einmal schien es ihr, als sähe sie goldene Kronen auf ihren Köpfen funkeln. Da dachte sie wieder an zu Hause und ihre verlorenen Geschwister, und sie wollte sie unbedingt wiederfinden.

Da traf sie am Wasser eine alte Frau, die allerlei wilde Kräuter sammelte. Die fragte sie, ob sie nicht elf Prinzen gesehen habe. Aber die Alte schüttelte nur den Kopf und sagte:»Elf Prinzen habe ich nicht gesehen, aber elf Schwäne mit funkelnden Kronen auf dem Kopf.«Und sie beschrieb Elisa den Ort, wo sie die Schwäne finden könnte.

Elisa bedankte sich bei der alten Frau und machte sich auf den Weg dorthin. Und wirklich, bald ertönte ein Rauschen in der Luft, und elf weiße Schwäne ließen sich am Ufer nieder, und als eben die Sonne unterging, verwandelten sie sich in Menschen, und Elisa erkannte ihre Brüder, fiel ihnen um den Hals und herzte und küßte sie. Da erzählten sie ihr, wie die böse Stiefmutter sie verzaubert hätte und sie nun als wilde Schwäne durch die Welt zögen. Nur des Nachts könne der Zauber ihnen nichts anhaben, da bekämen sie ihre menschliche Gestalt zurück. Auf der anderen Seite des Meeres hätten sie nun eine Heimat gefunden.

Elisa war froh, daß sie ihre Brüder wiedergefunden hatte und bat sie, sie mitzunehmen in ihr Reich. Da nahmen sie Elisa mit und trugen sie auf ihren Flügeln weit über das Meer.

Manchmal waren sie in Gefahr, abzustürzen, doch Wolken und Winde waren ihre Freunde, und die Sonne wartete mit dem Untergehen, bis sie wohlbehalten am anderen Ufer angekommen waren, so daß die Prinzen ihre menschliche Gestalt wiederbekommen konnten.

Am anderen Morgen, als Elisa aufwachte, war sie allein, und sie hörte nur den klagenden Schrei der Schwäne, die davonflogen. Die Brüder hatten sie vor einer Höhle abgesetzt nahe am Wasser, und sie fand Essen und Trinken vor und eine kleine Feder von ihrem jüngsten Bruder, dem sie besonders verbunden war. Da wurde sie traurig und sann nach einem Weg, wie sie ihre Brüder erlösen könnte.

In der darauffolgenden Nacht hatte sie einen Traum, in dem ihr eine schöne Fee erschien, die bald darauf die Gestalt der alten Frau aus dem Wald annahm. Sie hatte ein Garnknäuel in der Hand und sprach zu ihr:»Aus den wilden Nesseln, die hier rund um die Höhle und auf den Kirchhöfen wachsen, sollst du elf Hemden anfertigen. Mit bloßen Händen und Füßen sollst du die Nesseln brechen, und in all dieser Zeit darfst du mit niemandem darüber reden. Wenn du darüber sprichst, wird es wie ein Schwert durch die Herzen deiner Brüder fahren, und sie werden sterben. Wenn aber die Zeit da ist und die Hemden fertig sind, sind deine Geschwister erlöst, und der Zauber ist gebrochen.«

Als Elisa aufwachte, lag neben ihr ein Bündel Brennesseln. Da wußte sie, wie sie ihre Brüder erlösen konnte und fing voller Freude mit ihrer Arbeit an. Abends waren ihre Finger wund, und ihre Augen tränten, und als ihre Brüder mit dem letzten Strahl der Sonne ankamen, konnte sie ihnen nichts sagen, aber sie ahnten, daß ihre Schwester dabei war, etwas für sie zu tun.

So verging die Zeit. Da ertönten lustiges Jagdhornblasen im Wald und Hundegebell. Der König dieses Landes war mit seinem Gefolge unterwegs. Und wie es sich so traf, begegnete er Elisa, die im warmen Sonnenlicht vor ihrer Höhle saß, beschäftigt mit dem, was sie tun mußte.

Der König war bezaubert von dem Waldmädchen und sprach gar freundlich mit ihr. Und weil er gute Augen hatte, verliebte sie sich in ihn, und als er sie schließlich bat, mit ihm auf sein Schloß zu kommen und seine Frau zu werden, da willigte sie ein – aber nur unter der Bedingung, daß sie ihre Arbeit, ihre Nesseln mitnehmen konnte.

Auf all sein Fragen und Drängen, was es damit auf sich habe, gab sie ihm keine Antwort. Und der König ließ ihr in seinem Schloß eine Kammer einrichten, die war ähnlich wie die Höhle im Wald, so daß sie dort ihrem Tun nachgehen konnte. So sehr liebte er sie und wollte, daß sie bei ihm bliebe. Insgeheim jedoch hoffte er, sie würde eines Tages die Kammer nicht mehr brauchen, sondern nur noch bei ihm wohnen.

So lebten sie eine Zeit glücklich miteinander. Bald nun ging Elisas Nesselvorrat zu Ende, und sie erinnerte sich an die Worte der alten Frau, daß sie nachts auf den Kirchhof gehen müsse, um dort Nesseln zu pflücken.

Heimlich ging sie nun, als ihr Mann, der König, schlief, auf den nahen Kirchhof, und sie fürchtete sich sehr, die Toten könnten nach ihr greifen. Aber ihr Wunsch, endlich ihre Brüder zu erlösen, war stärker, so daß sie ihre Angst besiegte und mit einem Korb voller Nesseln wieder nach Hause kam.

Immer wieder nun verließ sie nachts heimlich das Schloß. Sie wußte nicht, daß einer sie dabei beobachtete. Es war der Hofgeistliche, der dem König sobald als möglich von ihrem rätselhaften Tun berichtete und dies nur so zu deuten verstand, daß die Königin wohl eine Hexe sei.

Der König wollte dies anfangs nicht glauben, und erst als er sich mit eigenen Augen davon überzeugt hatte, daß seine Frau nachts zwischen den Gräbern herumlief und Nesseln pflückte, statt neben ihm im königlichen Schlafzimmer zu liegen, da folgte er den Einflüsterungen des Geistlichen, der ihm sagte, die Königin sei ihm schon immer nicht geheuer vorgekommen. Welch seltsame Arbeit sie zu tun habe, ohne darüber zu reden, das sei für eine richtige Königin nicht angemessen.

Und auch fielen dem König viele kleine Dinge ein, die ihn schon immer gestört hatten, und so stimmte er dem Rat des Hofgeistlichen zu: Die Hexe muß brennen.

Nach drei Tagen sollte sie auf dem Scheiterhaufen verbrannt werden. Elisa wurde in ihre Kammer gesperrt. Auf ihr Flehen hin bekam sie ihre Nesseln und ihr Garn, und sie arbeitete fieberhaft an der Fertigstellung des letzten Hemdes.

Am Morgen des dritten Tages wurde sie auf dem Henkerskarren fortgeführt, in der Hand noch ihr Strickzeug und bei sich die zehn schon fertigen Hemden.

Da rauschte es plötzlich in der Luft, und elf Schwäne stießen von oben herab und setzten sich auf den Karren. Schnell warf sie ihnen die passenden Hemden über. Da verwandelten sich die Schwäne vor aller Augen in elf prächtige Königssöhne. Nur der Jüngste hatte noch einen Schwanenflügel, weil der Ärmel noch nicht fertig geworden war. Da konnte Elisa endlich ihr Schweigen brechen und erzählen, was geschehen war, und ihre elf Brüder bekräftigten all dies, daß sie von ihrer Stiefmutter verzaubert worden waren und nur durch die liebevolle Arbeit Elisas hatten erlöst werden können.

71

Die Anfänge

Weiter hat die Elisa der heutigen Zeit nicht schreiben können. Die Tränen sitzen ihr in den Fingern. Elisa hat gerade eine Trennung hinter sich. Eine Trennung von ihrem Mann, mit dem sie über zwanzig Jahre lang verheiratet war. In diesem Zusammenhang fiel ihr auch das Märchen von den wilden Schwänen ein, als sie sich therapeutische Begleitung suchte.

Wer das Märchen im Original kennt, dem werden manche Unterschiede auffallen. Das ist auch nicht weiter verwunderlich, denn »Elisa« hat das Märchen so aufgeschrieben, wie sie es in Erinnerung hatte– sie hat mit Absicht nicht nachgelesen –, und dabei sind die Märchenmotive durch sie hindurch gegangen und bilden nun ein eigenes Gewebe. Im Bemühen, ihren roten Faden in ihrer Lebensgeschichte zu finden, geht sie an den Anfang.

Dieser Anfang ist bedroht. Es ist Krieg.

»Beinahe wäre ich gar nicht geboren worden«, erzählt Elisa. »Meine Mutter hatte nach einem Bombenalarm beinahe eine Fehlgeburt.«

Ich frage, was sie über ihre Geburt weiß.

»Ich bin zu Hause geboren worden. In dieser Nacht waren ausnahmsweise einmal keine Fliegerangriffe. Meine Mutter hat immer erzählt, wie sehr sie sich gefreut hat, und das glaube ich ihr auch. Später jedoch konnte sie mich nicht mehr stillen.«

Hinter diesem letzten Satz steht eine ganze Geschichte. Elisa hat erfahren, willkommen zu sein trotz Krieg und Angst und Schrecken, doch die Welt um sie herum war bedroht.

Die elf Geschwister im Märchen und sie symbolisieren zusammen eine harmonische Ganzheit, ausgedrückt in der Zahl »zwölf«. Elisa ist ausgestattet mit allen Sinnen und Fähigkeiten, die ein gesundes kleines Kind hat. Doch dann bricht etwas ein. Die Königin stirbt, und die Tatsache, daß es so ist, aber im Märchen anscheinend für Elisa keine Rolle spielt, zeigt die Tiefe der Verletzung, die so schlimm ist, daß sie nicht bemerkt werden darf. Bei Hans-Christian Andersen wird die Königin, die wahre Mutter, gar nicht erst erwähnt, das heißt, der Bereich der liebevollen Mutter ist für die Tochter gar nicht vorhanden.

Die heutige Elisa erinnert ein schleichendes Sterben der »liebevollen Mutter«. Da ist keine Milch da, wenn sie Hunger hat, und wenn sie schreit, kann niemand ihr helfen. Die Zeiten sind schwer. Die Kleine wird krank, und niemand findet heraus, was ihr fehlt. Sie lernt früh Angst und Schmerzen kennen, und irgendwo ist in der Tiefe ihres Körpers verankert, daß niemand ihre Bedürfnisse kennt und wichtig nimmt.

Es ist eine Welt der Nachkriegszeit, in der der Schrecken und die Angst den Erwachsenen um sie herum noch in den Knochen sitzen, und manchmal kommt es der kleinen Elisa vor, als wäre sie gar nicht vorhanden. Und sie träumt sich aus dem Fenster hinaus zu den Wolken, dem Rauschen der Bäume, zu den Kaninchen, die im Garten wohnen, zu den Ziegen in den Stall und zu den Schwalben ins Nest.

Geliebt wird sie, wenn sie tut, was von ihr erwartet wird, und wenn sie möglichst unauffällig ist. Dann darf sie auf Vaters Schoß sitzen oder mit Mama schmusen.

Mit Mama ist es eigenartig. Sie ist oft so unglücklich. Dann meint Elisa, sie trösten zu müssen, oder sie denkt, was hab ich nur schon wieder falsch gemacht?

Am schlimmsten aber sind die schrecklichen Szenen zwischen ihrer Mutter und ihrer großen Schwester. Mama regt sich furchtbar auf, greift sich oft ans Herz, und dann denkt Elisa, sie stirbt gleich und versucht, besonders lieb zu sein, damit Mama wieder gut wird und nicht mehr so schreit.

Papa ist oft nicht da, oder er tut nichts, aber meist ist er anderweitig beschäftigt.

Im Märchen, wie in den meisten Märchen, ist der Einschnitt klar. Eine fremde Königin hat nun das Regiment, und eins ist deutlich: Sie wünscht die Kinder weg.

In der Grimmschen Fassung, »Die sechs Schwäne«, besteht ein geheimes Band zum Vater, dem König. Dieser hat ein Garnknäuel, das sich von selber aufrollt und ihm den Weg zum Schloß seiner

Kinder zeigt, in dem er sie selbst vor der Eifersucht der Stiefmutter versteckt hat. Das Band zu den Kindern ist so geheim, daß er selber den Weg nicht weiß, sondern jedesmal neu auf den wegweisenden Faden angewiesen ist.

Bei Andersen ist die Verbindung zum Vater fast gar nicht vorhanden. Der Vater ist zwar König über das ganze Land und läßt es seinen Kindern, was kostbare Dinge angeht, an nichts fehlen, aber ihre Welt ist eine starre Bilderbuchwelt, was sich auch in Elisas Lieblingsbeschäftigung spiegelt, ein »unendlich kostbares Bilderbuch« anzuschauen.

In einer wirklich lebendigen Beziehung hätte der Vater es wohl nicht geduldet, daß die neue Königin die Kinder aus dem Schloß wirft und Elisa zu anderen Leuten gibt. Ja, er bekommt dies nicht einmal mit.

Ich frage Elisa nach dem Band, das sie zu ihrem Vater hatte. »Wenn ich zurückdenke«, sagt sie, »ist es ein unsicheres, ängstliches Band. Als ich klein war, war Vater meist nicht da, da war Mama wichtiger. Wenn ich herumtollen und Spaß haben wollte, wollte er seine Ruhe. Er wußte nicht, mit kleinen Mädchen umzugehen. Wenn ich zurückspüre, dann ist da eine große Trauer, daß da so wenig war. Er war und blieb der Fremde.

Ein warmes und gutes Band hatte ich jedoch zu meinem Großvater, der manchmal ein paar Monate bei uns wohnte. Der hatte viele Märchen in sich, er konnte erzählen und malen und hatte viel erlebt. Aber er war alt und ging immer wieder weg.

Vielleicht habe ich deshalb das Buch »Heidi« so geliebt, als ich acht war. Heidi und der Großvater, die hatten ein geheimes Band. Und ein bißchen ist wohl die Sehnsucht nach diesem Großväterlich-Väterlich-Männlichen geblieben, das ich nur manchmal hatte. Er starb, als ich zehn war.«

Elisa spürt die kindliche Trauer, die tief in ihr sitzt, und sie läßt sich im Arm halten.

Mädchen, die aufwachsen wie Elisa, schon in der frühen Sorge, die gute Mutter könnte sterben, mit der Erfahrung dahinter, daß sie es nicht verhindern können, dieses schleichende Sterben, daß plötzlich

eine fremde Mutter da ist, die in ihrer eigenen tiefen Unzufriedenheit die Lebendigkeit ihrer Kinder nicht aushalten kann, Mädchen,
die aufwachsen wie Elisa, mit der Abwesenheit des Männlich-Vä-
terlichen, gibt es viele, und sie träumen sich oft fort aus der Realität
der eigenen Familie, dahin, wo es anders,»besser« zugeht.

Elisa hat ihre Kindheit in den fünfziger Jahren erlebt, und ich denke,
was sie erlebt hat, ist typisch für diese Zeit. Wie viele Mütter und
Väter gab es da in Deutschland, die mit ihren Verlusten durch Krieg,
Flucht, Vertreibung oder Ausgebombtsein nicht fertig wurden. Der
Wiederaufbau ging nur äußerlich einher mit Häuserbauen, Arbeit,
einem besseren Lebensstandard, doch innerlich blieben viele Menschen fixiert und haften an den nichtbewältigten Geschichten der
Vergangenheit. Was Elisa schildert, ist eine ganz normale Kindheit
in einer eher an den Bedürfnissen der Erwachsenen orientierten
Welt, in der es oft so zuging, als wäre das kleine Mädchen gar nicht
vorhanden.

Ihre Kleinkinderzeichnungen spiegeln dies wider. Die Menschen
sind auffallend dünn, fast immer im Profil gezeichnet, nicht zuge-
wandt, rund und prall, wie solche Kinder malen, die ein gesundes
Selbstbewußtsein haben und zeigen können:»Hier bin ich«.

In der Phantasie fliegt sie oft mit den Wolken weg. Ihre Gefährten
werden die Bäume, die Tiere, die kleinen Zwerge, die sie unter den
Wurzeln in der Erde vermutet, die Feen und Elfen.»Elisa starrt
wieder Löcher in die Luft«, sagten die Erwachsenen oft leicht belu-
stigt, wenn sie sie bei ihren Träumereien ertappten. Sie wußten ja
nicht, daß es Elisas Ausweg war, in einer unverständlichen, letztlich
nicht auf sie eingehenden Erwachsenenwelt zu überleben, in der es
soviel Streit und unverständliche Ausbrüche der Mutter gab.

Im Märchen nun wird erzählt, daß Elisa zu einem schönen Mädchen
heranwächst und was die Stiefmutter nun alles unternimmt, um sie
böse und häßlich erscheinen zu lassen, damit sie ihrem Vater nicht
mehr gefällt. Sie reibt sie mit stinkendem, braunen Öl ein, macht
ihre Haare wirr, so daß niemand sie wiedererkennt.

»Mutter hat mich oft bei Vater angeschwärzt, wenn er abends nach
Hause kam«, sagt Elisa,»wie ich sie wieder aufgeregt habe durch

freche Widerworte. Das war die Zeit, als ich anfing, mich von ihr abzusetzen und andere Meinungen und Vorstellungen hatte als sie; als ich anfing, mit Vater über manches zu diskutieren, mich um einen Austausch mit ihm bemühte. Das konnte sie nur schwer aushalten. Sie ging immer dazwischen. So kenne ich dich ja gar nicht, das waren geflügelte Worte damals.«

Was Elisa da beschreibt, ist der sehr häufige Konflikt in Töchter-Vater-Mutter-Beziehungen. Im Alter von fünf, sechs Jahren, wenn das kleine Mädchen Vater entdeckt und die oft enge Mutter-Tochter-Beziehung aufbricht, reagiert die innerlich leere Mutter oft eifersüchtig. Der Vater selbst ist der kleinen jungen Dame gegenüber oft hilflos, ambivalent.

In therapeutischen Gruppen gestehen Töchter-Väter diese Ambivalenz oft ein, dieses Empfänglichwerden für den Liebreiz der Tochter, dem sie eher oft nur mit schroffer Ablehnung begegnen können als mit väterlicher Wärme, zumal wenn sie die Eifersucht der Mutter spüren.

Dasselbe wiederholt sich in der beginnenden Adoleszenz, wobei der Konflikt sich oft verschärft, wenn die elterliche Paar-Beziehung auf keiner guten Basis steht.

Sehr selten gelingt es Familien, den Entwicklungsschritt der Tochter angemessen zu begleiten. Tatsächlich ist der Weg der Tochter auf den Vater zu ja oft eine Bewegung, die mit sexueller Gewalt beantwortet wird, deren erschreckende Ausmaße erst seit kurzem in die Öffentlichkeit dringen.

Es ist für mich immer wieder erschütternd, mitzuerleben, wenn in Therapiegruppen Frauen wieder zu dem kleinen Mädchen werden, das sie einmal waren, verletzt durch Gewalt und Mißbrauch, durch Grenzüberschreitung, aber auch genauso verletzt durch Rückzug, Abwehr, Ablehnung, Abwertung und vor allem durch »emotionale« Abwesenheit ihrer Väter.

Die Sehnsucht des kleinen Mädchens nach einer zuverlässigen, warmen Vaterbeziehung bricht sich meist an der Mauer der wichtigeren Männergeschäfte, am Schweigen des an positiven Gefühlsäußerungen sparsamen Vaters, der sich oft leichter mit Forderungen nach Anpassungen tut als mit Lob und Anerkennung der beginnenden Eigenständigkeit und Unabhängigkeit der Tochter.

Von ihrer Mutter hat die Normaltochter in unserem patriarchalorientierten Kulturkreis gelernt, daß es in der Regel nichts Wichtigeres gibt, als diesen abwesenden, kontaktarmen Vater-Mann zu umwerben. In einer Normalfamilie der fünfziger und sechziger Jahre – und oft auch heute noch – richtet sich die Zeitstruktur nach dem Kommen und Gehen des Mannes, der die wichtigeren Dinge tut und das Geld heimbringt. Und so ganz nebenbei lernt das Mädchen (nicht nur das Mädchen), daß der *Abwesende*, der nicht in Beziehung bleibt und sie pflegt, der nicht da ist, der *Wichtigere* ist.[1] Die Tochter wird »vorgeführt«, soll möglichst da sein (so wie Mutter), wenn Vater abends heimkommt. Sie lernt zu warten, erfährt die Enttäuschung, daß da wenig ist, worauf es sich lohnt zu warten; denn jetzt ist ja noch jemand da, nach dem das Kind sich zu richten hat, dessen Bedürfnisse es erfüllen muß, der sich eher kontrollierend als aus echtem Interesse nach Schulnoten oder nach Freunden erkundigt.

Oft erlebt sie den Vater als den auch innerlich Abwesenden, der eigentlich lieber seine Ruhe haben möchte als eine unternehmungslustige und beziehungssuchende Tochter.

So ist die Vater-Tochter-Beziehung meist eine zutiefst verletzte, unterbrochene, in der kein echtes Auf-die-Tochter-Eingehen stattfindet.

Dazu wäre es Voraussetzung, daß ein Vater weiß und danach fragt, was kleine Kinder brauchen, und genau dazu hat er meist aufgrund seiner eigenen Geschichte keinen Zugang.

Wo Mann und Frau in einer guten Paarbeziehung leben, sich gegenseitig Raum und Achtung und Aufmerksamkeit geben und die Entwicklungsschritte ihrer Kinder aufmerksam als Eltern begleiten (nicht als selbst Bedürftige, die ihre Kinder unbewußt für sich selbst haben wollen), mag es gelingen, daß Mutter die Bewegung der Tochter zum Vater hin liebevoll zuläßt, und der Vater seinerseits die Tochter liebevoll aufnimmt, aber auch wieder zurückweist auf die Mutter, an der sie Frausein lernen kann, um später selbst offen auf einen Mann zugehen zu können.

Mit den Schwänen fliegen

Im Märchen, das Elisa nacherzählt, gibt es nun einen weiteren Einschnitt, als sie von zu Hause weggeht. »Über Nacht war alles anders«, schreibt sie. An ein solches »Über Nacht war alles anders« kann sie sich ganz real erinnern. In einer Nacht wurde ihre Mutter schwer krank und mußte mehrere Monate in einer Klinik verbringen. Damals war Elisa dreizehn Jahre alt. Daß ihre Mutter sterben könnte, stand real im Raum. Elisa war in dieser Zeit viel sich selbst überlassen, machte die merkwürdige Erfahrung, daß sie gar nicht traurig sein konnte. »Heute ist mir klar geworden, daß die liebevolle Mutter, die ich zärtlich liebte, ja schon längst gestorben war.« Sie weint dabei, weil ihr zum erstenmal bewußt wird, wie einsam sie mitten zwischen Vater und Mutter aufgewachsen ist.

»Als meine Mutter wieder aus der Klinik zurückkam, wurde alles nur noch schlimmer«, sagt sie. »Sie war tief in ihrer Seele ja immer noch krank. Alles drehte sich nur noch um sie und ihre Krankheiten. Das war die Zeit, als ich äußerlich und innerlich wegging von zu Hause, bei jedem Wetter draußen sein wollte, mit dem Rad den Wald durchstreifte, Schule schwänzte und lieber neben dem Bach auf einer Wiese lag und seinem Murmeln zuhörte.«

»Was hast du denn da gehört?« frage ich.

»Daß das Leben etwas Gutes ist, immer in Bewegung, aber letztendlich auf etwas Gutes hin. Wenn ich die Sonne warm auf der Haut spürte, und der Wind in den Zweigen flüsterte, dann war ich geborgen inmitten all dem Schwirren und all der geschäftigen Lebendigkeit der kleinen Lebewesen um mich herum.

Und Gott war ganz nah. Eine verständnisvolle, liebevolle Mutter, die gut für mich sorgte. Es war nicht der Gott aus den meist langweiligen Gottesdiensten, zu denen ich oft mußte. Es war ein Gott, der in allem liebevoll webt und lebt, und ich war ein Teil des Ganzen. Gott war auch unheimlich und unbegreiflich, aber letztendlich gut. Gott war im Flügelschlag des Schmetterlings, im Hüpfen der Amsel, im Tanzen des Lichts in den Blättern genauso wie im gewaltigen Tosen des Sturmes oder in den Blitzen, wenn das Gewitter herannahte. Die Elemente waren meine Freunde. Im Sommer habe ich mir einen ganz eigenen Baum ausgesucht. Er war groß und alt, und er redete zu meinem Herzen. Wenn ich nicht rauskonnte oder durfte, dann kam ich mir immer gefangen vor wie ein Vogel im Käfig, ausgeliefert den Stimmungen meiner Mutter, der öden Kommunikation, der ich nur durch Lesen entfliehen konnte.«

Elisa hat Kraft geschöpft aus den Begegnungen mit der Erde, den Bäumen, dem Wasser und dem Wind. Das war ein Stück Zuhause, in dem sie willkommen war. (Andersen beschreibt dieses liebevolle Bergen der Natur ebenfalls für die heimatlose Elisa.)

Als Erwachsene hat sie etwas davon wiedergefunden: in dem, was *Schöpfungsspiritualität* heißt oder was Hildegard von Bingen die *Grünkraft Gottes* nennt, was manche Frauen auf den Spuren weiblicher Spiritualität das Eingebettetsein in kosmische Zusammenhänge nennen, der Weisheit vertrauend, die alles durchwaltet.

Für Elisa war das kein Gegensatz zu dem Gott, der Abraham und Sarah aus ihrer vertrauten Umgebung herausrief in ein neues, unbekanntes Land, oder zu dem Gott in den Moses-Geschichten, der das Volk Israel führte. Diese Geschichten hat sie kennen- und liebengelernt.

Auch mit Jesus, der sich auf die Seite der Schwachen stellte, war sie vertraut, und sein Unverstandensein und Leiden rührte sie tief.

Weil sie auf Zeichen auf ihrem Weg wartete, traf sie auch die »weise Frau« und fand zu ihren Schwanenbrüdern.

Die »weise Frau« erscheint häufig im Märchen, wenn neue Entwicklungen notwendig sind. Ihre Merkmale sind oft die Zugehörigkeit zum Wald – Sinnbild des Unbewußten –, sie kennt sich aus mit den Rhythmen der Natur, weiß von verborgenen Heilkräften und erscheint in Träumen. Sie ist Mittlerin der verborgenen göttlichen Weisheit.

Für Elisa ist der nächste Schritt, aus ihrer Waldeinsamkeit herauszukommen. So wichtig es war, ein Stück kosmische Geborgenheit zu erfahren, ist sie doch letztlich allein und fern von den Menschen.

Ich frage Elisa, wie sie denn aus ihrer Abgesondertheit herausgekommen sei.

»Entscheidend wichtig war für mich der Kontakt mit anderen Mädchen«, sagt sie. »Da suchte ich Verwandtes. Wichtig war auch die Zugehörigkeit zu kirchlichen Jugendgruppen. Ich war immer auf der Suche. Die einen waren mir zu eng und lebeneinschnürend, die anderen zu oberflächlich. Also suchte ich immer weiter nach »Geschwistern«. In dieser Zeit führte ich ein richtiges Doppelleben. Zu Hause und in der Schule war ich meist stumm und in mich gekehrt. Aber ich erinnere mich an viele Nachtgespräche mit Freunden. Die Nacht, das war damals mein Element. Tagsüber war ich wieder scheu und stumm oder flog mit den Schwänen.«

Ich frage sie, was ihr zu den Schwänen einfällt.

»Schwäne haben für mich etwas mit Luft und Licht und Wasser zu tun. Sie verkörpern für mich Phantasie und Kreativität. Verbinden sie nicht auch Göttliches mit den Menschen?«

Ich habe nachgelesen. Schwäne scheinen in vorhellenistischer Zeit zum Kult der großen Göttin gehört zu haben. Sie sind ihre Gefährten. Ja, in der Gestalt der Schwanenjungfrau erschafft sie Neues. So haben die Schwäne Verbindung zur geistigen, schöpferischen, göttlichen Welt.

Elisa gefallen diese Assoziationen.

Aber es ist auch nicht ungefährlich, mit den Schwänen zu reisen, das merkt Elisa auch. Im Flug über das Meer drohen sie abzustürzen. Es gilt, sich vertraut zu machen mit den Elementen und deren Bedingungen. Elisa muß sich ganz der Führung der Schwäne überlassen. Es gibt Phasen im Leben, in denen es nötig ist, sich den leitenden, schöpferischen Kräften zu überlassen, mit deren Hilfe wir das Meer des Unbewußten überfliegen müssen. So kommt Elisa unversehrt zusammen mit den Schwanengeschwistern in deren Reich an. Und weil das Reich der Schwäne ein Land der schöpferischen Kräfte ist, erscheint auch wieder die weise Frau. Diesmal zuerst in Gestalt einer schönen jungen Fee, die sich dann in die Gestalt der Alten aus dem Wald verwandelt. Und sie zeigt den Weg der Erlösung.

Elisa fliegt mit den Schwänen

Elisas neue Wohnung ist nicht zufällig eine Höhle, ein Urbild für den frühesten mütterlichen Bereich, ein Ort der Initiation, des nächsten Reifungsschritts, ein Ort der Wandlung, auch Ort der Begegnung mit dem Göttlichen.

Es sind die Schwäne, die ihr Nahrung bringen. Dies erinnert an das alte Motiv, daß die göttlichen Kräfte in Gestalt von Vögeln den Müden zu essen und zu trinken bringen (z.b. wird Elia in der Wüste von Raben versorgt, als er nicht mehr weiter weiß). Andersen betont den Aspekt der Initiation. Die Schwäne geben Elisa den Auftrag zu träumen, was sie zu ihrer Erlösung tun könne. Dies knüpft an die alte Tradition an, in schwierigen Fragen und Lebensphasen die Kräfte des Himmels zu bitten, durch Träume Wegweisung zu bekommen, wie es z. B. im Heiligtum von Epidauros üblich war.

Solche Höhlenerfahrungen machen Menschen oft, wenn neue Reifungsschritte nötig sind. Manchmal ist es eine Krankheit, die Menschen dazu führt, nach innen zu hören und zu sehen, die allzu Aktive zwingt, das »Bett zu hüten«. Diese Sprachwendung drückt aus, daß dies etwas Wichtiges und Kostbares sein kann, weil neue Erkenntnisse wachsen, Träume endlich eine Chance haben, ins Bewußtsein zu dringen.

Wichtiger wäre es, bei bedeutsamen Fragen, Entscheidungen oder Lebensübergängen solche »Höhlenerfahrung« bewußt zu suchen, statt von außen her oder durch Krankheiten erst dazu genötigt zu werden. Manche suchen Rat in regelmäßigen Exerzitien, in der Stille von Klöstern und anderen spirituellen Häusern, in der Meditation, um dem Göttlichen Raum zu geben. Andere fahren ans Meer oder steigen in die Berge hinauf und begegnen dort der Weisheit.

Aber wo ist Raum für ein junges Mädchen, ihrer erwachenden Weiblichkeit zu begegnen? Die Mütter der Generation Elisas konnten dies meist nicht leisten. Die Mysterien des Blutes wurden zur lästigen, schmerzhaften Begleiterscheinung des Frau-Werdens, deren Schmerzen mit Tabletten bekämpft wurden wie eine Krankheit, statt sie als eine kostbare Gabe der Natur zu erkennen. Sexualität – das Tabuthema schlechthin, so daß Elisa auf sich selbst und auf die weise Frau angewiesen ist. Sie zeigt ihr auch den Weg. Es ist ein schmerzensreicher, brennender, aus Brennesseln Flachs zu gewinnen, um die Fäden zu einem neuen Muster zusammenzusetzen.

Und doch: Eine »wahrhafte Jungfrau«, ein »wahrhafter Jüngling« können Brennesseln anfassen, ohne sich zu brennen, wie es so schön im Wörterbuch des deutschen Aberglaubens heißt. Die Brennessel ist eine alte Heilpflanze, die besonders aufgrund ihres Eisengehaltes für junge Mädchen in den Entwicklungsjahren eingesetzt wird. Auch als altes Hebammenmittel sorgt sie für neue Kraft und Energie. Im Volksglauben sagte man ihr auch antidämonische Wirkung nach. Rudolf Steiner hebt vor allem ihre wichtige Bedeutung für das gesamte Pflanzenleben hervor, da die Brennessel eine ausgleichende harmonisierende Wirkung habe auf den Ackerboden. Er vergleicht ihre Funktion mit der des menschlichen Herzens.[2] So sind es wohl nicht zufällig Brennesseln, die heilen und eine neue Harmonie in Elisas Lebensmuster bringen sollen. Elisa nimmt die Weisung ihres Traumes ernst und beginnt mit ihrer Arbeit.

»Auf Träume zu achten, ist für mich im Laufe meines Lebens ganz wichtig geworden«, sagt Elisa, »oder im Gespräch mit Gott zu fragen, was gut und stimmig ist – immer in dem Wissen, daß es Zeichen gibt, daß Gott uns nicht ohne Führung läßt.

So habe ich auch in meiner Studienzeit ganz genau gewußt: Das ist jetzt der richtige Weg oder der richtige Ort, und als ich dann meinen späteren Mann kennenlernte, wurde mir klar, daß er im Unterschied zu anderen möglichen Interessanten der Richtige für mich war.«

Während Elisa erzählt, ist sie in der Vergangenheit, und ihre Augen sind ganz tief und weit fort.

»Wir waren unglaublich verliebt ineinander und Gott dankbar, daß wir uns gefunden hatten. Es hatte uns etwas angerührt von dem Mysterium Mann und Frau, und wir wuchsen staunend dahinein.«

Im Schloß des Königs

Wenn zwei beschließen, einander zu heiraten, dann haben sie auch ganz bestimmte Lebenspläne, Hoffnungen und Sehnsüchte. Manches ist bewußt und vieles unbewußt, wobei das Unbewußte das ist, was letztlich am stärksten wirksam wird.

Groß waren die gemeinsamen Vorsätze: Jeder sollte den Beruf abschließen, sollte die gleichen Chancen haben. Natürlich wollten sie Kinder. Und wenn Kinder kommen sollten, dann war es auch selbstverständlich, daß Elisa beruflich zurückstecken würde, um in erster Linie für die Kinder da zu sein, und natürlich würden sie sich die Hausarbeit teilen – jeder hatte ja schon ein wenig die Erfahrung des Alleinlebens im Studium gemacht.

Elisa entdeckt nach Beendigung ihre Studienzeit, daß ihr Mann recht gute berufliche Chancen hat, sie selbst jedoch weniger. Noch spürt sie die Verletzung nicht so sehr, um so mehr setzt sie sich ein für ihren Mann, hilft ihm in seinem Beruf, wo sie kann, und als das erste Kind kommt, nimmt sie sich stärker zurück. Sie ist ratlos – wo ist die weise Frau, die ihr rät, wie man/frau ein Baby versorgt –, sucht nach Modellen, sucht in fremden Büchern, wird selbst wieder klein und bedürftig. Und ihr Mann geht strahlend seinem Beruf nach, ist meist weg, mit der Selbstverständlichkeit eines Königs, während sie im Schloß sitzt und wartet, als Mutter mutterlos in einer fremden Umgebung.

Was Elisa beschreibt, ist für viele Männer völlig unverständlich, für viele Frauen jedoch etwas sehr Vertrautes. Das Hineingeworfenwerden in eine Abhängigkeit, in die enge Beziehung zu den kleinen Kindern: auf diese Erfahrung war Elisa nicht vorbereitet (eher auf Windelqualität und welche Babykostmarke gut sei). Auch nicht auf die Sensibilität und eigene Bedürftigkeit, die aufbricht, wenn wir für ein Baby sorgen und dabei zu wenig Unterstützung haben.

Damals gab es noch kaum Stillgruppen oder Frauen- und Mütterinitiativen. Wie gut, daß Elisa wenigstens ihr Kämmerchen hatte, um mit den Schwänen in Verbindung zu bleiben. Und sie strickte eifrig an ihren Hemden. Wenn sie ihre Kinder gut versorgt wußte, besuchte sie psychologische Selbsterfahrungsgruppen, stieg in ihre eigene Kindheit ein und entdeckte voller Empörung und Schrecken einzelne Puzzleteile ihrer Kindheitsmuster.

Durch die gemeinsame Herausforderung und Liebe zu ihren Kindern war sie mit ihrem Partner verbunden. Beide waren offen dafür, miteinander zu wachsen und Neues zu lernen. Im gemeinsamen Anklagen gegenüber den eigenen Eltern gab es Solidarität. Ja, sie wollten es beide »besser« machen, anders als sie es bei Vater und Mutter erlebt hatten. Sie wollten ihre Kinder wichtig nehmen, auf sie eingehen, sie nicht schlagen, nicht beschämen.

Ja, Elisa gehörte zu der Frauengeneration, die ihre Kinder lieber im Tragesack tragen wollte, Laufställe verabscheute, den Kindern Raum zum Entdecken, viel Nähe und Wärme geben wollte. Woher kam dann nur manchmal dieses Gefühl der Einsamkeit und der grenzenlosen Erschöpfung, die Sehnsucht, daß jemand auch einmal nach ihren Bedürfnissen und Wünschen fragte? Oft kam sie sich wie zerrissen vor zwischen all den unterschiedlichen Interessen, auf die sie einfühlsam eingehen sollte.

Ihre eigenen Wünsche wurden ganz klein. Einmal eine Stunde allein sein, um zu sich selbst zu kommen. Einen Spaziergang machen mit einer Freundin. Einmal ausschlafen. Die Müdigkeit wich nicht mehr aus ihrem Körper. Wie die Sehnsucht nach ihrem Mann, dem König, der meist weg war.

Wie kostbar, wenn der Partner sich einmal Zeit nahm und sie zusammen als Paar etwas unternehmen konnten, wenn jemand anders bei den Kindern war. Wie schön, wenn ihr Mann, der König, mit den Kindern spielte und tobte, oder wenn er einfach nur da war und sich das Dasein für die Kinder mit ihr teilte. Wie kostbar und viel zu selten!

Ja, Elisa liebte ihn, den König, und war traurig, wenn er zu oft in sein Reich ritt, in dem er herrschte, aber er sagte immer, es müsse so sein.

Eine zeitlang richtete sie sich nach seinem Zeitplan aus, wartete abends oder mit den Mahlzeiten auf ihn. Oft konnte sie lange warten; wenn er sagte »Heute komme ich nicht so spät«, war sein Maß oft ein anderes als ihres.

Ihr Herz und ihr Körper merkten dann irgendwann, daß sie ihren eigenen Rhythmus vergessen hatten. Sie bat den König, weniger zu herrschen, sich mehr Zeit und Ruhe zu nehmen für sich selbst, für sie und für die Kinder, aber ein richtiger König kann nicht einfach aufhören zu herrschen. Im Gegenteil, er herrschte sie an, was ihr einfiele. Wenn er nicht nach dem Rechten sehe, tue es keiner. Und so lebte er in seinem Reich und sie in seinem »Schloß«.

Das Schloß wird zu eng

Mit der Zeit entdeckte Elisa, daß sie zu stark durch ihn, den König, lebte, daß sie ihr Glück von ihm abhängig machte, davon, ob er Zeit und Aufmerksamkeit für sie hatte oder nicht. Sie suchte andere Frauen, die ähnlich wie sie die »Schloß-Situation« mit den kleinen Kindern zu Hause satt hatten und nach geistigem Austausch hungerten. Sie halfen sich mit den Kindern gegenseitig aus und verschafften sich so ein Stück Unabhängigkeit. Elisa besuchte Kurse und psychologische Fortbildungen, stieg wieder in ihren Beruf ein, vor allem in die Arbeit mit Frauen – ja, das Schloß des Königs war ihr zu eng geworden.

Und wie ging es dem König? Zunächst fand er es ganz in Ordnung, daß seine Königin nun besser für sich sorgte, dann brauchte er kein schlechtes Gewissen mehr zu haben, daß er so viel über Land reiste, aber wenn er nach Hause kam, dann sollte sie schon für ihn da sein und sein königliches Bett mit ihm teilen, denn er mußte ja gleich wieder weg. Und nun geschah es oft, daß er die Königin gebeugt über ihre Nesselhemden vorfand in ihrem eigenen Kämmerchen. »He – ich bin da!«, rief der König. »Hat denn niemand Lust, mit mir zu spielen? Jetzt hab' ich doch Zeit!« Aber die Kinder hatten schon etwas anderes vor, waren in ihre eigenen Spiele vertieft oder hatten sich verabredet.

»Hier braucht mich ja doch keiner«, dachte der König ärgerlich und beschloß, so schnell wie möglich wieder in sein Reich zu reiten, wo er wichtig war und bestimmen konnte.

Als Elisa kurz darauf aus ihrem Kämmerchen kam und sich freute, daß der König nun endlich Zeit hatte, da war er schon wieder im Aufbruch und hatte Wichtigeres vor.

In dieser Phase der Beziehung wird der Kontakt immer spärlicher, und damit wächst auch die Gefahr, daß die alten Muster aus der Kindheit wieder wirksam werden, die alten Gefühle und Lebensüberzeugungen sich zu Wort melden.

Männer, die sich jahrelang intensiv ihrer beruflichen Karriere gewidmet haben, Frau und Kinder zu Hause ließen, gut und sicher in ihrem Schloß, entdecken plötzlich, daß fast unmerklich, wenn die Kinder größer werden, ein eigenes Reich entstanden ist. Die Frau, anfangs noch stark auf ihn bezogen, hat nun ihr eigenes Beziehungsnetz aufgebaut, hat ihren eigenen Terminkalender. Auch die Kinder treffen ihre eigenen Verabredungen und haben oft ganz anders ausgeprägte Bedürfnisse als der Vater, der jetzt endlich etwas mit seiner Familie unternehmen will und sich wundert, daß zunächst keine große Begeisterung herrscht, wenn er seine Vorschläge macht.

Dieser ganz normale Entwicklungsprozeß in einer Familie, die sich mit den sich verändernden Bedürfnissen von Kindern und Eltern ja immer wieder wandelt, erfordert ein erneutes Überprüfen: Wo stehen wir im Moment? Was ist uns gemeinsam wichtig? Was braucht jeder einzelne auch für sich? Eine Art Familienkonferenz von Zeit zu Zeit könnte helfen, die anstehenden Fragen zu klären, und neue Absprachen zu treffen.

Eine Elisa-Frau sieht zu diesem Zeitpunkt darin auch kein Problem. Sie selbst fühlt sich meist wohler in ihrer Haut als jemals zuvor. Sie hat ja inzwischen schon einige Hemden fertiggestrickt, hat ein Stück Unabhängigkeit mit dem Größerwerden der Kinder dazugewonnen, vielleicht auch wieder in ihrem Beruf Fuß gefaßt.

Auch hat sie sich intensiv mit ihrer eigenen Kindheit auseinandergesetzt, viel dazu gelesen, auch über sich wandelnde Paarbeziehungen. Im jahrelangen intensiven Austausch hat sie viel von ihren Kindern gelernt. Es besteht ein gutes Miteinander, und je mehr sie entdeckt, desto zuversichtlicher wird sie, daß Probleme in der Kommunikation lösbar sind.

Sie will auch gerne ihrem Mann, dem König, mitteilen, was sie an Erkenntnissen dazugewonnen hat, ja, sie will das alles gerne mit ihm teilen, hofft auf sein Interesse.

Immer noch unterstützt sie ihn mit ihren Ideen, mit ihrem Zuhören, mit ihrer Fürsorge, mit ihrem Dasein. Allerdings, nicht mehr ganz so selbstverständlich legt sie ihre Nesselhemden aus der Hand wie früher, wenn es um seine Dinge geht. Was sie selbst in ihrem Kämmerlein gestrickt hat, wird ihr zunehmend wichtig.

Wo es nun um sie selbst geht, hat sie oft das Gefühl, sich nicht verständlich machen zu können. Sie findet nur wenig Aufmerksamkeit beim König.

Sie hört zynische Bemerkungen, die sie abwerten, wenn sie neue ungewohnte Dinge erzählt.

Die spitzen Pfeile nehmen zu, mit denen der König neuerdings vermehrt ausgerüstet ist – angeblich seien die Feinde zahlreicher und stärker geworden in seinem Königreich.

Verletzt zieht sie sich zurück. Merkt er denn gar nicht, wie seine Pfeile ihr wehtun?

Warum stellt sie sich nicht vor ihn hin und fragt:»Was ist los mit dir, mein König? Warum redest du so mit mir? Was du sagst, und wie du es sagst, tut mir weh. Was ist los?«

Warum kann sie selbst ihren Ärger so wenig zeigen und Dinge aussprechen, die ihr wichtig sind? Warum ist sie oft so sprachlos?

Elisa-Frauen können über ihre Verletzungen wenig reden. Sie haben ja als Kind die Erfahrung gemacht, daß sie selbst nicht eigentlich wichtig sind, daß auf ihre Bedürfnisse niemand recht eingeht.

Ihr Ausweg ist das innerliche Weggehen, nicht die Auseinandersetzung, das faire Streiten, in dem sie ihre Interessen einbringen. In ihrer Kindheit hätten sie damit immer den kürzeren gezogen, ja, es wäre gefährlich gewesen. Lieber sind sie bereit, einzulenken, den Fehler bei sich zu suchen und ihren Mann zu entschuldigen.

Noch merken sie nicht, wie die spitzen Pfeile des Königs eine alte Wunde treffen, die aus dem Erleben rührt, daß sie nur geliebt worden sind, wenn sie *für* jemanden da waren, nicht als eigenständige Personen, denen Achtung und Respekt und Liebe gegolten hat.

Früher ist Elisa oft krank geworden, wenn die Kränkung zu stark war. Darüber ist sie im Moment hinaus. Sie will Klärung, sie will Veränderung.

Elisa-Frauen machen dann oft Vorschläge, etwas für die Beziehung zu tun, z.b. zur Eheberatung zu gehen, Partnerschaftsseminare oder ein Kommunikationstraining zu besuchen. Sie haben ja selbst die positive Erfahrung gemacht, wie lohnend es ist, die Fäden aus der Vergangeneit zu entdecken und durchzuschneiden, wo nötig, und neue Muster zu stricken.

Manche Könige lassen sich auch darauf ein, oft allerdings gewappnet bis an die Zähne, zum Absprung bereit aus Sorge, nicht zu viel an sich heranzulassen.

Manchmal bringt ein solches Wochenende auch neue Impulse, gute Vorsätze, sich z.b. mehr Zeit füreinander zu nehmen, ein wenig aufmerksamer aufeinander zu hören; meist versickert das Neugewonnene jedoch im Alltag, weil es nicht bis an die Wurzeln geht, z.b. von Elisas Empfindsamkeit oder des Königs Rastlosigkeit, ständig in sein Reich reiten zu müssen, um zu herrschen und spitze Pfeile zu verschießen.

Auf den Friedhöfen der Vergangenheit

Elisas Nesselvorrat ist verbraucht, erschöpft. Sie muß neue Wege suchen, um den Bann zu lösen.

Die weise Frau hat sie auf den Kirchhof geschickt; da, wo die Gräber der Toten sind, wachsen die heilenden Kräuter.

Elisa begegnet den Geistern der Vergangenheit, herzklopfend setzt sie sich diesem Ort des Grauens aus. Und die Totgeschwiegenen beginnen zu reden.

Elisa erzählt:

»Es begann mit Büchern von Autorinnen, die der Frauenbewegung nahestanden. Plötzlich entdeckte ich: Ich bin nicht die einzige, die so denkt und fühlt, die unter der fehlenden Kontinuität in der Beziehung zum Partner leidet, an seiner sich ständig selbst umkreisenden

Berufsbezogenheit, in der er seine Wichtigkeit aufbläht. Frau und Kinder sind dann nur die Randfiguren, die ihn als Satelliten umkreisen sollen. Und wehe, wenn sie es nicht tun: Wenn frau nicht alles bereithält, was mann braucht...«

Elisas Gesicht rötet sich vor Zorn, während sie weiterspricht: »Oft waren es ja nur Kleinigkeiten: Er drehte durch, wenn zum Beispiel das eine Hemd, das er anziehen wollte, nicht im Schrank hing. Auf die Idee, sich rechtzeitig selbst um seine eigenen Sachen zu kümmern, kam er nur selten. Und dann die Selbstverständlichkeit, mit der er alle Fürsorge im Haus für sich in Anspruch nahm – wie ein Kind bei seiner Mutter, aber ohne die Anerkennung, die zwei erwachsene Menschen sich geben sollten, wenn einer etwas für den anderen tut.«

Elisa findet sich plötzlich wieder in einer Kette unzähliger Frauen vieler Jahrhunderte, selbstverständlich als Erweiterung des männlichen Selbst mißbraucht. Sie wird plötzlich sensibler dem gegenüber, was durch die Bilder der Sprache über männlich-weibliche Machtverhältnisse ausgedrückt und transportiert wird:

Die Unsichtbarkeit der Frauen, die immer »mitgemeint« sind, wenn von »dem Menschen« die Rede ist, und die widerspiegelt, wer das Sagen hat.

Die Sprache der Kirchen, die über ein Jahrtausend hindurch die der »Herren« war und ist, die der Könige, der Richter, der Väter, der Brüder und Söhne, die Gottesbilder verdunkelt durch die patriarchal gefärbte Brille, die Gott zu einer Widerspiegelung der einseitig männlichen Machtstrukturen macht.

Auf den Friedhöfen der Vergangenheit begegnet Elisa mit Entsetzen den toten Seelen der vergewaltigten, gefolterten, verbrannten, getöteten Frauen – und das alles geschah im Namen dieses Gottes! Wie ein schwarzer Faden des Todes zieht sich dies durch die Geschichte des christlichen Abendlandes.

Gemeinsam mit vielen Hunderten von Frauen und auch einigen Männern betrauert Elisa in einer Kirche den millionenfachen Mord an unschuldigen Frauen in einem Requiem.[3] Sie möchte ihre Betroffenheit mitteilen, mit dem König, ihrem Mann, teilen. Sie versucht es. Kann ein König, der sich selber ständig bedroht sieht und in Verteidigungsbereitschaft ist, das Leiden seiner Frau verstehen? Elisas Suche auf den Friedhöfen der Vergangenheit hat Folgen.

Im Märchen von Andersen ist es ein Vertreter der Kirche, der als erster das rätselhafte Tun der Königin deutet und dessen Urteil nun eindeutig ist:

»Sie ist eine Hexe – komm und sieh doch selbst, was sie tut.«

Und der König schenkt diesen Einflüsterungen sein Ohr.

Für mich steht die Figur des Hofgeistlichen für den Teil in uns, der die traditionellen patriarchalen Werte und Anschauungen vertritt, die wir alle mehr oder weniger seit Jahrhunderten internalisiert haben. Dieser Teil ist abgeschnitten von der »weisen Frau«, weiß nichts von den heilenden Kräften, die gerade in der Beschäftigung mit dem Dunklen, Verborgenen liegen, zum Beispiel auch mit den auf die Friedhöfe der Vergangenheit verbannten weiblichen Kräften und Erfahrungen. Sie werden schnell dem Bösen zugeordnet, das »mann« verbrennen muß, weil es einem angst macht.

Wie kommt es, daß der König diesem Teil so bereitwillig Gehör schenkt?

Hat er kein Vertrauen zu seiner Gemahlin? Hat er sie nicht kennengelernt in all den Jahren des Zusammenseins? Merkt er nicht, daß da etwas an »Entwicklung« geschieht im geheimen, wenn Elisa aus den brennenden Nesseln Fäden gewinnt und zu neuen Mustern zusammensetzt?

Doch – genau das sieht der König sehr wohl. Nur in der Tiefe seines Herzens pocht diese »Entwicklung« seiner Frau an die verborgene Kammertür in ihm selbst, die er bisher fest verschlossen hielt, weil dahinter die Gespenster der eigenen Vergangenheit mit all ihren bedrohlichen Mächten lauern.

Da hält er sich lieber an die Sprache der »Tatsachen«, und Tatsache ist: Seine Gemahlin, die er einst im Wald gefunden, ist nicht die liebende Frau, die er sich vorgestellt hat, sein Echo, wenn er ihr seine Mühsal vom Herrschen erzählt. Keine mehr, die ihn liebevoll aufbaut, wenn er am Boden liegt, die ihm die Worte sagt, die er hören will, die bereit ist, sein Bett mit ihm zu teilen. Hat er nicht ein

Recht als König und als Mann auf all dieses Für-ihn-Dasein? Schließlich hat er sie ja zu seiner Frau gemacht und in sein Schloß geholt! Und mit den Einflüsterungen des Hofgeistlichen und mit dem, was er mit eigenen Augen sieht, holen ihn seine eigenen Schatten ein. Seine tiefe Sehnsucht, daß jemand nur für ihn da ist, seine Bedürfnisse wahrnimmt und erfüllt; ihn wichtig nimmt, ihn nährt, wenn er Hunger hat, auf seine noch so verborgenen Signale eingeht. Mit all diesen unerfüllten Erwartungen hat er sich an dieses Waldmädchen gebunden, und schmerzhaft spürt er seine Abhängigkeit, die sie – so meint er – ihm angehext hat.

Das ist der Zeitpunkt, wenn Könige dieser Art sich oft von ihren Elisa-Frauen trennen, enttäuscht und verletzt sich meist einer anderen Frau zuwenden, die sich ihrerseits wieder um den »armen« König kümmert, ihn »rettet« und aufbaut, und der König kann sich weiterhin als Opfer fühlen – hat er sie, die Königin doch so geliebt, aber sie hat nicht für ihn gesorgt. Sie muß daher verstoßen werden und auf dem Scheiterhaufen brennen.

Im Märchen gibt es zunächst keine Verständigung. Elisa kann, ja darf noch nicht reden, sie muß erst ihre Hemden fertigstricken. Hat sie denn nicht gemerkt, wie sich der König verändert hat, wie sein Mißtrauen gewachsen ist, wie er immer stachliger wurde und sie immer verletzender behandelte? Kommt sie denn nicht auf den Gedanken, daß es ihr Verhalten sein könnte, das etwas in ihm ausgelöst hat?

In der Therapie weint Elisa im Kerker ihrer Verzweiflung, eben weil sie entdeckt, wie eingesponnen sie selbst damals war. In der Betroffenheit, eine Frau zu sein, nimmt sie das erstemal in aller Tiefe wahr, wie das ist, zu dieser Menschengruppe dazuzugehören, mit all ihren sexistischen Verletzungen und Mißhandlungen, die es gab und auch heute noch gibt.

In der Therapie spürt sie es nochmals, was es heißt, Sexualobjekt zu sein, weiter nichts, und ihre eigene Geschichte fällt ihr wieder ein, daß sie sexuell mißbraucht worden ist, als sie sieben Jahre alt war.

»Ich habe mir so gewünscht, in meinem Mann einen Bundesgenossen zu haben, einen, der sich mit anrühren läßt – daß es das gibt, habe ich an manchen Freunden gesehen, zum Beispiel an einem, der mich einmal in den Arm nahm und sagte: Erzähl, warum bist du so betroffen? Statt dessen kamen spöttische Bemerkungen, wenn ich von dem Schrecklichen erzählen wollte, das mich bewegt hat. Zum Beispiel im Zusammenhang mit den jahrhundertelangen Hexenverbrennungen: Ist es nicht etwas übertrieben? Schließlich sind ja auch Männer verbrannt worden. Das ist so, als wenn einer erst spät erfährt, daß er jüdischer Herkunft ist. Und er hört das erstemal Einzelheiten über die schreckliche Vernichtung des jüdischen Volkes im Nazi-Deutschland. Und ein anderer sagt: In Amerika sind doch auch die Indianer ausgerottet worden. Das ist wie ein Guß kalten Wassers. Natürlich ist es faktisch richtig, aber für einen, der sich das erstemal mit dem Schicksal seines Volkes auseinandersetzt, ist seine Vergangenheit vorrangig. Die muß zunächst betrauert werden. Genauso mußte ich mich meiner weiblichen Geschichte stellen und Trauer und Zorn überhaupt erst einmal wahrnehmen.«

Elisas Geschichte ist kein Einzelfall. Immer wieder sind mir Elisa-Frauen begegnet, in Frauengruppen, in Freundschaften, deren Leben sich einschneidend verändert hat durch die Beschäftigung mit der historischen Frauengeschichte und der eigenen persönlichen Vergangenheit, die ja auch eine Frauengeschichte ist. Und nie ist das spurlos an ihren jeweiligen Männerbeziehungen vorübergegangen.

Tatsächlich ist eine Frau, das weiß ich von mir selbst, in dieser Phase nicht leicht zu ertragen. Sieht sie doch wie durch ein Vergrößerungsglas überall in Gesellschaft und Kirche oder auch in der eigenen Beziehung zu ihrem Partner sexistische Bestrebungen. In dieser Zeit wird eine Frau oft wieder das kleine Mädchen, das sie einmal war, und ist gleichzeitig verbunden mit all den mißhandelten kleinen Mädchen und Frauen, die es gab und gibt, und erst wenn sie diesen Schmerz und Zorn ganz durchlebt hat, kann sie wieder auftauchen und verstärkt wahrnehmen, daß es auch viele andere Probleme gibt, zum Beispiel auch kleine mißhandelte Jungen und Männer, die auf ihre Weise verletzt und mißbraucht worden sind.

Deshalb muß auch das letzte Hemd erst fertiggestellt, müssen ihre Schwanenbrüder erlöst werden, bevor sie reden kann. Erst dann ist sie wieder ganz und heil und in Harmonie mit sich selbst.

Im Märchen ist es nun für alle offenkundig, daß Elisa nicht »die Böse« ist, die vernichtet werden muß, sondern daß ihr Tun ein erlösendes Tun war, das für alle segensreich ist. Der Scheiterhaufen verwandelt sich in eine blühende Rosenhecke, und auch der König erkennt die Wahrheit und wendet sich erneut seiner Gemahlin zu, und es beginnt ein neues Leben.

Die heutige Elisa ist mit dem Märchen von den wilden Schwänen in der Therapie lange herumgegangen. Langsam verwandelt sich auch ihr Scheiterhaufen in blühende Rosen, obwohl ihr Gemahl, der König, längst die Scheidung eingereicht hat und keineswegs ein Ohr für ihre Geschichte hat.

»Was am meisten weh getan hat,« sagt sie heute, »ist, daß mein Mann die Herausforderung nicht angenommen hat, die in meinen Entwicklungsschritten lag, sondern daß er sie als *gegen* sich gerichtet erlebt hat. Er hat sich nicht die Mühe gemacht, intensiv mit mir zusammen unsere gemeinsame Geschichte in der Therapie anzupacken. Statt dessen hält er fest an seinen Kränkungen, für die er mir letztendlich die Verantwortung gibt. Er hält fest an der Sprache der sogenannten Tatsachen.«

Und so verläßt manch ein König sein Reich und sein Schloß. Manch einer begibt sich irgendwo in einen Turm, wo Grollblumen und Bitterkraut wachsen, und merkt nicht, wie er seine Lebendigkeit damit einmauert. Mancher wartet auf ein neues Reich, das er beherrschen kann, vielleicht auch auf eine neue Königin, die besser in sein Schloß paßt.

Vereinzelt mag es auch Könige geben, die sich auf die Suche machen nach ihren eigenen Märchen und den Entwicklungen, die notwendig sind, auch bei ihnen den bösen Zauber zu lösen.

Die Geschichte des Elisa-Königs

Aber einen kurzen Blick möchte ich doch noch auf die Art der Elisa-Könige und deren Geschichte werfen. Sie bilden eine große Gruppe von Männern in unserer westlichen Gesellschaft, sind ehrgeizig, stolz und stark. »Ein Indianer kennt keinen Schmerz«, »ein Mann geht keinen Weg zweimal« und ähnliche Sprüche zeichnen den Weg eines Elisa-Königs. Der Beruf ist das Wichtigste bei ihm. Meist strebt er nach oben, nach Anerkennung. Nichts ist gut genug, es muß alles schnell und perfekt sein. Annähernd perfekt müssen auch seine Mitarbeiter sein. So viel arbeiten wie er, ihm zuarbeiten. Positive Ideen der anderen werden selbstverständlich einverleibt und als die eigenen ausgegeben. Andere Meinungen oder eine andere Art, Dinge zu gestalten, müssen »bekämpft« werden. Andere Männer und Frauen im Berufsleben werden überwiegend als Rivalen erlebt, und die Furcht läuft immer mit, nicht im Konkurrenzkampf mithalten zu können. Freundschaftliche Beziehungen zu anderen Männern hat er kaum. Wenn, sind sie meist oberflächlicher Natur oder berufsbezogen oder eine Art Sportskameradschaft. Oft vermißt er dies nicht, denn er hat ja zu Hause meist eine Frau (und Kinder), die für ihn das soziale Netz knüpfen.

Konflikte am Arbeitsplatz kann er nur schwer aushalten und kooperativ lösen. Ist er Chef, so wird er »unhandsame« Mitarbeiter schnell wegschicken und durch andere austauschen. Selten sieht er sie als Menschen mit einem persönlichen Hintergrund, denen er Achtung und Respekt schuldet. Ist er selber abhängig, so wechselt er oft vorschnell den Arbeitsplatz in der Hoffnung, woanders endlich die Anerkennung und die Bedingungen zu bekommen, die ihm zustehen. *Entweder – oder*, das ist seine Devise. Er hat wenig Geduld. In seinem Terminkalender ist kein Platz für lange Beziehungsklärungen, also schießt er lieber seine Pfeile ab und kommt abends meist mit dem Gefühl einer großen Erschöpfung nach Hause (wie mußte er doch wieder kämpfen). Zu Hause erwartet er nun eine liebevolle, tröstende Frau, die in erster Linie für ihn da ist. Dabei kann er ihr oft gar nicht viel erzählen, wie es in ihm aussieht. Sie soll es herausfinden, ihn halten und lieben, den tiefen Hunger stillen, der ihn oft überfällt bei seinem hektischen arbeits- und kampforientierten Lebensstil.

»Männer lassen lieben«, so heißt der provokante Titel eines vielgelesenen Buches von Wilfried Wieck, und es ist nicht zufällig, daß das, was Wieck dort über männliche Beziehungsmuster und männliche Phantasien über die Frau schreibt, für so viele Leser/innen so typisch ist, daß vor allem Frauen sagen: »Ja, so ist es. Genauso erleben wir Männer!«

Bei aller Typisierung und auch mancher bewußter Überzeichnung halte ich dieses Buch für sehr wichtig und viele Einsichten für klärend in Bezug auf die Mann-Frau-Beziehung unserer Zeit. Wieck entlarvt die anscheinend beherrschende Stärke und die Grandiosität vieler Männer, das Bemühen, immer der »King« sein zu müssen, als die tiefe Abhängigkeit von der Frau, die für ihn »Quelle von allem ist, was wir brauchen (Frauenbild)«, wobei der Mann der »Mensch ist, der einen Anspruch auf die Frau hat (Männerbild)«.[4] Er braucht sie als »Droge«, Sex als »Mittel gegen die Angst«.[5]

Wenn eine Frau das merkt – Elisa-Frauen merken das zunehmend mit jedem Hemd, das sie fertiggestellt haben – und ihre gebende Funktion verweigert, so zieht sich der König gekränkt zurück. Er kommt nicht auf die Idee zu werben, seinen Lebensstil zu überprüfen und nachzufragen. Elisa könnte ihm einiges sagen über ihre eigenen Bedürfnisse und Aufmerksamkeitswünsche, und sie sagt auch manches. Oft allerdings zu leise, immer mit der stillen Hoffnung, der König müsse doch selber merken, wie lieblos und wenig aufmerksam er sie behandelt und dabei doch ständig von ihr nimmt. Statt dessen nimmt der König sich die nächste.

Wieck: »Die Menschenwürde der Frau muß permanent verletzt werden, weil es dem Mann nicht um die unverwechselbare lebendige Person geht und nicht um ihre faktischen Bedürfnisse.«[6] Auf diese Weise ist das Wesen aller Beziehungen des Königs zu anderen Menschen, vor allem zu seiner Frau, geprägt von *oben* nach *unten*. Er ist der »King«, die anderen stehen zu seiner Verfügung, selten im partnerschaftlichen Austausch von Herz zu Herz, von

Mensch zu Mensch. Was nicht heißt, daß solche Könige bei ihren beruflichen Aufgaben, gerade wenn sie in heilenden und fürsorgenden Bereichen tätig sind, ausgesprochen einfühlsam und helfend agieren können. Um so größer ist der Gegensatz zu ihrem Verhalten, das sie oft in ihren Familien, vor allem in der Beziehung zu ihren Frauen zeigen.[7] Was für eine Geschichte steht nun oft hinter diesem arbeitssüchtigen, waffenklirrenden, kämpfenden und herrschenden König?

Eine Antwort bei Andersen habe ich ja schon angedeutet mit dem Hinweis auf die Tatsache, wie schnell der König den Einflüsterungen des patriarchalen Teiles in ihm – verkörpert in der Gestalt des Hofgeistlichen – stattgibt. Wie eine gute Frau zu sein hat, das steht fest. Dies hat Vater auch schon von Mutter erwartet, für ihn mußte sie da sein. Eigene Räume und eigene Wege der Frau lösen Angst aus, sind bedrohlich. Macht und Kontrolle sind die patriarchalen Mittel. Jedoch nicht: fragen, werben, einfühlen, vertrauen, sich selbst zeigen in der eigenen Verletzlichkeit und Ratlosigkeit.

Eine zweite Antwort habe ich in der Grimmschen Fassung »Die sechs Schwäne« gefunden, die ja manche Ähnlichkeit zu Andersens Märchen, aber auch einige Unterschiede aufweist. Auch hier muß die Heldin das Erlösungswerk schweigend tun. Auch hier trifft der König sie im Wald – d.h. er trifft seine Wahl aus dem Bereich des Unbewußten – und er nimmt sie mit in sein Schloß, und es heißt, er begehrte, sie zu heiraten.

In diesem Schloß nun hat die neue Königin eine andere Widersacherin: es ist die Mutter des Königs. Als nun die Königin ihren ersten Sohn gebärt, da stiehlt diese das Kind und beschuldigt die junge Königin:»Sie ist eine Menschenfresserin«, so lautet die Anklage der Schwiegermutter. Der König kann das zuerst nicht glauben, aber der Keim des Mißtrauens ist gelegt. Erst als das dritte neugeborene Kind verschwindet, hört er auf die Einflüsterung seiner Mutter und ist bereit, seine Frau endgültig zu verurteilen.

Was bedeutet das auf der psychologischen Ebene für den König, wenn er glaubt, seine Frau habe sein Kind gefressen, und wenn er nicht merkt, daß es die Mutter war, die es weggenommen hat? Erzählt dies nicht die Geschichte seiner eigenen Kindheit, als er nicht das Kind sein durfte, das er war, mit all den quicklebendigen Lebensäußerungen, die Kindern zu eigen sind, mit dem Hunger nach Nahrung und ebenso mit dem Hunger nach Hautkontakt, Getragenwerden? Als dem kleinen Jungen nicht die Möglichkeit gegeben wurde, eine Zeitlang der Mittelpunkt der Welt zu sein, weil Mama in einfühlsamer Weise für seine Bedürfnisse sorgt, wobei sie ihn aufmerksam spiegelt, wobei er aber auch lernt, Schritt für Schritt sich als eigene Person zu erfahren, getrennt von Mama – das geht nicht ohne Schmerzen, ohne Angst, ohne Frustration, schafft jedoch, wenn ein Kind diese Entwicklungsschritte meistert, ein klares Bewußtsein dafür: Das bin ich, und das sind Mutter, Vater oder Bruder und Schwester. Ich bin anders, aber genauso viel wert.

Wenn dagegen ein Kind nicht so sein darf, wie es ist, sondern permanent an ihm herumerzogen wird, ja, es beschämt und bestraft wird für seine Bedürfnisse und Gefühle, dann verliert es sich selbst. Es baut ein falsches Selbst auf, angepaßt an die Bedürfnisse seiner Umwelt. Dieser Prozeß ist eindrucksvoll in der Literatur, vor allem in den wichtigen Büchern von Alice Miller»Das Drama des begabten Kindes« und»Am Anfang war Erziehung« beschrieben.[8]In bezug auf die Entwicklung des Mannes zeigt Wieck sehr anschaulich, wie es zu diesem»Kindesraub« kommt. Vorschnell – und das ist ja nun lange genug behauptet worden – könnte man meinen, daß die Mutter natürlich daran schuld sei. Von ihr ist ja das Kind in der Regel abhängig.

Wichtig wird jedoch eine differenziertere Betrachtungsweise, die das gesamte System anschaut, in dem Männer zu dem geworden sind, was sie heute überwiegend darstellen.

In diesem System sind Mütter in der Regel die Anwesenden, die sich um ihre Söhne kümmern – allerdings durchaus ´nicht immer freiwillig. Die Vätergeneration glänzt meist durch Abwesenheit. In diesem Jahrhundert war sie in zwei große Kriege und deren Folgen verstrickt. Wegen dieser permanenten physischen oder auch emotionalen Abwesenheit erlebt der Sohn kein Modell für eine gelungene Beziehung partnerschaftlicher Art. Er ist in der Tat oft der selber einsamen und leeren Mutter ausgeliefert, die – selbstlos – nur für ihn, den kleinen Prinzen, lebt und ihn dabei in tiefer Abhängigkeit hält.

Die »selbstlose« Mutter ist nicht zu verwechseln mit einer Frau, die sich sehr wohl ihrer selbst und ihres weiblichen Wertes bewußt ist und eine Zeitlang, wenn es die Bedürfnisse ihrer Kinder erfordern, sich selbst zurückstellt und intensiv für andere da ist. Die »selbstlose« Frau, wie ich sie hier bezeichne, ist eine Frau, die all ihren Wert aus dem »Für-ihr-Kind-Dasein« herauszieht, die in ihrer großen emotionalen Bedürftigkeit ihre Söhne sich heranzieht, daß sie für sie sorgen: »Wenn du das machst, wird Mama ganz traurig! Wenn du nicht brav bist, dann gibt es heute keinen Nachtisch. Was, du hast schon wieder ins Bett gemacht? Zur Strafe sollst du …!«

Was da oft geschehen ist, bedeutete das tiefe Verletzen, Kränken und Knechten einer Kinderseele, die einfühlsames Verstehen gebraucht hätte. Eine Zeitlang hat die Abhängigkeit funktioniert. Dann zerbricht irgendwann der Sohn die Rute und beschließt:»Nie wieder soll mich jemand schlagen. Eher werde ich zu den Starken gehören, die anderen zeigen, wo es langgeht!«

Sein Beziehungsmuster jedoch bleibt geprägt: Immer geht es um Oben- oder Untensein, selten um eine respektvolle, gleichrangige Beziehung, in der Nähe ohne Angst vor Selbstaufgabe möglich ist, und Distanz nicht gleich Bedrohung und Verlassenwerden bedeutet. Wenn er sich nun in eine Frau verliebt, so wird auch die tiefe Abhängigkeit wiederbelebt, die er ja als kleines Kind erlebt hat; in jedem Sichabgrenzen, Anderssein seiner Frau bricht die alte Wunde wieder auf, daß er sich nie abgrenzen, sich anders als Mama fühlen durfte und dabei doch geliebt wurde; nur wenn er eins war mit Mama, war alles gut. Seine tiefsten kindlichen Wünsche, daß sie nur für ihn, ihn spiegelnd dasein sollte, brechen in ihm wieder durch, und schon in Kleinigkeiten, wenn seine Frau mit ihrer Freundin ausgeht, reagiert er eifersüchtig und feindselig. Einssein mit der Frau (gleich Mama) will er, aber nun endlich kontrollierend nach seinen Maßstäben!

Frauen bezeichnen solche Männer oft als Chauvis (»Er wird gleich sauer, wenn es nicht nach seinen Wünschen geht. Meine Wünsche und Bedürfnisse werden abgewertet.«) Frauen empfinden dies als Selbstsucht, und tatsächlich sucht der Mann ja verzweifelt sein verlorenes Selbst, nur bei der falschen Adresse: Es ist nicht seine Frau, die es bedroht, die ihn verläßt, indem sie ihre eigenen Freiräume und Freundschaften gestaltet, oder die ihn »vereinnahmt«, wenn sie oft schneller und geübter als er familiäre Dinge plant. Nein, sein Selbst, den ungehinderten Zugang zur Mitte der eigenen Persönlichkeit mit all den dazugehörigen Gefühlen hat er irgendwann in seiner frühen Kindheit verloren, als das Opfer von ihm gefordert wurde und als er sich selbst geopfert hat.

In der Ambivalenz der tiefen Sehnsucht nach Nähe (gleich Verschmelzen) und gleichzeitiger Angst davor – denn zuviel Nähe heißt ja für ihn, sich selbst zu verlieren – gestalten Männer oft ihre Frauenbeziehungen wie Wechselbäder: Einmal ist sie die Liebste, Beste (wenn er sich der Illusion hingibt, daß *sie* seine Bedürfnisse erfüllen kann), dann wieder – denn in der Wirklichkeit kann niemand die ungestillten kindlichen Bedürfnisse eines anderen erfüllen – bricht sich seine idealisierte Erwartung an der Realität, und es zeigt sich, daß sie es eben nicht kann, sondern ein eigenständiges, anderes Wesen ist. Letztlich weiß er nicht, wie er mit ihr in eine gleichwertige Beziehung treten kann. Je näher er sie an sich herangelassen hat, um so schroffer und verletzender wird er sie behandeln.

So sammelt er schon das Scheiterholz für den Scheiterhaufen Stück für Stück, indem er der Stimme Einfluß gibt, die ihm sagt: »Sie ist nicht die, für die du sie gehalten hast. Sie geht nicht genügend auf dich ein. Mit ihrer Lebendigkeit, mit ihrem Sosein, wie sie ist, frißt sie dein Kind – dich. Sie muß weg –, oder du mußt weg von ihr!«

Die Sprache des Scheiterholzes

Nach der Trennung von ihrem Mann hat die heutige Elisa in vielen Gesprächen darum gerungen zu verstehen, warum er denn gegangen ist.

»Es war für mich erschütternd zu hören, wie er über Jahre hinaus Enttäuschungspunkte, Scheiterholz gesammelt hat. Vielen kleinen Dingen des Alltags, sogenannten Tatsachen, hat er eine ungeheure Bedeutung gegeben. Er hat sie als Beweis für die tiefen Überzeugungen genommen, die in ihm sind, z.b. daß er in unserem Haus keinen Platz hatte (meine Bücher lagen z.b. überall herum), daß er überall zu kurz gekommen sei (ich bin nicht in dem Maße auf seine Wünsche eingegangen, wie er es sich vorgestellt hat), daß er nie Einfluß bei den Kindern hatte (ich hätte sie zu oft mit ihren Bedürfnissen gegen ihn unterstützt) usw., usw ...«

Scheiterholz, Jahr für Jahr gesammelt, ergibt den Scheiterhaufen, auf dem Elisa nun brennen soll, allerdings erst dann, wenn das Maß voll ist. Beim drittenmal, wie es in Grimms Märchen heißt, hält der König Elisas Schuld für erwiesen.

In dieser Phase erlebt die heutige Elisa nochmal ihre tiefe Sprachlosigkeit und Ohnmacht, sich gegen seine Anklagen zu wehren. Ganz innen spürt sie, daß das alles nicht ihr gilt, daß nicht sie es ist, die da verurteilt wird und die Schuld tragen soll an der tiefen Unzufriedenheit des Königs.

Was Elisa in der Therapie schildert, läßt ahnen, wie tief sich der König in die Fäden seiner eigenen Vergangenheit verstrickt hat, wie gewaltig er seine innere Realität nach außen projiziert und auf seine Frau wirft: Sie soll verantwortlich dafür sein, daß er sich immer zu kurz gekommen fühlt! Seine eigenen inneren Überzeugungen geben den sogenannten »Tatsachen«, den kleinen Dingen des Alltags, die Bedeutung, so daß er sich immer wieder selbst bestätigt. In diesem sich selbst verstärkenden Skriptsystem, wie es die Transaktionsanalyse nennt[9], filtern wir die Wirklichkeit so, daß sie in unser Erleben paßt.

Könige dieser Art fühlen sich zu kurz gekommen, obwohl sie oft aufgrund ihrer Position und Leistung mit Anerkennung überhäuft werden. Ihre Sucht nach Bestätigung ist unersättlich, und tatsächlich kann niemand diese ungestillte Sehnsucht erfüllen, weil sie ja aus der Vergangenheit kommt, ins Grandiose gewachsen ist und Beziehungen aller Art überfordert. Könige dieser Art wollen Liebe und Zärtlichkeit und verhindern sie durch ihre schroffe und verletzende Art selbst. Könige dieser Art suchen Ruhe und Erholung, Platz für sich und ein Zuhause, aber weil sie ständig in ihrem Reich nach dem Rechten sehen müssen, entdecken sie diesen Platz und Raum nicht, den sie gestalten könnten. Und wenn sie ihn ein wenig spüren, dann können sie ihn nicht aushalten. Solange sie sich selbst keinen Platz auf dieser Welt geben, bleiben sie unstet und flüchtig.

Könige dieser Art sind im Grunde sehnsüchtige kleine Kinder, die bei anderen, vor allem aber bei ihren Frauen, eine Mama suchen, wie sie sie nie hatten. Den meist abwesenden, oft auch autoritären Vater kopierend, obwohl sie es so gerne besser machen wollen, versuchen sie, ihren Anspruch auf bedingungslose Zuwendung durchzusetzen. Gleichzeitig leugnen sie genau diese Zusammenhänge gerne; denn mit dieser ganz tiefen Schicht in Berührung zu kommen, heißt, der tiefen Angst eines kleinen abhängigen Kindes zu begegnen, dem Schmerz, nicht bedingungslos geliebt worden zu sein, nicht Fülle, sondern Mangel erlebt zu haben.

In manchen therapeutischen Gruppen habe ich es erlebt, was da herausbricht, wenn Männer ihre Panzerung ablegen und endlich ihre tiefe Sehnsucht und ihre Angst herauslassen, die sie hinter ihrem King- und Machogehabe versteckt halten.

Ich als Frau bin immer ganz besonders berührt davon, daß Männer in diesen Situationen auch ihre Sehnsucht nach ihren Vätern herausschreien, die sie entweder nie oder meist in überwiegend emotionaler Abwesenheit, oft autoritär und demütigend erlebt haben. Ja, wo ist sie, die positive Leitbildkraft männlicher Energie in einer Welt, in der es nicht mehr darum geht, ständig gegeneinander zu kämpfen, sondern miteinander Wege zu finden, um Platz und Nahrung für alle zu sichern? Kann sie nicht erst dann wieder an Einfluß gewinnen, wenn die alten Frauen- und Männerbilder einer patriarchalen Gesellschaft auf dem Scheiterhaufen verbrannt werden?

Rosen statt Scheiterholz

Elisas Weg durch ihre eigene Vergangenheit war mühsam und brennend. Sie hat ihre Sprache wiedergefunden. Sie begreift jetzt, wie alles zusammenhängt, wo ihr roter Faden verläuft. Sie ist durch Zorn, Trauer und Angst gegangen. Nun, da sie ihre Hemden fertig und ihre Brüder erlöst hat und sie endlich frei sprechen und ihre Geschichte erzählen kann, erlebt sie, daß der König von ihr nichts mehr wissen will. Sie entdeckt aber auch, wie blind füreinander sie letztlich in ihrer gegenseitigen Verzahnung waren. Jetzt, wo sie erkennt, daß Selbstsucht, die sie ihrem Mann vorgeworfen hat, auch in ihr als die Suche nach ihrem verlorenen Selbst steckt und sie versteht, wie schwer es für den König gewesen sein muß, ihren für ihn unverständlichen Rückzug in ihr Kämmerlein auszuhalten. Manchmal geschieht es, wenn Paare gemeinsam ihre Fäden aufknoten, daß diese Erkenntnis beide trifft, jeder auch die Geschichte des andern versteht und dadurch eine wirkliche Neubegegnung stattfinden kann.

Wenn einer jedoch, wie dieser König, über Jahre hinweg Scheiterholz für seine Partnerin gesammelt hat, so ist die Chance gering, daß er die Tür zu seinem eigenen verschlossenen Kämmerlein aufschließt und in dem, was er ihr ständig vorwirft, die tiefen Kränkungen seiner Kindheit erkennt.

Ich denke, Könige dieser Art müssen sich erst noch den dunklen Gestalten und Ungeheuern stellen, die in ihnen selbst lauern, bevor sie das Reich ihrer Väter einnehmen und neu gestalten können.

Elisa erlebt sich inzwischen frei und lebendig wie nie zuvor. Ein Jahr zuvor hätte sie das noch kaum für möglich gehalten. Auf der innerpsychischen Ebene des Märchens haben sich König und Königin versöhnt. Elisa hat auch ihre männliche Energie gefunden, mit der sie ihr Berufsleben fest in die Hand nimmt und ihre nun unabhängige Existenz sichert. Da ist der König am Regiment, der sie mit ihrer Geschichte annimmt, da findet Vermählung und Versöhnung der einstigen Gegensätze statt. Versöhnung auf der Paarebene geschieht meist nur, wenn beide entdecken, daß sie eigentlich bedürftige Kinder waren, die zuviel voneinander erwartet haben.

Vielleicht gehört ja diese Bedürftigkeit zur menschlichen Existenz, ist das Mann und Frau Verbindende, der aber auch die Verheißung gilt: Wenn ihr nicht werdet wie die Kinder, so werdet ihr das Reich Gottes nicht schauen. Elisa erzählt mir heute, daß sie am Himmel einen Schwarm Vögel gesehen hat. Vielleicht Wildenten oder Gänse, die sich zum Zug nach Süden aufmachen. Sie erinnern sie an ihre wilden Schwäne.

»Manchmal spüre ich noch heftig die Verbindung mit ihnen – natürlich, der jüngste Bruder hat ja noch einen Schwanenflügel behalten – aber das ist auch gut so. Ich will diese Zeit ja nicht vergessen, aber die Vergangenheit soll nicht mehr diese destruktive Macht in die Gegenwart hinein haben, wie das früher oft der Fall war. Der Blick auf den Schwanenflügel heißt für mich: Ich lebe jetzt. Ich habe meine Geschwister zur Seite, viele Kräfte und Gaben, und auch das Unvollendete gehört zu mir. Genauso wie die Narben, die durch all die Verletzungen in meinem Leben geblieben sind.«

Und Stück für Stück verwandelt sich das Scheiterholz in rote Rosen – in der Symbolsprache des Märchens ein Sinnbild für Liebe und Wiedergeburt.

Das eigene Märchen suchen

Lassen Sie sich von Elisa einmal anregen, ihrem eigenen Märchen auf die Spur zu kommen. Vielleicht fällt Ihnen auch ein Märchen ein, das Sie schon lange kennen, und das Sie in irgendeiner Weise angerührt hat.

- Schreiben Sie es auf, wie Sie es in Erinnerung haben.
- Es ist oft hilfreich, in einer Gruppe sich gegenseitig diese eigene Fassung eines Märchens vorzulesen.
- Finden Sie Ihren roten Faden in Ihrem Märchen. Einfälle, Assoziationen anderer können dabei anregend sein.
- Achten Sie darauf, was davon bei Ihnen zum Schwingen kommt. Es ist I h r Märchen! Gehen Sie der Frage nach,

welche Situationen aus Ihrer Lebensgeschichte Ihnen zu den
Bildern und Symbolen Ihres Märchens einfallen!
- Vergleichen Sie Ihre Märchenfassung mit dem Originaltext.
  Was entdecken Sie dabei?
- Welche Bilder der Angst und welche Bilder der Hoffnung
  können Sie in Ihrem Märchen erkennen?
- Lassen Sie diese Bilder der Hoffnung in Ihrem Leben Gestalt
  gewinnen.

Segen für Aschenputtel

Die Göttin lege ihren Segen auf Aschenputtel:
in der Asche gib ihr Hoffnung
in der Familie gib ihr Wut
am Grab der Mutter gib ihr ein neues Kleid!

die Göttin lege ihren Segen auf die Königin
in der neuen Rolle gib ihr Zuversicht
in den neuen Schuhen gib ihr Freiheit
in der neuen Beziehung gib ihr Sicherheit!

die Göttin segne alle
Aschenputtelfrauen, sie sollen Königinnen werden!

(Hanna Strack)[10]

Jakob kämpft mit dem Engel

3.2 Jakob – der Kampf mit der Vergangenheit

Jakob ist ein Mann, der mir schon früh begegnet ist. Als Kind im Kindergottesdienst – noch nicht bekannt mit Tom und Jerry, Biene Maja und Willi – hörte ich neugierig auf die Geschichten aus der hebräischen Bibel über die Zwillinge Jakob und Esau, die ihre Geschwisterkämpfe ausfochten. Vieles war ja so vertraut: Da ging es um die Frage, wen der Vater lieber mag, wen die Mutter; da ging es um ein merkwürdiges »Erstgeburtsrecht«, das eigentlich dem Älteren zusteht, der Jüngere sich aber erkauft. Betrug und Morddrohung spielen eine Rolle, und irgendwo war auch von Gottes geheimnisvollem Segen die Rede.

Später, in meinem Theologiestudium, lernte ich, literarkritisch und formgeschichtlich mit den jahrtausendalten Geschichten, die in die Anfänge Israels hineinreichen, umzugehen, lernte, daß es sich um Sagenkreise der Stammesväter Abraham, Isaak und Jakob handelt, die in den Nomadenstämmen lange mündlich überliefert wurden und später von verschiedenen Geschichtsschreibern zusammengefügt worden sind, so daß nun ein zusammenhängender Komplex entstanden ist. In ihm hat die Summe der Glaubenserfahrungen eines Volkes mit seinemGott ihren Niederschlag gefunden.[1]

Ich sehe uns Theologiestudenten und -studentinnen – wir Frauen waren damals noch sehr in der Minderheit – mit hitzigen Köpfen diskutieren, welcher literarischen Quelle wohl dieser oder jener Abschnitt zuzuordnen ist: War es eher der Jahwist – ein Schreiber, der den Gottesnamen »Jahwe« benutzte –, oder der Elohist – der meist die ältere Gottesbezeichnung »Elohim« bevorzugte –, oder gar die lehrhafte Priesterschrift P oder die Redaktion einer späteren Zeit? Es war alles spannend und aufregend für mich, aber auch verwirrend. Was blieb an theologischen Aussagen übrig? Wo war die Faszination der Jakobsgeschichte? Ich fand sie erst später in den Bildern von Marc Chagall wieder, der zum Beispiel Jakobs Traum von der Himmelsleiter oder seinen nächtlichen Kampf am Jabbok mehrmals malte, wo es heißt, er habe Gottes Angesicht gesehen.

Eine mehrdimensionale Sichtweise biblischer Texte, wie ich sie mit Hilfe der Tiefenpsychologie kennenlernte, verschaffte mir neue Zugänge zu den alten Geschichten.

Ein Weg, in die Tiefe der biblischen Geschichten hinabzusteigen, sie neu und für heute lebendig werden zu lassen, ist das *Bibliodrama*, in dem wir in die Gestalten und Elemente einer Erzählung hineingehen, Schritt für Schritt sie erfahren, ergehen, erspüren, die Personen in uns zu Wort kommen lassen.[2] Wenn wir uns auf diese Weise die alten Überlieferungen vergegenwärtigen, stehen wir in guter Tradition.

Das alte Israel hat sich im Feiern der Feste der Heilstaten Gottes erinnert. Die geschichtlichen Erfahrungen mit Gott, wie z.b. die Befreiung von der Sklaverei in Ägypten, werden bis heute in der Feier des Pessach vergegenwärtigt. Es gibt manche Hinweise darauf, daß in alten Zeiten diese Heilstaten Gottes und die Erfahrungen der Menschen mit diesem Gott nicht nur erzählt, sondern auch gespielt, getanzt und gesungen wurden.

Die Tradition der Mysterienspiele weist auf das rituelle Nachvollziehen der immer gleichbleibenden Themen der Menschheit: Geburt und Tod, Wandlung und Neubeginn.

Auch die christlichen Kirchen begehen in jedem Gottesdienst und auch in den großen Festen, wie z.b. Weihnachten, Karfreitag und Ostern, das Überlieferte immer wieder neu. Vor allem durch Krippen- und Passionsspiele ist uns das Nachspielen der alten Geschichten vertraut. Es treffen sich Glaubensgeschichte und Mythos, die Feier der immer wiederkehrenden Rhythmen der Natur, auch in unserer Tradition, nur ist uns das oft nicht mehr bewußt.

Welchen Verbindungsfaden gibt es nun zwischen uns heute und der Jakobsgeschichte? Ich will es herausfinden, indem ich einen Teil dieser Geschichte in meinen verschiedenen Gruppen »spiele«.

Die Jakobsüberlieferung ist zunächst einmal eine Familien- und eine Entwicklungsgeschichte. Da gibt es einen Vater (Isaak), eine Mutter (Rebekka) und zwei Kinder. Das Besondere hier ist, daß die Kinder Zwillinge sind, Jakob und Esau, aber einander nicht ähnlich, sondern von äußerst unterschiedlicher Gestalt und Art. Diese Familiengeschichte reizt mich. Ich wähle als Grundlage und Einstieg aus dem Buch Genesis das Kapitel 27 aus, in dem sich die Geschwisterrivalität dramatisch zuspitzt.

In einer Gruppe von Pastoralassistenten (es ist fast eine reine Männergruppe, eine einzige Frau ist Teilnehmerin), nähern wir uns dieser Geschichte zum erstenmal an. Im Gespräch frage ich, was der Gruppe zu Jakob einfällt. Erinnerungssplitter tauchen auf.
»Jakob und Esau waren Zwillinge, Söhne von Isaak und Rebekka.«
»Bedeutet *Jakob* nicht Betrüger? Er hat seinen Bruder Esau um den Segen betrogen.«
»Nein – war das nicht anders? Jakob war immer der, der lieber bei der Mutter daheim blieb, Esau dagegen der rauhe, wilde, behaarte, der Jäger, der draußen sein Zuhause hatte. Kam der nicht einmal hungrig nach Hause und wollte von den Linsen essen, die Jakob gekocht hatte? Und da sagte Jakob zu ihm: Nur wenn du mir dein Erstgeburtsrecht verkaufst, gebe ich dir etwas von meinem Essen ab. Und Esau war so gierig, daß er auf den Handel einging.«
»Ja, und die Mutter Rebekka spielte auch eine wichtige Rolle. Wollte sie nicht ihrem Lieblingssohn den Segen zukommen lassen? Hat sie nicht die Sache eingefädelt?«
Wir lesen gemeinsam den Text Genesis 27 reihum, einmal, zweimal, fangen immer wieder von vorne an.

Gen 27, 1-46

Und es begab sich, als Isaak alt geworden war und seine Augen trübe wurden, so daß er nicht mehr sehen konnte, da rief er Esau, seinen älteren Sohn, und sprach zu ihm: Mein Sohn! Er antwortete ihm: Hier bin ich.
Da sprach er: Siehe, ich bin alt geworden und weiß nicht, wann ich sterben muß.
So nimm nun dein Jagdgerät, Köcher und Bogen, geh aufs Feld und jage mir ein Wildbret;

dann bereite mir ein gutes Gericht, wie ich es gerne habe, und
bringe es mir herein zum Essen, auf daß dich meine Seele
segne, ehe ich sterbe.
Rebekka aber hörte zu, wie Isaak mit seinem Sohn Esau redete.
Als nun Esau aufs Feld ging, für seinen Vater ein Wildbret zu
jagen,
sprach Rebekka zu ihrem Sohne Jakob: Sieh, ich habe gehört, wie
dein Vater zu deinem Bruder Esau sagte:»Bringe mir ein Wild-
bret und bereite mir ein gutes Gericht, das ich esse; dann will ich
dich segnen vor dem Angesicht des Herrn, ehe ich sterbe.«
So höre nun, mein Sohn, auf mich und tue, was ich dich heiße:
Gehe zu der Herde und hole mir von dort zwei schöne Ziegen-
böcklein; dann will ich deinem Vater ein gutes Gericht berei-
ten, wie er es gerne hat.
Das sollst du deinem Vater hineintragen, daß er esse und dich
vor seinem Tode segne.
Jakob aber sprach zu seiner Mutter Rebekka: Sieh, mein Bruder
Esau ist behaart, und ich bin glatt.
Vielleicht könnte mein Vater mich betasten; dann stünde ich vor
ihm als einer, der seinen Spott mit ihm treibt, und ich brächte
über mich einen Fluch und nicht einen Segen.
Da sprach seine Mutter zu ihm: Der Fluch komme über mich!
Höre du nur auf mich, geh und hole mir's.
Da ging er hin, holte die Böcklein und brachte sie seiner Mutter.
Und seine Mutter bereitete ein gutes Gericht, wie es sein Vater
gerne hatte.
Dann nahm Rebekka die Feierkleider Esaus, ihres älteren Soh-
nes, die sie bei sich im Hause hatte, und legte sie Jakob, ihrem
jüngeren Sohne, an.
Die Felle von den Ziegenböcklein aber tat sie ihm um die Arme
und um seinen glatten Hals.
Dann gab sie das gute Gericht, das sie bereitet hatte, und das
Brot ihrem Sohne Jakob in die Hand.
So ging er zu seinem Vater hinein und sprach: Vater! Er antwor-
tete: Hier bin ich; wer bist du, mein Sohn?

Jakob sprach zu seinem Vater: Ich bin Esau, dein Erstgeborener. Ich habe getan, wie du mir befohlen hast. Setze dich auf und iß von meinem Wildbret, auf daß mich deine Seele segne.

Isaak aber sprach zu seinem Sohne: Mein Sohn, wie hast du es so bald gefunden? Er antwortete: Der Herr, dein Gott, hat es mir begegnen lassen.

Da sprach Isaak zu Jakob: Tritt herzu, mein Sohn, daß ich dich betaste, ob du wirklich mein Sohn Esau seist oder nicht.

Nun trat Jakob zu seinem Vater Isaak, und als er ihn betastet hatte, sprach er: Die Stimme ist Jakobs Stimme, aber die Arme sind Esaus Arme.

Und er erkannte ihn nicht; denn seine Arme waren behaart wie die Arme seines Bruders Esau. So segnete er ihn denn.

Und er sprach zu ihm: Bist du wirklich mein Sohn Esau? Er antwortete: Ja, das bin ich.

Da sprach er: So trage mir auf, daß ich esse von dem Wildbret meines Sohnes, auf daß dich meine Seele segne. Da trug er ihm auf, und er aß, und er brachte ihm auch Wein, und er trank.

Dann sprach sein Vater Isaak zu ihm: Komm her, mein Sohn, und küsse mich.

Und er trat herzu und küßte ihn. Da roch er den Geruch seiner Kleider, und er segnete ihn und sprach: Siehe der Geruch meines Sohnes ist wie der Geruch des Feldes, das der Herr gesegnet hat.

Gott gebe dir vom Tau des Himmels und vom Fett der Erde und Korn und Wein die Fülle!

Völker sollen dir dienen und Nationen sich vor dir beugen! Sei ein Herr über deine Brüder, und deiner Mutter Söhne sollen sich vor dir beugen! Verflucht ist, wer dir flucht, und gesegnet, wer dich segnet!

Als nun Isaak den Segen über Jakob eben vollendet hatte und Jakob kaum von seinem Vater Isaak hinausgegangen war, da kam sein Bruder von der Jagd heim;

der bereitete auch ein gutes Gericht und trug es seinem Vater hinein. Und er sprach zu seinem Vater: Richte dich auf, Vater, und iß von dem Wildbret deines Sohnes, auf daß mich deine Seele segne.

Sein Vater Isaak aber sprach zu ihm: Wer bist du? Er antwortete: Ich bin dein Sohn, dein Erstgeborener, Esau.

Da entsetzte sich Isaak über alle Maßen und sprach: Wer war denn der, der ein Wild gejagt und es mir hereingebracht hat? Nun habe ich eben schon gegessen, ehe du kamst, und habe ihn gesegnet; er wird auch gesegnet bleiben.

Als Esau die Worte seines Vaters hörte, schrie er gar laut und kläglich auf und sprach zu seinem Vater: Segne mich auch, Vater!

Er aber sprach: Dein Bruder ist gekommen mit Hinterlist und hat dir den Segen vorweggenommen.

Da sprach er: Mit Recht heißt er Jakob (das ist der Hinterlistige); denn er hat mich nun zweimal hintergangen. Die Erstgeburt hat er mir genommen, und nun nimmt er auch den Segen. Und er sprach: Hast du mir keinen Segen vorbehalten?

Isaak antwortete und sprach zu Esau: Sieh, ich habe ihn zum Herrn über dich gesetzt und alle seine Brüder ihm zu Knechten gegeben; mit Korn und Wein habe ich ihn versehen. Was kann ich da noch für dich tun, mein Sohn?

Esau sprach zu seinem Vater: Hast du denn nur den einen Segen, Vater? Segne mich auch, Vater! Und Esau hob laut zu weinen an.

Da antwortete sein Vater Isaak und sprach zu ihm: Siehe, fern vom Fett der Erde soll deine Wohnung sein und fern vom Tau des Himmels droben.

Vom deinem Schwerte mußt du leben, und deinem Bruder sollst du dienen. Doch wird es geschehen: Wenn du dich mühst, wirst du sein Joch von deinem Halse reißen.

Esau aber ward dem Jakob feind um des Segens Willen, mit dem ihm sein Vater gesegnet hatte. Und Esau sprach bei sich selbst: Bald kommt die Zeit der Trauer um meinen Vater; dann will ich meinen Bruder Jakob töten.

Als nun Rebekka die Worte ihres älteren Sohns Esau hinterbracht wurden, schickte sie hin und ließ ihren jüngeren Sohn

Jakob rufen und sprach zu ihm: Sieh, dein Bruder will an dir
Rache nehmen und dich töten. So höre nun auf mich, mein
Sohn: Mache dich auf und fliehe zu meinem Bruder Laban
nach Haran, und bleibe eine Zeitlang bei ihm, bis deines Bru-
ders Grimm sich legt, bis sich der Zorn deines Bruders von dir
wendet, und er vergißt, was du ihm angetan hast; dann will ich
nach dir schicken und dich von dort holen lassen. Warum
sollte ich euch beide an einem Tag verlieren?

Annäherung an eine alte Geschichte

Wir suchen die Worte aus, an denen wir hängenbleiben, die Sätze,
die uns betreffen. Da stehen sie im Raum: Die Worte z.B. Wer bist
du? – Und Isaak entsetzte sich über alle Maßen. – Hast du denn nur
einen Segen? – Komm... auf daß dich meine Seele segne. – So höre,
mein Sohn, auf mich. – Der Fluch komme auf mich. – Er schrie laut
und weinte bitterlich. – Segne mich doch auch, Vater. – Er hatte
trübe Augen.

Die ersten dünnen Fäden von uns zu dieser alten Geschichte werden
gesponnen. Worte schwingen nach, lösen Betroffenheit, Gefühle
aus.

In einem zweiten Schritt der Annäherung nenne ich die vier Personen dieser Szene und frage: Zu wem fühlst du dich am meisten
hingezogen? Ist es eher Isaak, der sich verabschieden muß und noch
etwas weitergeben will, ist es Rebekka, die auf ihre Weise handelt,
ist es Esau, der zu kurz kommt, oder Jakob, der von der Mutter
Bevorzugte?

In vier verschiedenen Ecken des Raumes gruppieren sich die Menschen zusammen. Da gibt es eine Esau-, eine Jakob-, eine Rebekka-
und eine Isaak-Ecke.

Die meisten drängen sich in die Esau-Ecke. Sind es die, die sich zu
kurz gekommen, benachteiligt fühlen?

Nur wenige sind »Jakob«. Ebenfalls wenige sind »Isaak«, und nur
einer ist »Rebekka«. Liegt es daran, daß es fast eine reine Männer-

gruppe ist, die sich am wenigsten mit Rebekka, einer Frau, einer Söhne-Mutter identifizieren kann? Ich lasse die einzelnen Gruppen untereinander ins Gespräch kommen. Eigene Erfahrungen kommen hoch: Unter vielen Geschwistern der Älteste gewesen zu sein, der sich immer zu kurz gekommen fühlte. Mutter war überlastet, Vater meist weg. Väter-Söhne mit Sehnsucht nach Beziehung stehen da, wütend, grollend, die Fäuste geballt. Nicht erledigte Geschwisterrivalität blitzt auf. »Jakob« muß sich schier ducken vor so viel geballter »Esau«-Wut. Ja, kann er denn etwas dafür, Lieblingssohn der Mutter zu sein? Oft sind es die Jüngsten, die sich in dieser Ecke sammeln, auch Einzelkinder finden sich eher bei Jakob wieder.

Die Isaaks stehen schon ein bißchen draußen. Sie sind »am Ende«. Etwas Resignatives macht sich breit. Isaak hat den Überblick nicht mehr. Was wollte er doch alles erreichen, und jetzt dieser Betrug von seiten seiner Frau und seines Sohnes! Er blickt nicht mehr durch (seine Augen sind ja auch schon trübe).

Alle schauen auf Rebekka: Ist sie nicht die unsympathischste Figur in diesem Drama? Die eigentliche Ränkespinnerin? Ist sie nicht an allem schuld, die Mutter? Da steht sie am Pranger, Rebekka, und fast bin ich in dieser Szene froh, daß ein Mann diese Rolle übernommen hat.

Was wird er sagen? Diese Rebekka ist ganz ruhig (ich kenne auch andere!). Sie sagt, sie weiß eben, daß Jakob der geeignetere ist, den Segen zu empfangen und weiterzutragen und damit die Gottesverheißung, die mit Abraham begonnen hat. Hat sie nicht schon, als sie schwanger war, die Intuition gehabt, der Jüngere wird der Erwählte sein? Und überhaupt, wie geht Esau denn mit den Gottestraditionen um? Hat er nicht Hethiterinnen, die fremde Götter anbeten, im Kopf, und wohl auch schon ins Zelt geholt? Muß Rebekka nicht dafür sorgen, daß alles rechtens wird?

Aber auf welche Weise? Sind alle Mittel erlaubt?

Wir müssen abbrechen. In vielen Tagungsstätten bestimmt der Essensgong die Zeitabschnitte, in denen wir arbeiten können. Aber Rebekka wird schon noch zu Wort kommen.

114

Aus anderen Seminaren, in denen ich mit derselben Geschichte gearbeitet habe, stehen mir noch andere Rebekkas vor Augen: zornige Frauen, die das Gefühl haben, in einer von männlichen Gesetzen beherrschten Welt nicht zum Zug zu kommen.

Eine Rebekka hat demonstrativ zwei Stühle übereinandergestellt, kniet sich davor hin und preßt den Kopf durch die schmale Öffnung der Lehne: »So fühle ich mich, wie in einen Schraubstock gepreßt, eingeengt durch patriarchales Recht. Wer sagt denn, daß nur der Ältere das Erbe antreten soll? Gilt denn gar nichts, was ich als Mutter dazu denke?«

Eine andere Rebekka versucht mit aller Kraft, eine Säule, die im Raum steht, wegzustemmen – die Säule der Patriarchen? Ein unmögliches Unterfangen!

Soweit ein erstes Annähern an die Personen der Geschichte.

Den Hintergrund transparent machen

Was sind die Hintergründe, die Menschen zu ihrem Handeln bewegen? Diese Frage stellt sich im Bibliodrama immer wieder. In der Unterschiedlichkeit, wie Menschen dieselbe biblische Gestalt mit Gebärden darstellen, sie sprechen lassen, sie ausspielen, entwickeln sich die verschiedenen Facetten, die eine biblische Figur haben kann. Typische Muster kristallisieren sich heraus.

Ich nenne diesen Prozeß: Transparenz des Hintergrundes.

Indem wir das Festgeschriebene wieder in Bewegungsabläufe, in Gefühle, in Beziehung, in Aktion umsetzen, werden Hintergründe sichtbar und erfahrbar, die beim Lesen auf den ersten Blick nicht so deutlich sind.

Andererseits begegne ich nicht nur einer literarischen biblischen Gestalt. Ich begegne ihr und ihrer Wirkungsgeschichte in mir.

Wie in einer russischen Babuschkapuppe kann ich immer mehr von der Person in mir entdecken, je weiter ich »aufmache«, je mehr ich auch unterschiedliche, ja, gegensätzliche Rollen ausprobiere. Ich begegne aber auch den biblischen Gestalten in ihren tieferen Schichten. Wie kann ich nun den Hintergrund dieser Familiengeschichte noch transparenter machen? Das ist meine methodische Frage.

Im Odenwald-Institut, einer Erwachsenenbildungsstätte, in der ich sehr gerne arbeite, haben wir fünf Tage Zeit für Jakob.

Es ist eine motivierte Gruppe, Menschen aus verschiedenen Berufen, vorwiegend aber aus dem pädagogisch/psychologisch/theologischen Bereich, die nach Wegen suchen, biblische Traditionen wieder neu für ihr Leben und ihre Arbeit fruchtbar werden zu lassen.

Wir haben uns ähnlich wie oben geschildert, den vier Personen Jakob, Esau, Rebekka und Isaak angenähert, haben unsere ersten Verbindungsfäden zu dem Text gezogen, haben uns auch schon in kleinen Gruppen zusammengesetzt und uns gefragt: Was hat das mit mir zu tun, daß ich mich eher zu Jakob oder eher zu Esau, Isaak oder Rebekka hingezogen fühle?

Wieder sind Jakob und Rebekka die deutlich unterbesetzten Identifikationsfiguren.

Ich will nun einen Schritt weitergehen. Wir teilen uns in vier Kleingruppen mit unterschiedlicher Aufgabenstellung auf. Eine Gruppe soll sich mit der Kindheit Isaaks beschäftigen, die zweite mit der Kindheit Rebekkas, die dritte mit der Kindheit Esaus und die vierte Gruppe mit der Kindheit Jakobs. Jede Gruppe soll eine typische Spielszene entwerfen und sie den anderen vorspielen. Requisiten sind auf kreative Weise zu beschaffen.

Ich bin gespannt, was sich im Spiel entwickeln wird.

Isaaks Kindheit – im Schatten des Vater-Gottes

Die erste Gruppe hat sich ein Vater-Sohn-Gespräch überlegt. Zwei Männer spielen Abraham und Isaak. Isaak – er ist vielleicht sieben oder acht Jahre alt – sitzt auf dem Boden, malt irgendetwas in den Sand, ist vertieft in seine Beschäftigung. Vater Abraham ruft ihn.

Der kleine Isaak hört ihn nicht gleich. Ärgerlich fährt der Vater ihn an:»Komm! Du mußt mit mir mit!« Isaak will nicht, er hat sich gerade eine eigene kleine Welt im Sand gebaut. »Steh auf, wenn ich mit dir rede! Wie redest du mit deinem Vater? Du sollst deinem Vater gehorchen!« Das und Ähnliches bekommt der kleine Isaak zu hören. Im Spiel geht es wohl um irgendein Beduinengeschäft, das der Vater plant, und er will Isaak, seinen einzigen Sohn und Erben, dabeihaben. Was hilft es, daß Isaak jammert? Er muß dem Vater gehorchen, er muß mit, ob er will oder nicht. Eine Szene, die sich genauso gut in manchen Häusern bei uns hätte abspielen können. Zu banal, was sich da zwischen Vater und Sohn abspielt? Eine unrechtmäßige Übertragung von heute in eine andere Zeit und Welt? Oder die Verlängerung eines patriarchalen Gehorsamsprinzips, in dem der Vater das Sagen hat, Kinder kaum Kinder sein dürfen, Gehorsam gefragt ist?

Eine andere Spielgruppe hebt einen anderen Aspekt der Abraham-Isaak-Beziehung heraus: Hier plant der Vater einen Ausflug mit seinem Sohn in die Berge. Mutter gibt Proviant mit und winkt zum Abschied. Der kleine Isaak – auch hier hat die Gruppe das Alter von acht, neun Jahren gewählt– scheint gerne mitzugehen. Vater will ihm ein Stück seiner Welt zeigen.

Es hat etwas Anrührendes, wie Vater sich um den Sohn bemüht: Er erklärt ihm die Welt, die Pflanzen und Tiere, und doch ist dabei auch etwas Überforderndes, etwas, was für den kleinen Isaak zu viel ist. Den kleinen Jungen interessiert, wann die nächste Rast ist, und wann es wieder etwas zu essen gibt. Der Weg mit dem Vater ist weit, und als sie nun endlich dort angekommen sind, wohin der Vater wollte, und die Nacht hereinbricht, da zeigt er Isaak die Sterne und erzählt von der Verheißung Gottes. Von den unzähligen Nachkommen, die ihm zugesagt sind, von dem neuen Land, das Gott ihm versprochen hat.»Und das alles gilt auch dir, Isaak«, sagt Abraham, »du bist der Träger der Verheißung!«

Da bemüht sich ein Vater, seinem Sohn etwas von seinen Visionen mitzuteilen, von der treibenden Kraft in seinem Leben. Aber der kleine Isaak ist überfordert: Er ist müde und hungrig. Was interessieren ihn seine Nachkommen, wenn er sich jetzt spürt unter dem großen Sternenhimmel?

Mir geht durch den Kopf: Nicht immer sind es Sternstunden, wenn Väter ihren Söhnen von ihren Visionen und Träumen erzählen wollen und dabei das Naheliegende übersehen. Von dieser Ambivalenz erzählt auch Isaak in der Spielnachbesprechung. »Ich hab mich nicht sehr wohl gefühlt mit Vater draußen«, sagt die junge Frau, die die Rolle Isaaks verkörpert hat. Ob das ein Mann anders empfunden hätte? Ist es nicht auch etwas Aufregendes, als kleiner Junge mit Vater unterwegs zu sein? Auf seine Männerrolle vorbereitet zu werden? Herausgefordert zu werden zu ungewohnten Leistungen? Durst und Hunger auch mal aushalten zu lernen, einen langen Fußmarsch zu unternehmen, um die Welt aus einer anderen Perspektive kennenzulernen, weg von Mutters Rockzipfel? Das »Vater-Land« zu entdecken?

Söhne, die ohne Vater aufgewachsen sind, sei es durch deren frühen Tod, durch Scheidung oder Abwesenheit, träumen oft von solchen Vater-Sohn- Sternstunden. Andere, die einen Vater gehabt haben, berichten eher traurig, daß er viel zuwenig Zeit hatte. Und wenn, dann setzte Vater die Maßstäbe, und der kleine Junge mußte zurückstecken.

Auch die Überforderung, die nicht altersgemäße Forderung des Sohnes ist bekannt: zu schnell der Große, Vernünftige sein zu müssen, der Vaters Erwartungen erfüllt! Um mit Vater im Kontakt zu sein, muß Sohn diesen Ansprüchen genügen, seinen Belehrungen zuhören, schnell und tüchtig sein, hart gegen sich selbst, Aufmukken geht nicht. Die Ideen des Vaters soll der Sohn verwirklichen. Ein Isaak als der einzige wirklich anerkannte Sohn lernt unter Umständen schon früh, die Verantwortung für den Vater zu übernehmen. Er lernt, sich selbst zu »opfern«, d.h. selbst zurückzustehen, um der Visionen des Vaters willen.

Nun gehört ja die Beinahe-Opferung als ein herausragendes Ereignis in die Kindheit Isaaks.

In einer anderen Bibliodramagruppe, 1992 im Odenwald-Institut, haben einige Teilnehmer eine Kindheitsszene danach gestaltet: Isaak kehrt mit seinem Vater zurück vom Berg Moria. Sarah erwartet sie bei den Zelten. Sarahs Rolle übernimmt eine Frau, selbst Mutter von drei Söhnen, zwei Männer übernehmen die Rollen von Abraham und Isaak. Sarah ist unruhig, sie wundert sich, wo ihr Mann und ihr Sohn so lange bleiben. Drei Tage schon sind sie weg. Da kommen die beiden. Eine merkwürdige Spannung liegt in der Luft. Sie reden kaum miteinander.

Abraham (nach einer Bandaufnahme):»Kommst du?«

Isaak:»Ich komm ja schon!«

Sarah:»Da seid ihr ja wieder. Kommt doch rein ans Feuer.«

(Schweigen)

Abraham:»Ich bin ziemlich durcheinander!«

(Schweigen)

Isaak:»Ich hab ein Stück weit erlebt, wie der Vater wirklich ist!«(Er wendet sich zu seiner Mutter, seine Stimme wird weinerlich)»Hat er nicht früher gesagt, ich wäre sein ein und alles? Weißt du, was er mit mir machen wollte? Laß es dir erzählen.«

(Vielsagendes Schweigen)

Sarah:»Ich versteh' überhaupt nichts mehr!«

Isaak:»Ich hab' auch nichts mehr verstanden. Belogen hat er mich!«

Abraham:»Ich hab's auch nicht so recht verstanden. Ich habe Gott gehört, und er hat zu mir gesagt: Nimm deinen Sohn, gehe auf einen Berg, und mach ein Feuer! Ich wollte erst nicht begreifen, daß er mein eigenes Fleisch und Blut...«

Sarah:»Was heißt: Feuer machen?«

Abraham:»Er wollte, daß ich Isaak opfere. Oder, ich dachte es, daß er es wollte.«

Sarah:»Was? Du solltest ... was?«

Abraham:»Ja. Ich schäme mich jetzt.«

Isaak (mit lauter, klagender Stimme):»Ja, ja, die ganze Zeit hat er es gewußt, daß er geht, um mit mir eine Opferung zu machen. Und ich geh schön brav mit und frag ihn noch: Wo ist das Lamm, das wir opfern wollen? und er sagt: Wir werden schon eins kriegen!, dabei hat er ganz genau gewußt, daß er mich da ermorden will!«

Sarah (fassungslos):»Isaak – mein Sohn!«

Isaak:»Ja – und das ist dann angeblich gottgewollt! Plötzlich hat er mich gepackt und gefesselt! Er war kein Vater mehr! Er war nur noch ein eiskalter...«

Sarah verschlägt es schier die Sprache. Sie ringt nach Worten.

Abraham (leise):»Ich habe gedacht, ich muß...«

Isaak (zu seiner Mutter):»Mich hat er immer so erzogen, daß ich ihm gehorchen soll, daß ich nichts dagegen sagen darf. Er wußte ja, warum. Also habe ich ihm bisher vertraut. Aber jetzt habe ich gemerkt, daß er nur an sich denkt, ein Egoist ist. Daß er nur das tut, was er für richtig hält.«

Abraham:»Denkst du, mir hat das Spaß gemacht?« (brüllt)»Ich habe die Schnauze voll, hier als der Idiot dazustehen und der Schuldige!«

Isaak:»Wer ist dann der Schuldige? Ich wohl?«

Sarah:»Könnt ihr mir vielleicht mal erklären, was genau geschehen ist? Ich höre nur, daß du ihn töten wolltest, Abraham. Aber jetzt seid ihr beide doch wieder da, Gott sei Dank!«

Abraham:»Ich weiß nur, daß Gott nicht wollte, daß er getötet wird. Und das find' ich gut. Nein! Gott will keine Menschenopfer. Wenn er überhaupt Opfer will.«

Isaak (schreit:)»Wenn du das gewußt hast, warum hast du mich dann da hingeschleppt und ganz brutal gefesselt?«

Abraham (leise und bestimmt):»Ich wußte es vorher nicht. Mir ist es jetzt erst klargeworden. Gott will keine Menschenopfer. Er will nicht, daß Menschen leiden.«

Isaak (schreit):»Meinst du, ich kann jemals wieder Vertrauen zu dir haben? Wer weiß, was du mit mir noch alles machst und meinst, Gott will es? Wenn ich wüßte, wo ich hingehen sollte, würde ich weggehen. Abhauen...«

Sarah:»Aber Gott hat dich doch beschützt.«

Isaak:»Ja – aber woher weiß ich, was Vater in Zukunft vorhat? Einmal sagt er, Gott will es so, dann wieder anders!«

Sarah (bestimmt):»Ich glaube nicht, daß es ein nächstes Mal gibt.«
Isaak (anklagend zur Mutter):»Warum hat Gott es *dir* nicht gesagt?«
Abraham: »Ich kann nur sagen, ich wußte es nicht von vornherein.
Ich wußte nur, daß ich mich auf den Weg machen sollte.«
Isaak: »Meinst du, ich kann euch jemals wieder vertrauen?«
Abraham: »Ich weiß nicht, wie ich das wieder gutmachen soll... Ich
wußte nicht, wem ich mehr gehorchen soll... Ich bin sprachlos...
Ich hoffe nur, daß Gott das gutmachen kann.«
Sarah: »Für mich ist das alles unbegreiflich. Aber ich spüre, Gott
ist trotzdem mit uns. Er hat euch wieder zurückgebracht.« (fast
beschwörend) »Gott ist mit uns, auch wenn wir's nicht begreifen!«
Abraham (leise zu Isaak): »Ich würde dich gerne in den Arm neh-
men.«
Isaak (weicht zurück): »Ich kann das jetzt nicht!«
(Schweigen)
Sarah: »Vielleicht brauchen wir alle noch Zeit...«
Abraham: »Ich gehe arbeiten!«
Hier brechen die Spieler die Szene ab. Wir sind betroffen von dem,
was sich da vor unseren Augen abgespielt hat.
Einer sagt: »Die Hinrichtung des Opfers hat zwar nicht stattgefun-
den, aber Isaaks Vertrauen wurde hingerichtet.«
Ist es das, womit Isaaks Leben ab jetzt gezeichnet sein wird?

In den biblischen Kommentaren geht es meist um Abraham. Die
klassische Deutung lautet: Abrahams Vertrauen wird von Gott auf
die Probe gestellt. Ein Engel verhindert die Tötung und übergibt
Abraham ein Tier zur Opferung. Religionsgeschichtlich betrachtet,
spiegelt sich in dieser Geschichte der Übergang vom Menschenopfer zum Tieropfer.
Im Bibliodrama beschäftigt uns nun eine andere Frage: Was ist mit
Isaak? Wird die Ambivalenz sich nicht durch sein ganzes Leben
ziehen: auf der einen Seite erwählt zu sein (Vaters »ein und alles«),
auf der anderen Seite plötzlich beinahe für Vaters »Gott« geopfert
zu werden. Wird diese Erfahrung nicht in der Tiefe seiner Seele
irgendwo verankert sein? Ist nicht der Keim des Mißtrauens gelegt?

Die Frage nach dem Vertrauen beschäftigt mich. Bleibt das Damoklesschwert hängen bei Isaak und seinen Söhnen?

Es berührt mich, daß derjenige, der sich die Rolle des Isaak ausgesucht hat, selbst vor einigen Jahren einen Sohn verloren hat durch Selbstmord.

Im Gespräch tauschen wir uns aus. Schlimme Vater-Sohn-Erfahrungen tauchen auf. Einer erinnert sich, daß sein Vater im Zorn einmal mit der Axt auf ihn losgegangen ist und ihn am Arm verletzt hat.

Erlebnisse, in denen das Vertrauen einen Riß bekommt, gibt es viele. Oft sind es die kleinen Dinge, die nicht eingehaltenen Versprechen, die Erfahrung, daß Vaters Arbeit meist wichtiger ist als die oft noch ungeformten Zuwendungsbedürfnisse eines kleinen Jungen, die Zeit und Muße erfordern.

Einer erzählt von seinem Vater, einem bekannten Architekten, der ständig unterwegs war. Außerdem war er noch leidenschaftlicher Mineraliensammler. Nach seinem Tod fanden die Söhne einen Keller, gefüllt mit Steinen, vor. Es schwingt Schmerz und Bitterkeit in der Erzählung mit, wie wenig Zeit für eine lebendige Beziehung sich der Vater genommen hat.

Und woher hätte er solch eine lebendige Beziehung nehmen sollen? Sind die Väter von damals nicht auch vielfach die Söhne gewesen, die geopfert wurden fürs »Vaterland«? Für die faschistischen und nationalen Ideen der Väter? Und geht die Kette nicht Jahrtausende zurück, als diese Tötungsbereitschaft den Söhnen eingeritzt, eingehämmert, eintrainiert worden ist, damit sie sich fraglos opfern für die Interessen der Stammesgemeinschaft, des Staates oder einer religiösen Idee?

Vielfach lassen sich heute Männer opfern auf den Altären der Arbeit, die immer mehr, immer schneller und immer besser sein soll. An die Eigengesetzlichkeit des Systems gefesselt und gebunden, sitzen sie auf ihren Schreibtischsesseln, hängen an ihren Computern, jetten von einem Termin zum anderen. Wiederspruchslos. Es muß so sein. Die Firma verlangt es. Und die, die selber einst Söhne waren, glänzen als Väter durch Abwesenheit.[3]

Rebekkas Kindheit – im fremden »Vaterland« sich selbst behaupten

Einige Spielszenen, die sich mit Rebekkas Kindheit beschäftigen, stehen mir vor Augen. Wovon mag ein kleines Mädchen in einer patriarchalen Stammesgesellschaft geprägt sein? Eins ist bekannt: Mädchen sind Eigentum ihres Vaters, werden bei einer patrilokalen Ehe dem Mann mitgegeben, der seinerseits Brautgeschenke mitzubringen hat.[4] Eine Gruppe entwirft eine Szene, in der Männer zu Gast sind. Rebekkas Vater erwartet von seiner Frau und seiner Tochter Bedienung der Gäste. Rebekkas Mutter wird von einer Teilnehmerin wie eine gebrochene Frau gespielt, die tonlos gehorcht, wenn ihr Mann und Gebieter etwas von ihr will. Ihre Botschaft an ihre Tochter ist demnach auch: »Geh, wenn Vater dich ruft, tu, was er sagt!« Die junge Rebekka wird von *zwei* jungen Frauen gespielt: Eine spielt die Rolle der gehorsamen Tochter, die andere ist ihr »Alter Ego«, ihr anderes, aufmüpfiges Ich, das die gehorsame Rolle in Frage stellt und das einen inneren Schutzraum bewahrt, eine Würde als Mensch.

Rebekkas Vater wird von einem Gruppenteilnehmer wie ein autoritärer, herumkommandierender Patriarch gespielt. Wir Zuschauer müssen lachen, weil das, was er sagt, so vertraut und treffend ist (wir erinnern uns an manche Väter unserer Generation). Auch die gefügige Mutter ist bekannt. In den vielen Jahren ist ihr Widerstand gebrochen. Wie erfrischend ist dagegen die junge Rebekka!

Etwas von der Vision eines anderen sozialen Gefüges leuchtet bei ihr auf, wenn ihr zweites Ich spricht, während sie nach außen, gemeinsam mit der Mutter, zunächst das tut, was Vater sagt.

Die Spielgruppe hat als Tischszenerie ein Tuch auf dem Boden ausgebreitet. Rebekka und ihre Mutter bedienen die männlichen Gäste und verteilen das Essen. Sie haben dazu bezeichnenderweise einen Stoß Bibeln hergenommen, die im Raum lagen, und legen sie nun der männlichen Tischgesellschaft als »Essen« vor (Rebekka mit hörbarem Nachdruck…).

Wir Zuschauer müssen lachen, so komisch ist die Situation. Die würdevoll thronenden Herren, die ihnen zuarbeitenden drei Frauen: eine »gekrümmte« und eine Rebekka mit ihrer rebellischen, aufrechten, sich ihrer Würde bewußten Seite. Gleichzeitig wird uns die Vielschichtigkeit dieser Spielsituation bewußt.

Bei einer anderen Gelegenheit kreiert eine Gruppe eine andere Szene: Rebekka – sie ist hier ein kleines Mädchen, vielleicht zehn Jahre alt – wird mit einer Aufgabe betraut, die Mut erfordert und eher einem Jungen zugedacht wäre: sie soll ihrem Bruder Laban, der weit vom Lager entfernt bei der Herde ist, eine wichtige Nachricht überbringen und ihn sogar bei der Arbeit ablösen. Rebekka ist hier als Vaters »Augapfel« und Liebling geschildert, ein Mädchen mit viel Selbstvertrauen und Mut, Verantwortung zu übernehmen.

Beide Szenen weisen auf ihre spätere Rolle hin: das Geschick ihrer Familie, die Geschichte Gottes mit den Menschen, mit prophetischer Weitsicht und Tatkraft mitgestalten zu wollen.

In der erzählenden Überlieferung der späteren rabbinischen Literatur wird Rebekka einerseits als Prophetin geehrt, andererseits wird auch die Tendenz deutlich, ihr die ganze Last des Betrugs aufzubürden, um Jakob, den Stammvater, von jeglicher Verantwortung reinzuwaschen.[5] Auch in unserem Text spricht sie den Satz aus: »Der Fluch (d.h. die Verantwortung) komme auf mich«: das altvertraute Motiv, daß Frauen die Schuld allein aufgebürdet wird. Mit der ersten Schuldzuweisung der biblischen Urgeschichte, in der Adam sprach: »Sie gab mir, und ich aß«, ist es zur Gewohnheit geworden, auf die Frauen, vor allem auf die Mütter, jegliche Schuld abzuwälzen. Inzwischen braucht kein Mann es mehr zu tun, sondern Frauen nehmen die Schuld oft schon freiwillig auf sich.[6]

Aber soweit sind wir mit unserer Geschichte noch nicht. Erst gilt es noch, hinzuhören, wie wohl Jakobs und Esaus Kindheit vorzustellen ist.

Zwillingsgeschichten gibt es in vielen mythischen Überlieferungen. Oft sind sie als Gegensatzpaare, hell und dunkel, gut und böse, beschrieben.[7] Auch Jakob und Esau werden gegensätzlich geschildert: Esau ist der Rote, Behaarte, Rauhe; Jakob der Glatte und Helle. Ihre Unterschiedlichkeit wird noch durch einen Hinweis des biblischen Textes verstärkt, wenn es dort heißt:»Isaak hatte Esau lieb, Rebekka aber hatte Jakob lieb.«

Auf dem Hintergrund von Isaaks Spiel wird mir plötzlich klar, warum Isaak sich zu dem rauhen und wilden Sohn eher hingezogen fühlen mag: Ist es nicht die Seite, die er selber gerne gelebt hätte, aber geopfert hat? War es für ihn als einzigen Erbsohn Abrahams nicht wichtiger, Gehorsam zu lernen?

Rebekka aber hatte keine Tochter, der sie ihre Weisheit und ihr weibliches Wissen hätte weitergeben können. Wie schön, einen so aufmerksamen Sohn wie Jakob zu haben!

Die Kindheit der Zwillinge – Mutter- oder Vatersohn?

Ich bin gespannt, wie die Menschen im Spiel diese Unterschiedlichkeit von Jakob und Esau ausdrücken, welche typische Familiensituation sie auswählen werden.

Die Gruppe ist groß genug, so daß sich zwei Spielgruppen finden, die jeweils eine Szene aus der Perspektive des Esau und eine aus der Perspektive des Jakob spielen. Die erste Gruppe spielt wieder eine Tischszene:

Jakob sitzt bei Mama, Isaak thront am Tischende. Er bekommt das größte Fleischstück. Noch fehlt Esau. Er kommt zu spät. Ungewaschen und stinkend platzt er hinein, wird von der Mutter angefahren, weil er zu spät kommt, soll sich erst waschen gehen.

Warum er zu spät kommt, dafür hat niemand Gehör. Jakob nutzt die Situation aus und stibitzt ihm vom Teller etwas von seinem Fleisch. Als Esau wieder hereinkommt, merkt er das natürlich. Er erhebt laut Einspruch, was ihm aber nichts nützt. Hier hat Mutter das Sagen. Sie steht auf Jakobs Seite. Isaak schweigt, schützt seinen Lieblingssohn wenig. Vater hält sich raus. Esau rennt weg mit den Worten»Jetzt reicht's mir, da geh ich lieber wieder!«

Starke Emotionen sind im Spiel. Esau zittert wirklich vor Wut. Der Spieler, ein Mann Ende fünfzig, ist wieder in seine Kindheitsfamilie eingetaucht. Alte Szenen laufen vor seinen inneren Augen ab. Ich hole ihn aus dem Spiel heraus und ermuntere ihn zu erzählen. Auch die anderen Spieler bitte ich zu erzählen, wie es ihnen in ihren Rollen ergangen ist. Lebensthemen klingen an. Esau ist wieder der kleine Junge geworden, der sich nicht zugehörig fühlte zu seiner Familie. Durch Zuspätkommen inszenierte er immer wieder Ärger, um sich danach der mütterlichen, harten Kontrolle zu entziehen. »Dieses Sich-Entziehen ist auch heute noch oft mein Fluchtweg«, sagt der 57jährige, »Ich spiel' da nicht mehr mit, ich steige aus!« Der sogenannte Trotz und die Rebellion sind die meist stachelige Außenseite, hinter der sich ein bedürftiges kleines Kind verbirgt. So frage ich ihn: »Was hättest du eigentlich gebraucht?« Esau ist wieder im Spiel und schaut Isaak an: »Daß der Vater nicht zuläßt, was mit mir passiert!« (Daß die Mutter Jakob so sichtbar bevorzugt und Esau so herabsetzt). Esau gibt sich dann selbst eine Antwort: »Aber der Vater sieht ja schlecht. Er ist trübsinnig, er durchschaut nichts…«

Ob das ein Teil seiner eigenen Familiengeschichte ist, die ihm klar wird?

Die Menschen haben *ihre* Rolle gespielt, sie *sind* ihre Rolle. Sie springen zwischen Rolle und Erinnerung hin und her, und in dem, was sie sagen, wird ihre eigene Geschichte deutlich.

Isaak, der Vater, der am Ende des Tisches thronte, war letzlich außerhalb des Kontakts. Er machte keinen Einfluß geltend. Hier im »Zelt« hatte die Mutter das Regiment. Rebekka hat sich auch in ihrer Rolle als ausgesprochen mächtig erlebt. Sie hält die Fäden in der Hand. Sie bezieht eindeutige Position, wer ihr Liebling ist, und fühlt sich dabei stark. Das Bündnis Jakob-Mutter ist stärker als das Bündnis Isaak-Esau.

Das wird ebenfalls deutlich in der zweiten Szene, die gespielt wird und die eigentlich vom Blickwinkel Esaus aus gedacht ist:

Wieder ist es eine Tischszene. Isaak ist hier ein noch sehr vitaler, aber mit seinen Gedanken eher abwesender Unternehmer. Er hat kaum Zeit, muß zu einer dringenden Besprechung der »Hirten«. Für die Belange, die seine Frau und die Kinder angehen, ist wenig Raum. Auch die dringende Reparatur im Zelt muß warten. Er hat Wichtigeres vor. Zwischen Esau und ihm schwingt kurzes Verständnis und Sympathie, bevor er aufspringt, um die wichtigeren Dinge zu tun. Esau tut es ihm kurz danach gleich. Er will raus, sein neues Jagdwerkzeug ausprobieren.

Rebekka ist hier eine Frau voller Zorn. Ihre Heimat, alles Vertraute hat sie verlassen, und nun muß sie sehen, wo sie bleibt. Auf Esau ist kein Verlaß. Nur Jakob hört ihr zu, wenn sie die alten Geschichten erzählt. Er ist hilfsbereit und aufmerksam. Jakob muß der Erbe sein, dafür wird sie sorgen. Ihr Sohn soll ausführen, wozu sie als Mädchen und Frau nicht gekommen ist!

Auffällig ist, wie blaß Jakob in den beiden Szenen gespielt wurde. Vielleicht ist es kein Zufall, sondern spiegelt wieder, daß Jakob noch am Rockzipfel der Mutter hängt.

In den biblischen Gestalten sich selbst begegnen

Die Hintergrundszenen, die gespielt worden sind, haben uns alle tief berührt. Die biblischen Gestalten sind zwischen den Buchdeckeln herausgetreten und lebendig geworden. Sicher sind sie durch unsere persönliche Erfahrung und Lebensgeschichte gegangen, und doch hat sich Typisches herausgestellt.

Wir lesen nach dieser Spielerfahrung noch einmal die Geschichte des Betrugs. Jede der vier handelnden Personen können wir nun besser verstehen. Wir fühlen mit dem blinden Isaak mit, dem beinahe Geopferten, der nun selbst am Ende seines Lebens seinen Traum opfern muß, daß sein Lieblingssohn Esau der von Gott Gesegnete ist, der Verheißungsträger.

Aber vielleicht ist es das, was Väter (und Mütter) opfern müssen, um ihre Söhne (und Töchter) ihren eigenen Weg finden zu lassen?

Vielleicht war es von Gott auch bei Abraham so gemeint, was dieser als Kindesopfer mißverstand. Geht es vielleicht um ein spirituelles Opfer, den Verzicht auf Eigentumsanprüche eines Vaters an seine Kinder? Gehören diese nicht letztlich sich selbst, in ihrer Unmittelbarkeit vor Gott?

Wir fühlen auch mit der vorher so ungeliebten Rebekka. Wird ihr Handeln nicht vor dem Hintergrund einer patriarchalen Gesellschaft verständlich? Ja, hat die geheime Weisheit nicht die eigentlichen Fäden in der Hand, indem Rebekka nun über ihren Sohn an Einfluß gewinnt? Die hebräische Bibel schildert Jakob als einen Mann, der »Gemeinschaftssinn« hat (hebräisch »tam«). Drücken sich hier nicht alte matriarchale Werte aus, von Generationen von Frauen vermittelt, deren Trägerin Rebekka ist? Traurig nur, daß sie keinen anderen Weg zu gehen weiß.

Unser Mitgefühl gilt dem wilden, ungestümen Esau, der seinen Platz als umherstreifender Jäger gesucht hat, sich nimmt, was er draußen »kriegt«, denn innen ist er nicht zu Hause und »kriegt« auch nichts.

Und Jakob, der Muttersohn, ihn kennen wir noch am wenigsten. Er ist noch nicht aus dem Schatten seiner Mutter hervorgetreten. Wir erkennen die Notwendigkeit der Flucht.

Die Gruppe ist durch das Spielen sehr aufgewühlt. Eigene Kindheitserinnerungen drängen in den Vordergrund. Geschwisterrivalitäten, die Erfahrung, nicht ich selbst sein zu dürfen, auch nicht vom Vater »erkannt« worden zu sein. Vater-Sohn-Gespräche, die nicht stattgefunden haben, wollen nachgeholt, ein Abschied vom längst gestorbenen Vater will genommen werden.

Ich lasse jedem und jeder Raum, noch einmal in die eigene Ursprungsfamilie einzutauchen, lasse Bilder malen, mit Formen und Farben spielen, damit auch das längst Vergessene einen Ausdruck finden kann. Für manche sind die Erinnerungen schwarz und vergittert, aber auch bunt und kraftvoll, trotz mancher Steine im Kindheitsgarten.

Verbundenheit und Entfernung zu den Eltern werden ausgedrückt. Manch einer/einem wird klar, wie schicksalhaft es doch ist, Älteste/r, in der Mitte geboren oder Jüngste/r zu sein. Es wird plötzlich im Bild sichtbar, was es bedeuten kann, wenn die Fäden zu einem Elternteil zu eng sind oder kaum vorhanden. Der Austausch über die Bilder ist intensiv und persönlich.

Segen und Fluch

Nun geht es in unserer Geschichte ja in erster Linie um den Segen, um das Gute, das Eltern ihren Kindern weitergeben wollen, sicher auch um Landbesitz, aber im übertragenen Sinn darum, daß Fruchtbarkeit und Gelingen das Leben begleiten. Wie erschreckend ist nun die Vorstellung unserer Geschichte, daß nicht genug für alle da ist!

Eindrücklich ist mir dazu eine Spielszene aus einer anderen Gruppe vor Augen. Die Betrugsgeschichte, in der es darum geht, den Segen zu bekommen, ist das Thema. Rebekka spricht mit Jakob. Jakob verkleidet sich mit Esaus Kleidern, während Esau draußen nach Wild jagt. Isaak wartet. Ich habe einen weiteren Akteur eingefügt: die Rolle Gottes.

Für manche mag es blasphemisch klingen, in einem Bibliodrama »Gott« auftreten zu lassen. Ich kann diese Scheu verstehen, das letztlich Unfaßbare auf die Bühne zu bringen. Andererseits, so denke ich, wird Gott in der hebräischen wie auch in der christlichen Überlieferung als ein handelnder, sprechender, fühlender, liebender Gott geschildert, der sich in die Geschichte dieser Welt hineingegeben hat. In dem Wissen, daß es hier immer um Annäherungen an das geht, was hinter einer biblischen Geschichte steht, besetze ich auch hin und wieder die Rolle Gottes.

Ein junger Mann hat sich an diese Rolle herangewagt. Er sucht sich eine Ecke aus im Raum. Gott ist etwas im Abseits, während das Betrugsgeschehen seinen Lauf nimmt. Ich frage ihn, wie es ihm geht. Und Gottes Erschütterung ist zu spüren.

So ungefähr sind seine Worte:»Habe ich das Gesetz gemacht, daß nur der Älteste der reich Gesegnete und Erbe ist? Ist es nicht eure ständige Angst, daß nicht genug für alle da ist, daß Ihr nur das Entweder – Oder kennt? Ja, ich habe seinerzeit einen Menschen herausgerufen: Abraham, um ihm ein neues Land zu zeigen und ihn eine neue und andere Möglichkeit zu leben im Vertrauen auf mich entdecken zu lassen. Das auszuprobieren, übersteigt ein Menschenleben. Deshalb sollte ein Volk entstehen. Mein Segen hat viele Gesichter, und es ist genug da für jeden. Ich bin nicht *für* Jakob und *gegen* Esau, ich habe nur unterschiedliche Aufgaben für sie. Und nun dieser Betrug...«, und Gott schweigt traurig.»Alles, was ich tun werde, ist, euch Menschen zu begleiten, trotz allem, was ihr tut.« Im darauffolgenden Gespräch wird Betroffenheit laut, Betroffenheit durch Gottes Worte. Und Unsicherheit bei den Spielern. Verändert das nicht die Perspektive, wenn ich solche Worte ernst nehme, daß genug an Segen da ist? Segen heißt hier nicht: Ausgrenzung in Herrschende und Dienende, Männerrecht gegen Frauenrecht, Oben und Unten, sondern bedeutet lebensspendende Fülle für alle.

Die Spieler entschließen sich spontan, die Szene zu verändern, d.h. die Veränderung geschieht einfach. Die Menschen fangen an, sich mit ihren Ängsten zu zeigen. Rebekka zeigt sich dem Isaak, Jakob dem Vater. Esau kommt dazu, zu viert treten sie miteinander in Kontakt, um kreativ die Frage des Erstgeburtsrechts, des Erbes und der Nachfolge zu lösen. Es geht nicht ohne Tränen, ohne Schmerz, aber es geht darum, sich mitzuteilen. Kein Betrugsgeschehen scheint nötig, im Mit-Teilen geschieht Segen!

Ich lasse dem Spiel seinen Lauf. Sonst ist es mir oft wichtig, daß wir am Text bleiben. Aber hier haben Worte»Gottes« die Spieler verändert, die ihre Ohren aufgemacht haben.

Nach diesem kleinen Abstecher in eine andere Gruppe, in eine veränderte Spielszene, kehre ich zurück ins Odenwald-Institut, zurück zur Geschichte, wie sie uns überliefert ist.

Wir stehen nun an der Stelle, an der wir nach dem Segen fragen, den Isaak seinen Söhnen weitergibt – oder ist nicht auch so etwas wie ein Fluch dabei? »Fern von Dir sei das Fett der Erde...« So sind die Worte in dieser uns altertümlich anmutenden Übersetzung, die an Esau gerichtet werden. Was für Schwierigkeiten mögen sich dahinter verbergen?[8] Wir kommen an diesem Abend nochmals zusammen, sprechen über Segen- und Fluchworte, die in unserem Leben eine Rolle gespielt haben. Es ist ja in unserer alten biblischen Geschichte deutlich, wie Segen als ein Wirkungsgeschehen an sich erlebt wird, das nicht zurückgenommen werden kann. Dasselbe gilt auch für Fluchworte, die, wenn sie ausgesprochen werden, sich verselbständigen und ihre Kräfte entfalten.

Wir wissen um diese Zusammenhänge, nennen dies heute allerdings nicht Segen oder Fluch, sondern eher positive oder negative Botschaften, die wir als Kinder mitbekommen haben und selber auch auf verschiedene Weise weitergeben.

Ich lege ein großes Papier auf den Fußboden. Zu viert scharen wir uns um die vier Seiten des Vierecks. Jeder schreibt die »Fluchworte« auf, die ihm aus seiner Kindheit einfallen. Das sind oft ganz belanglos klingende Sätze, wie z.B. »Reiß dich zusammen!«, »Streng dich an!«, »Sei still!«, »Hau ab!«. Wenn einer einen Satz geschrieben hat, rückt er eine Ecke weiter, liest, was der andere geschrieben hat und schreibt einen neuen Satz dazu. So kreisen wir um unsere Fluchworte. Und es werden immer mehr. »Aus dir wird ja wohl nie etwas!«, »Wenn du mich liebhättest, dann würdest du tun, was ich dir sage!«, »Wehe, wenn du das noch einmal sagst, tust...!«, »Stell dich nicht so an!«, »Geh mir aus den Augen!«, »Kinder soll man nicht hören!«, »Ich treibe dir den Bock aus!«, »Ich wollte, du wärest nie geboren!«, »Du bist zu nichts nütze!« und viele mehr. Indem wir um das Papier herumkreisen, geschieht, was wir ja auch tatsächlich oft erleben: Wir sind gefangen und kreisen in unserem negativen Teufelskreis herum, aus dem wir oft nicht mehr herauskommen.

Es ist fast zu viel an diesem Abend. Wir tauschen uns aus, was das schlimmste Wort für uns war, um wenigstens etwas loszuwerden, bevor wir zu Bett gehen.

Wir schütteln an diesem Abend ab, was an Resten aus den Rollen noch in uns ist oder was uns aus der Vergangenheit eingeholt hat. Am anderen Morgen berichten viele, daß sie unruhig geschlafen haben. Träume haben sich zu Wort gemeldet. Ich habe mich darauf eingestellt und lasse Zeit für das, was die Gruppe noch beschäftigt. Wir sind mit Jakob unterwegs, der nun auf der Flucht ist vor der Rache seines Bruders Esau. Ist diese Flucht nicht eher wie ein Fluch? Worin besteht für Jakob nun der Segen?

Jakobs Flucht – Jakobs Aufbruch

Wir lesen als nächsten Textabschnitt Genesis 28, 10-22.

Aber Jakob zog aus von Beerscheba und machte sich auf den Weg nach Haran und kam an eine Stätte, da blieb er über Nacht, denn die Sonne war untergegangen. Und er nahm einen Stein von der Stätte und legte ihn zu seinen Häupten und legte sich an der Stätte schlafen. Und ihm träumte, und siehe, eine Leiter stand auf Erden, die rührte mit einer Spitze an den Himmel, und siehe, die Engel Gottes stiegen daran auf und nieder. Und siehe, Jahwe stand an ihr und sprach: «Ich bin Jahwe, der Gott deines Vaters Abraham und der Gott Isaaks. Das Land, auf dem du liegst, – dir und deiner Nachkommenschaft werde ich es geben. Und deine Nachkommenschaft wird wie der Staub der Erde werden, und ausbreiten wirst du dich nach Westen und Osten, nach Norden und Süden, und durch dich und deine Nachkommen sollen alle Geschlechter auf Erden gesegnet werden. Siehe, ich bin mit dir, und werde dich, wo immer du hingehst, behüten, und dich in dies Land zurückbringen, denn ich werde dich nicht verlassen, bis ich ausgeführt habe, was ich dir verheißen habe.« Als nun Jakob von seinem Schlaf aufwachte, sprach er:»Fürwahr, Jahwe ist an dieser Stätte, und ich wußte es nicht!« Und er fürchtete sich und sprach:»Wie heilig ist diese Stätte! Hier ist nicht anderes, als Gottes Haus, und hier ist die Pforte des Himmels.« Und

Jakobs Traum

Jakob stand früh am Morgen auf und nahm den Stein, den er zu seinen Häupten gelegt hatte, und richtete ihn auf zu einem Steinmal und goß Öl oben darauf und nannte die Stätte Beth-El, vorher aber hieß die Stadt Lus. Und Jakob tat ein Gelübde und sprach:*»Wird Gott mit mir sein und mich behüten auf dem Wege, den ich reise, und mir Brot zu essen geben und Kleider anzuziehen und mich mit Frieden wieder heim zu meinem Vater bringen, so soll Jahwe mein Gott sein.* Und dieser Stein, den ich aufgerichtet habe zu einem Steinmal, soll ein Gotteshaus werden, und von allem, was du mir gibst, will ich dir den Zehnten geben.«*

Wir lesen den Text wie gewohnt zwei-, dreimal, spüren den Worten nach, die uns ansprechen und gehen dann wieder ganz an den Anfang:»Und Jakob zog aus…«
Ich schicke die Gruppe nach draußen, um dieses Weggehen nachzuvollziehen. Es ist nicht sinnvoll, in der Geborgenheit eines warmen Hauses zu bleiben. Meine Impulse, die ich den Hinausgehenden mitgebe, lauten ungefähr so:»Sei einmal Jakob, der weggeht von zu Hause, spür mal diesem Weglaufen nach, das jetzt not-wendig ist. Kennst du das auch, daß du vor etwas wegläufst oder geflohen bist, aus Angst, dich deinem Tun zu stellen? Aus Angst, sonst nicht überleben zu können? Das Weggehen von hier ist auf der anderen Seite ein Aufbruch zu etwas Neuem. Geh einmal solchen Abschieden, Aufbrüchen und Trennungen in deinem Leben nach, während du draußen eine halbe Stunde herumgehst. Bleib im Schweigen, bleib bei dir, während du mit Jakob weggehst.«
Die Menschen gehen in den Morgen hinaus. Es weht ein Wind, und eine müde Novembersonne versteckt sich schnell wieder hinter dunklen Wolken. Weggehen, ja, fliehen müssen und aufbrechen in einem – ein neuer Abschnitt in Jakobs Leben beginnt.
Ich gehe hinüber ins»Haus der Mitte«, in den Meditationsraum. Ein Raumwechsel soll dieses Neue, das beginnt, verdeutlichen. Außerdem ist es Buß- und Bettag, dieser seltsame evangelische Feiertag, mit dem kaum einer etwas anfangen kann, kann er doch nicht auf

eine lange Tradition zurückgreifen.[9] Er ist ans Ende des Kirchenjahres postiert, nahe an Volkstrauertag und Ewigkeitssonntag, bevor am ersten Advent das Kommen des Neuen aufzuleuchten beginnt. In Verbindung mit Jakobs Flucht und Aufbruch finde ich die Elemente »Klage« und »Umkehr«, »Sinnesänderung«, »Erneuerung«, und das ist ja gerade die Bedeutung von Buße.

Der alte jüdische Brauch, zur Klagemauer in Jerusalem zu gehen, um zu beten, kommt mir in den Sinn: die Klagen in Worte zu fassen und sie den bergenden Steinnischen zu übergeben im Vertrauen darauf, daß die Kraft des Höchsten auch in dem wirkt, was äußerlich in Schutt und Asche liegt.

Ich hole von draußen einen großen Stein herein und lege ihn in die Mitte des Meditationsraums. Er soll unsere Klagemauer symbolisieren. Leise kommen die Menschen herein in den Meditationsraum, finden ihren Platz um die Mitte. Erfüllt von dem, was sie innerlich entdeckt haben, ist es gut, wenn sie erzählen von ihrem Weglaufen, ihren Fluchten, ihren Aufbrüchen. Manche unerledigte Dinge sind aufgebrochen, alter Schmerz und das, was man Schuld nennt, was man anderen schuldig geblieben ist, tauchen auf.

Ich verteile kleine Kärtchen und rege an, diesem alten Schmerz Ausdruck zu geben, Sätze zu schreiben, in denen ich Gott meine unerledigte Vergangenheit klage.

Wir schieben unsere Klagezettel unter den Stein und tanzen Klagetänze.

Wir ahnen etwas davon, daß im Weggehen und Aufbrechen Vergangenes mitläuft; das, was noch nicht abgeschlossen ist, was noch der Buße, der Umkehr, der Erneuerung bedarf.

Siehe, da ist Gottes Haus...

Am Nachmittag wenden wir uns erneut unserem Text zu. Es ist eine eindrückliche und erhabene Szene, die dort (Genesis 28) geschildert wird. Jakob, der Ungeschützte, sucht Schutz für die Nacht. Der Ort, den er aussucht, ist sicher ein alter, kultischer Platz gewesen, an dem

Menschen Kraftsteine aufgerichtet haben.[10] Mit dieser Geschichte verdeutlichen die biblischen Erzähler, auf welche Weise Orte zu Kultstätten werden, wie Menschen ergriffen werden von der Gegenwart Gottes.

Ich habe mir überlegt, welche Rollen ich für eine bibliodramatische Szene anbieten will. Ich schildere den nächtlichen Ort, Steine, Bäume, Erde, sie alle sind Rollen. Eine Decke lege ich auf den Boden, hier soll Jakobs Schlafplatz sein. Wer will Jakob sein? Wer sein Kopfstein? Wer die Leiter? Die Engel? Ja, will jemand Gott sein? Noch zwei Rollen habe ich zu vergeben. Es sind die der Vergangenheit und die der Zukunft. Was werden sie zu sagen haben? Ich gebe ein wenig Zeit, die eigene Rolle zu finden. Manchmal frage ich auch zuerst nach Jakob. Wer will Jakob sein? Und wenn sich ein Jakob gefunden hat, bitte ich ihn, er möge sich einen Kopfstein aussuchen, d.h. jemanden aus der Gruppe fragen:»Willst du mein Kopfstein sein?«Erst als Jakob sich hingelegt hat, gruppieren sich die andern drumherum. Steine, manchmal ein Busch, ein Baum, die Leiter und Engel, die Vergangenheit und die Zukunft.

Als jeder und jede einen Platz im Raum gefunden hat, in die Körperhaltung gegangen ist, die der Rolle entspricht, gehe ich herum und frage die einzelnen:»Wer bist du?«Ich kann meist aus der Körperhaltung entnehmen, was dargestellt werden soll. Mir ist es wichtig, von außen nach innen zu gehen, vom äußeren Ort zu Jakobs innerem Erleben. Also beginne ich meist bei den»Steinen«und»Bäumen«.

Die Steine reden, und manches, das sie sagen, rührt Archaisches, Zeitloses an. Da ist der alte bemooste Stein, der seit Ewigkeiten hier liegt, die Weisheit einer anderen Zeitdimension in sich trägt, viel gesehen und erlebt und überdauert hat. Da sind andere, die einfach nur an diesem Ort sind. Fest geformt – manche sagen»erstarrt« – sind sie und tragen Vergangenes in sich, sind passiv, schauen zu, was an Leben außerhalb geschieht. Ein Stein sagt es so:»Ich bin ein Stein, der sich alles nur anzusehen braucht, der selber aber nicht darin verwickelt ist.«

Ich gehe weiter. Einen Strauch finde ich, der mir sagt, daß er nur ein Strauch ist, der meist nicht beachtet wird, der meist andere beachtet.

Manchmal treffe ich auch auf einen Baum. Und es ist gut, an diesem Ort einen Baum zu finden, der tief mit der Erde verwurzelt und doch nach oben offen mit dem Himmel verbunden ist. Ich gehe weiter zu der Leiter, die Himmel und Erde verbindet. Der Mann, der diese Rolle spielt, steht da, gesammelt, gegründet und doch geöffnet nach oben mit erhobenen Händen. Engel stehen um das Lager des Jakob. Manche machen die Bewegung des Schwingens, das Herauf und Herab. Es geht auch etwas lustig zu, weil manchen Engeln die Erdenschwere noch anzusehen ist, bei dem Bemühen um eine vorgestellte Leichtigkeit. Erst, als ich sie frage:»Wer bist du?«, halten sie in ihrer Bewegung inne, finden ihr Engelwort. Einer sagt:»Ich steige auf und ab, bin Bindeglied zwischen Unten und Oben. Komme zu den Menschen, öffne ihnen die Augen. Selber habe ich nichts zu sagen...« Indem ich dem Engel das spiegele, wird die Tiefe der Aussage bewußt. Ist es nicht so, daß Engel Sprachrohr Gottes sind? Durch sie fließt etwas anderes hindurch.

Ich gehe weiter zur Vergangenheit. Sie steht an Jakobs Fußende, bereit zu agieren, aber auch etwas zögerlich, denn sie wird von den aktiven Engeln in Schach gehalten.

Die Zukunft winkt in der Ferne. Sie sagt einfach:»Ich bin da. Was immer auch gewesen ist, ich bin gut für dich. Komm!«

Zum Schluß gehe ich zu Jakob, der auf seiner Decke ruht, den Kopf auf seinem»Stein« gebettet. Er hat die Augen geschlossen. Diesmal ist Jakob eine Frau. Ich knie neben Jakob nieder, berühre ihn leicht und frage leise:»Wer bist du?«

»Ich habe eine lange Reise gemacht. Ich bin allein auf der Flucht«, sagt Jakob.»Ich habe Angst. Ich weiß nicht, was werden wird. Ich kann gar nicht einschlafen, so viele Dinge verfolgen mich...«

Auch Jakob spiegele ich, was er gesagt hat:»Spüre, wie das ist, allein zu sein auf der Flucht, Angst zu haben und nicht zu wissen, was werden wird. Spüre, wie das ist, wenn viele Dinge dich verfolgen.«

Ich ziehe mich von Jakob zurück, gebe die»Bühne« frei zum Agieren (mir fällt auf, daß die Rolle Gottes nicht besetzt ist). *Engel* und

Leiter (zu Jakob):»Schau, Jakob, der Himmel ist offen.« –»Komm zu uns, Jakob, auf die Leiter…«
Jakob (schweigt erst, hat die Augen geschlossen, schaut nach innen. Die Engel und die Leiter geben sich Mühe, sichtbar für ihn zu sein, indem sie auf Jakob einreden):»Ich möchte schon, aber komme ich auch wieder herunter von der Leiter? Ich bin allein auf der Flucht…« (sich der Doppeldeutigkeit des Wortes bewußt):»Es tut gut, Leiter zu haben.«
Die Zukunft (wendet sich ihm zu):»Und ich, die Zukunft, ich bin auch da.«
Jakob:»Hilf mir, wo ich ansetzen soll…Ich habe Angst!«
Die Vergangenheit (dazwischen. Ein wenig höhnisch zupft sie an Jakob):»Wie kam das alles denn, Jakob?«
Ich merke, daß es Jakob schlecht geht. Er ist weit weg in der Vergangenheit.
Ich:»Engel, wo seid ihr?« Ich setze mich selbst neben Jakob und rühre ihn an. Auch die Engel und die Leiter kommen näher.
Jakob (zurVergangenheit):»Ich sollte fühlen wie mein Bruder, denken wie mein Bruder, dabei wollte ich ganz für mich sein… Ich möchte erst mal ausruhen.«
Die Leiter:»Was möchtest du?«
Jakob schweigt.
Leiter:»Ich möchte dir Appetit machen auf die Welt.«
DieVergangenheit (fährt schon wieder dazwischen, zischelt, zupft):»Wer warst du in diesem Spiel?«
Jakob:»Wie meinst du das, Vergangenheit?«
Die Vergangenheit:»Was hast du getan?«
Jakob:»Ich bin getan worden. Ich habe so viel verpaßt in meinem Leben. Wenn ich das zu Hause sage, werde ich nicht verstanden. Trotzdem – es gibt irgend etwas, weshalb ich die Leiter hochmöchte.«
Engel:»Sollen die Engel dich begleiten auf dem Weg nach oben?«
Jakob nickt.
Die Engel, die Leiter und auch die Zukunft sind ganz dicht zu Jakob gerückt. Wir alle berühren ihn mit unseren Händen.

Engel und *Leiter*: »Wir sind dir ganz nah, Jakob. Wir sind immer da. Wir sind wichtig, wir helfen dir, wenn du möchtest.«

Jakob (zu einem Engel): »Kommst du auch, wenn ich rufe?«

Engel: »Ich bin schon da, wenn du rufst. Manchmal denkst du, es sei nur ein Traum.«

Jakob: »Ich möchte ja, daß Träume wahr werden. Wenn ich aber mehr will, kriege ich eins auf den Deckel.«

(Jakob weint)

Engel: »Wir unterstützen dich.«

Ich (zu Jakob): »Den Engeln darfst du erzählen, wovon du träumst, was du brauchst.«

Engel: »Du darfst dir etwas wünschen, was sollen wir tun?«

Jakob (lächelt): »Ich möchte noch mehr Kontakt!« (Wir streicheln ihn mit unseren Händen. Er ist von uns umgeben.)

Jakob: »Ich bin zwar allein, aber nicht einsam... Ich möchte stark sein *und* Schwäche zeigen. Ich möchte auch mal ganz flippig sein...« (Wir müssen lachen über die Wünsche Jakobs.)

Ich: »Hörst du – die Engel schmunzeln. Sogar die Steine wachen auf.« (Ein Stein, der in seiner Rolle zusammengekauert darüber eingeschlafen war, fährt erschrocken auf.)

Jakob: »Ich möchte gerne jung sein und mal ganz verrückt und nicht auf einer Bank unter einem Kirschbaum sitzen und schon sagen: Ich bin alt geworden, alle sind zufrieden, ich auch, und das war's.«

Engel: »Wer sagt das?«

Jakob: »Mein Schatten.«

Leiter: »Nimm doch deinen Schatten mit auf die Leiter.«

Jakob: »Ich weiß nicht, ob ich das will.«

Leiter: »Na und? Dein Schatten wird Augen machen!«

Ich: »Der wäre vielleicht auch mal gerne ganz flippig und traut sich nur noch nicht.«

Engel: »Der hat zu viel auf der Erde gelebt. Jakob – deinen Himmel, den gibt es auch!«

Leiter: »Und es fährt kein Blitz hernieder, kein Donner, keine Vorwürfe für das, was wir getan haben. So etwas tun nur Menschen.«

Jakob: »Ich glaube, Gott freut sich, wenn ich mich freue!«

Die Zukunft:»Und die Zukunft möchte auch, daß du glücklich bist, dein Leben lebst.«

Jakob:»Ihr seid alle so lieb zu mir, aber ich bin noch schwer…«

Ich:»Was heißt, du bist schwer?«

Jakob (schweigt; nach einer Weile):»Werde ich dort oben glücklich sein?«

Kopfstein:»Was beschwert dich denn? Kannst du das nicht einfach dem Stein überlassen, all das Schwere?«

Jakob:»Ich muß mich bewegen!« (Er beginnt sich zu recken und zu strecken.)

Engel:»Steh auf!«

Jakob will zwar aufstehen, hat aber die Augen noch geschlossen. Er ist noch ganz in seinem inneren Traumbild.

Ich:»Du darfst weiter träumen.«

Ein Engel massiert Jakob den Rücken. Jakob richtet sich behutsam auf. Wir alle halten Kontakt mit den Händen.

Die Engel:»Wir sind da, wo immer du auch hingehst, oben, unten, links und rechts, von allen Seiten…« (Mir kommt Psalm 139 in den Sinn:»Von allen Seiten umgibst du mich, Gott…«)

Ich (zu Jakob):»Du bist gesegnet, und du wirst ein Segen sein.«

Jakob steht und öffnet langsam die Augen, schaut sich um, wo er ist, wer um ihn herum steht. Er ist wieder da.

Wir haben alle eine sehr berührende Erfahrung gemacht, eine Erfahrung, die man so beschreiben könnte: Gott ist an diesem Ort, und wir wußten es nicht: Obwohl die Rolle Gottes niemand übernommen hatte, war Gott im Geschehen, und um uns war ein heiliger Ort.

Ich bitte Jakob noch, das zu tun, was Jakob auch im Text tat, nämlich seinen Kopfstein zu salben, dem er das Schwere überlassen hat. Ich gebe Jakob ein Ölfläschchen, und Jakob bedankt sich bei dem Stein und salbt den Menschen, der diese Rolle für ihn gespielt hat.

Eine grundsätzliche Frage stelle ich Jakob an dieser Stelle: Ich frage ihn, was er braucht, um weiterzugehen, um weiterzukommen. Oft ist die Antwort: »Ich brauche einen Engel, der mit mir geht. Ich brauche Mut zur Zukunft, Vertrauen und Hoffnung.« Und Jakob geht den ersten Schritt.

Im Nachgespräch kommt viel persönliche Betroffenheit zutage. Vor allem die Frau, die Jakob gespielt hat, erlebte im Spiel ihre eigene Situation: Ist sie doch selbst unterwegs wie Jakob, auch ein wenig auf der Flucht vor ihrem festgefahrenen Zuhause, ihrer festgefahrenen Beziehung. Eins ist ihr wichtig geworden: daß sie eine Gesegnete ist, daß Jakob ein Gesegneter ist, trotz und in seiner Flucht, und selbst Segen sein wird.

Auch Jakobs Geschichte ist noch nicht zu Ende!

Die Vergangenheit, die immer mitgeht

In den vergangenen drei Jahren habe ich immer wieder in verschiedenen Gruppen die Jakobsgeschichte gespielt. Nach einer ähnlichen Hinführung, wie oben geschildert, gab es unglaublich intensive Szenen des Beth-El-Traumes.

Männer, die es zunächst als einen »Gag« ansahen, einmal in die Rolle des Jakob zu gehen, der auf der Flucht ist, und sich nun – ruhelos – zur Ruhe hinlegt, erleben, wie ganz anders es ist, einmal das »Reden über« aufzugeben und nun in der Horizontalen liegend sich einem Traum zu stellen. Männer und Frauen in dieser Rolle erleben, daß es hier um etwas Existentielles geht. Es geht um das Innehalten zwischen einem alten und einem neuen Weg, ob selbstverschuldet oder hineingetrieben, da verwischen sich die Grenzen. Es ist das »Zwischen« von Vergangenheit und Zukunft. Das Jetzt, das verbunden ist mit der Gegenwart Gottes, wie es in dem wunderschönen Traumbild von der Himmelstreppe, die Gottes- und Menschenwelt miteinander verbindet, zum Ausdruck kommt. Das ist es, was Menschen brauchen, wenn sie sich in ein neues, unbekanntes Land aufmachen müssen.

In der Dynamik einer Spielszene, in der ich durch die Rollenbesetzung der Vergangenheit und Zukunft eine Stimme gebe, wird nun laut, oftmals sehr laut, was sich sonst nur als innerer Dialog in uns Menschen abspielt.

Eindrücklich habe ich Szenen vor Augen, in denen die Vergangenheit dem schlafenden Jakob ins Ohr zischelt, so daß er die Stimme der Engel nicht mehr hören kann:»Mich wirst du nie los! Ich gehe immer mit dir! Ich lasse dich nicht in Ruhe! Wart's nur ab!« Die Zukunft bekommt keine Chance, die Vergangenheit hat alle Fäden in den Händen, die Engel sind vor Schreck verstummt.

In dem tobenden Stimmengewirr rund um Jakob, der sich schon die Ohren zuhält, ergreift plötzlich der Kopfstein das Wort, auf dessen Schoß Jakob ruht. Leise fängt er an, ein Wiegenlied zu singen, das Jakob in den Schlaf wiegt, so daß die lärmende Vergangenheit schließlich verstummt. Ein Stück Friede kehrt ein. Die Engel und die anderen Steine summen leise mit. In diesem Moment muß die Vergangenheit verstummen.

Dafür hat Gott jetzt eine Chance.

Eine Frau in der Rolle Gottes setzt sich behutsam neben Jakob. Sie ruft ihn mit Namen, und ein Dialog beginnt zwischen Gott und Jakob. Jakob wirft Gott sein bisheriges Leben vor die Füße:»Wo warst du da und dort...« Sein Mißtrauen, was die Zukunft angeht, strömt aus ihm heraus. Und Gott ist ganz behutsam da, hört zu, rührt an, nimmt an. Es ist ein besonderer Dialog, in dem Gott in Gestalt einer Frau von der Spitze der Leiter herabgekommen ist.

Da, wo ein Mensch zur Ruhe kommt, die Vergangenheit schweigen muß, kommt Gott zu Wort.

Aber hat die Vergangenheit nicht ein Recht, gehört zu werden? Ist es nicht Schuld, die Jakob auf sich geladen hat? Müssen die Vergehen der Vergangenheit nicht wieder aufleben um der Gerechtigkeit willen?

Um diese Frage kreiste eine andere Bibliodramagruppe anläßlich der Traumszene in Beth-El. Ähnlich vorbereitet, wie ich es oben geschildert habe, setzen wir uns dem Text aus.

Die Menschen sind mit ihrem ganzen Körper in ihre Rolle gegangen, Jakob liegt auf seinem Stein, ein Baum ist in seiner Nähe. Vier

Steine sind da. Die Leiter wartet. Zwei Engel sind in Bereitschaft. Diesmal fehlt Gott. Ich habe nicht auf dieser Rolle bestanden. Ich weiß, daß Gott geschieht.

Vergangenheit und Zukunft, zwei Frauen, bemühen sich um ihren Standort in diesem stehenden Bild. Ich bin herumgegangen, habe jede und jeden gefragt: Wer bist du?, und gebe nun die Szene zur Aktion frei.

In die Stille hinein ertönen plötzlich Schritte, feste, harte Schritte. Die Vergangenheit hat sich aufgemacht, Jakob zu umkreisen. Immer fester, lauter und schneller werden ihre Schritte; die Fäuste geballt, Zornestränen in den Augen, verfolgt die »Vergangenheit« den schlafenden Jakob.

Die Vergangenheit: »Ich werde dir nachschleichen, wo immer du hingehst.«

Die Vergangenheit beherrscht die Szene. Engel und Leiter haben keine Chance. Jakob liegt unruhig.

Ich (gehe zu Jakob hin, knie mich neben ihn): »Wie geht es dir, wenn du die Vergangenheit hörst?«

Jakob: »Mir geht es schlecht. Ich will, daß sie aufhört, so laut zu sein!«

Die Engel treten in Aktion, rufen ihn, sagen ihm gute Botschaften, doch dazwischen fährt die Vergangenheit.

Die Vergangenheit: »Gott ist ungerecht! Wie kann er den einen segnen und den anderen ungesegnet lassen?«

Ich: »Stimmt das so? Die Geschichte Jakobs ist doch noch nicht zu Ende!«

Stein (mit der großen Ruhe uralter Weisheit): »Ich bin hier von Ewigkeit zu Ewigkeit. Alles hat seine Zeit.«

Jakob: »Mir tut es ja auch leid, was ich getan habe…« (Die Vergangenheit dröhnt weiter im Kreis herum.)

Jakob: »Ich habe Angst vor dir.«

Ich (zur Vergangenheit): »Was willst du von Jakob?«

Die Vergangenheit (mit bebender Stimme): »Ich will Gerechtigkeit!«

Da kommt die Zukunft herbei, will der Vergangenheit die Hand reichen, will sie beschwichtigen. Widerstrebend setzt sich die Vergangenheit zusammen mit der Zukunft zu Füßen Jakobs. Ich frage Jakob, wie es ihm geht. Er ist betroffen vom Zorn und der Trauer der Vergangenheit. Ihm kommen selbst die Tränen. Am liebsten möchte er die Vergangenheit umarmen, doch diese ist noch lange nicht so weit. Während der nun folgenden Szene halten die Engel Kontakt mit Jakob. Die Vergangenheit weint und hadert: warum und wieso? Es ist ihr schwer, das Unabänderliche zu akzeptieren. Die Vergangenheit will Strafe, will Rache und Gerechtigkeit. Der Baum und die zeitlose Weisheit der Steine versuchen ihr zu helfen.

Stein: »Was ihr sät, werdet ihr ernten, Gott denkt in anderen Zeiträumen.«

Baum: »Hier und jetzt ist Jakobs Weg.«

Ich: »Nichts bleibt ohne Folgen, der Weg Jakobs ist noch nicht zu Ende.«

Die Zukunft: »Auch Esaus Weg ist nicht zu Ende. Wieso siehst du so schwarz? Jakob wird selber betrogen werden, so wie er betrogen hat. So ist der Lauf der Dinge. Nichts, was du tust, bleibt ohne Folgen, aber Gott ist trotzdem bei Jakob, so wie er auch bei Esau ist.«

Die Vergangenheit: »Aber ist er denn nicht ohne Segen?«

Ich: »Das kommt dir nur so vor! Nur weil er das, wovon er meinte, daß es ihm zustünde, nicht bekommen hat, ist er nicht ohne Segen. Die Geschichte ist noch nicht zu Ende!«

Stein: »Was ihr sät, werdet ihr ernten. Alles hat seine Zeit!«

Jakob richtet sich auf. Er umarmt die Vergangenheit, will sich aber auch von ihr lösen, will in Richtung Zukunft gehen. Gestützt von einem Engel und der Zukunft, steht er auf und geht weg.

Die Vergangenheit bleibt ratlos und noch unversöhnt sitzen, kämpft mit den Tränen. Ich stütze ihr den Rücken. (Die Spielerin steckt selbst in ihrer unerledigten Vergangenheit, die sie nicht losläßt.)

Ich kann im Moment nicht anders auf sie eingehen, als daß ich ihr zeige, daß ich ihre Rachegefühle, ihren Zorn und ihre Bedürftigkeit verstehe. Da sitzt sie vor mir, die Vergangenheit, wie ein kleines schutzbedürftiges Mädchen, das Ruhe braucht, das verstanden und getröstet werden will. Ich frage sie, ob sie sich nicht eine Weile auf Jakobs Platz legen will, an den Fuß der Leiter, wo Verbindung zu Gott ist. Zögernd stimmt sie zu und legt sich an Jakobs Stelle.

Jakob geht mit Engel und Zukunft. Ich frage ihn, ob er die Vergangenheit an diesem heiligen Ort lassen kann. Da wendet sich Jakob zurück und sagt leise:»Ich will die Vergangenheit nicht vergessen, nicht verdrängen, sie gehört zu mir.«

Die Vergangenheit richtet sich auf und ruft:»Ich will nicht zurückgelassen werden, ich werde dich schon noch einholen!«

An dieser Stelle breche ich die Szene ab, die uns alle stark berührt hat.

Existentielle Fragen nach der Gerechtigkeit Gottes sind unüberhörbar laut geworden. Antworten aus der Weisheit des heiligen Ortes haben sich vorsichtig versucht.

Im Nachgespräch kommen die lebensgeschichtlichen Themen der Vergangenheit und des Jakobs zu Wort.

Wie gut, daß die Geschichte Gottes mit Jakob noch weitergeht, genauso wie unsere eigenen Lebensgeschichten mit Gott noch weitergehen!

Mir kommt es so vor, als ob Jakob auch die Vielschichtigkeit seines eigenen Namens durchleben müßte. Ist er zuerst derjenige, der hinter Esau hergeht, seine»Ferse hält«, wie es in der Geschichte seiner Geburt berichtet wird (Genesis 25, 27),»hintergeht« er ihn dann auch wirklich. In der Traumszene von Beth-El kommt es dagegen zur Schutzerklärung Gottes.»Jakob« kann ja auch bedeuten»Gott möge schützen«.[11] Wir werden später sehen, wie er seinen zweiten Namen»Israel« bekommt.

Bevor Jakob jedoch diesen heiligen Ort der Gottesbegegnung verläßt, richtet er einen Stein auf, einen Gedenkstein.

Wenn noch genügend Zeit ist, dann schicke ich als nächsten Schritt die Menschen hinaus, einen Stein zu suchen, ein Symbol für ihre Orte der Gottesbegegnung, für ihre Orte des Segens.

Eine bewegende Runde ist mir in Erinnerung: Wir sitzen im Meditationsraum, ein Stein ist in der Mitte aufgerichtet. Jeder einzelne hat von draußen einen Stein mitgebracht. Manche sind klein, andere groß und wuchtig, kantig oder rund, so vielfältig, wie die Menschen sind. Jede und jeder erzählt etwas von dem Stein, der sich hat finden lassen. Und dann sagt einer:»Ich möchte am liebsten meinen Stein salben, so wie Jakob seinen Stein gesalbt und ihn damit zu etwas Besonderem gemacht hat.« Und er fragt mich:»Hast du nicht noch etwas Öl?«

Ich gebe ihm ein Fläschchen mit Rosmarinöl, das ich meist bei mir habe, da bei mir immer eine Schale mit Wasser in der Mitte steht, dem ich einige Essenzen zusetze.

Mir selbst wäre es fast zu kitschig vorgekommen, die Steine zu salben, aber nun kommt dies als Wunsch von einem aus der Gruppe, und so ist es stimmig. Manche lassen sich davon anregen und salben ihren Stein ebenfalls, jede und jeder so, wie sie und er es braucht und will.

*

Ich bitte die Gruppe, über Nacht die Geschichte Jakobs weiterzulesen: Wie Jakob bei seinem Onkel Laban ankommt, vorher am Brunnen dessen jüngster Tochter Rahel begegnet, die ihn willkommen heißt; wie Jakob ohne alle Brautgeschenke, die damals üblich waren, um die Hand der schönen Rahel bittet; wie Laban diese Situation ausnutzt und ihn sieben Jahre ohne Lohn arbeiten läßt um Rahels willen; und wie er Jakob dann hintergeht (Genesis 29):

Rahel hat eine ältere Schwester Lea mit trüben Augen (nach der Überlieferung waren auch die beiden Zwillingsschwestern).12 Laban schiebt Jakob bei der Hochzeit die verschleierte Lea als Rahel unter, eine, die er nicht zur Frau wollte, und erst im Morgengrauen erkennt er den Irrtum.

Nun ist Jakob, der einst auf seine Weise betrogen hat, selbst betrogen worden. Um weitere sieben Jahre muß er Laban dienen, um auch Rahel als zweite Frau zu bekommen. Der Keim zum Unfrieden ist gesät. Söhne werden ihm von Lea geboren, doch Rahel bleibt zunächst unfruchtbar. Die biblischen Autoren erzählen in plastischer Dichte aus typisch männlicher Sicht, wie Jakob nun mehr und mehr von seiner Vergangenheit eingeholt wird. Ob Jakob daraus lernt?

Lea und Rahel gehören zusammen

Wenn ich einmal versuche, die Lea-Rahel-Geschichte tiefenpsychologisch anzuschauen und die beiden Schwestern als zwei Aspekte einer Frau anzusehen, dann kann aus der Betrugsgeschichte eine Reifungsgeschichte werden.

Spiegelt sich da nicht eine typisch männliche Erfahrung wieder: Zuerst verliebt sich ein Jakob-Mann in die schöne Seite einer Frau, die er kaum kennt. Sein eigenes Idealbild gaukelt ihm nur die helle, schöne Frauengestalt vor. Und wie oft entdeckt er, kaum hat er den Schleier gelüftet, auch die Schattenseite, die dunkle, häßliche Seite seiner Frau und möchte diese dann am liebsten wieder loswerden.

»Diese Frau wollte ich eigentlich nicht heiraten, sie ist die falsche«, beschwert sich ein Jakob-Mann. (In der Realität trennen sich dann auch viele Männer in tiefer Enttäuschung von ihren Frauen, wieder auf der Suche nach einer neuen, die mehr dem Idealbild entspricht.)

Die Botschaft an Jakob heißt: Du mußt weitere sieben Jahre dienen, um Rahel zu gewinnen. Die sieben Jahre symbolisieren einen vollkommenen Zeitabschnitt, der erfüllt sein muß, bis der nächste Entwicklungsschritt möglich ist.

Nun ist das eine alte Geschichte, die patriarchales Denken widerspiegelt, und es ist die Frage, ob eine reife, personale Beziehung zwischen Mann und Frau überhaupt möglich ist, wo Abhängigkeitsstrukturen herrschen, d.h. Frauen (auch wirtschaftlich) abhängig sind. Eine personale, gleichwertige Beziehung ist von den Geschichtenerzählern sicher nicht impliziert. Aber könnten wir nicht Lea und Rahel heute zu Wort kommen lassen? Es wäre wichtig, ihre Stimmen zu hören. Das Frauenleid, das sich aus Leas und Rahels Perspektive in der Geschichte verbirgt, kann man nur ahnen. Für eine bibliodramatische Szene habe ich leider keine Zeit. Vielleicht ein andermal. Vielleicht wird dann laut, wenn sie zu Wort kommen, was die Jakob-Lea-Rahel-Geschichte auch in heutige Mann-Frau-Beziehungen hinein zu sagen hat.

Ich bleibe an Jakobs Aufgabe, zweimal sieben Jahre dienen zu müssen, hängen. Wäre dies nicht auch eine gute Aufgabe für manchen Mann, nachdem heute die haltgebenden Strukturen, wie etwa Verlobung und Ehe,weitgehend zerbrochen sind, Männer (und zunehmend auch mehr Frauen) es nicht mehr für nötig halten,»sieben Jahre zu dienen«, d.h. für eine Beziehung zu arbeiten, die Entwicklungsmöglichkeiten auszuloten, die in einer personalen Beziehung stecken können. Gilt nicht eher das narzißtische Prinzip: Wenn du nicht auf meine Bedürfnisse eingehst, meine Wünsche erfüllst, meinem Idealbild entsprichst, dann suche ich mir eben eine andere, eine jüngere, handsamere, die mir mehr entspricht. Das ist das weitverbreitete männliche Prinzip, und Frauen holen auf ebenso egozentrische Weise auf. Phasen und Entwicklungen, die zu einer langjährigen personalen Beziehung gehören, sind hier nicht im Blick, nur das eigene, bedürftige Ego. Die Kinder, die Opfer dieser geistigen Haltung sind, werden es schwer haben, Gemeinschaftssinn und beziehungsorientierten Lebensstil zu entwickeln in ihren Partnerschaften. Bindungsängste und Liebesunfähigkeit sind die heute greifbaren Folgen.

Erst wenn Jakob begreift, daß er beide Aspekte einer Frau annehmen muß, d.h. auch ihre Schattenseite, die weniger schöne, die andersartige, die ihm nicht paßt, ja, erst wenn er sie kennengelernt und akzeptiert hat, ist er reif für eine wirkliche personale Frauenbeziehung. Lea und Rahel gehören zusammen, sind zwei Aspekte einer realen Frau, und zum Entwicklungsweg eines Mannes gehört es, sie

beide anzunehmen. Erst dann ist der Weg frei für eine wirkliche, reife, personale Liebesbeziehung.[13]
Aber ist Jakob schon so weit? Die dunkle Seite einer oder eines anderen annehmen kann erst der, der sich selbst seinem Schatten-bruder gestellt hat. Hat er sich nicht überwiegend als der lichte Held gesehen, von der Mutter immer als Vorbild hingestellt? Das Dunkle, Triebhafte, Gottferne, Gierige – das gehört doch zu seinem Bruder Esau, zu ihm doch nicht!
Wann wird sich Jakob seiner dunklen Seite stellen?

»Ich lasse dich nicht, du segnest mich denn«

Mit meiner Bibliodramagruppe will ich unbedingt noch zu Jakobs Kampf am nächtlichen Fluß kommen.
Wir überfliegen Kapitel 30 und 31, in denen anschaulich erzählt wird, wie Jakob sich nun wieder seinerseits Anteil verschafft am Viehbesitz, den der Schwiegervater, für den er so lange gearbeitet hat, ihm bislang vorenthalten hat. Holt er sich da wieder ein Stück »Segen«, von dem er meint, daß er ihm zusteht, indem er wiederum Laban überlistet? Wir lesen, daß Jakob zurückkehren will in sein Heimatland, ja, der Engel Gottes trägt es ihm auf. Angst vor der Rache seines Bruders Esau befällt ihn. Mit einem Geschenk (in Gestalt von zahlreichen Viehherden) will er ihn versöhnen, einem Geschenk, das schon mit seinen Knechten vorausziehen soll, Esau entgegen.
Im Austausch über das Gelesene amüsieren wir uns über die List Jakobs, wie er sein schlechtes Gewissen zu beruhigen sucht. Dabei ist er sehr bedacht, sich und seine Familie vor einem eventuellen Racheangriff Esaus zu schützen.
Aber bevor er heimkehren und sich mit dem, dem er Unrecht getan hat, aussöhnen kann, schildern die biblischen Erzähler diese merk-würdige nächtliche Begegnung am Fluß Jabbok.
Wir lesen Genesis 32, 23-32:

Und Jakob stand auf in der Nacht und nahm seine beiden Frauen und die beiden Mägde und seine elf Söhne und zog an die Furt des Jabbok, nahm sie und führte sie über das Wasser, so daß hinüberkam, was er hatte, und blieb allein zurück. Da rang ein Mann mit ihm, bis die Morgenröte anbrach. Und als er sah, daß er ihn nicht übermochte, schlug er ihn auf das Gelenk seiner Hüfte, und das Gelenk der Hüfte Jakobs wurde über dem Ringen mit ihm verrenkt. Und er sprach:»Laß mich gehen, denn die Morgenröte bricht an.« Aber Jakob antwortete:»Ich lasse dich nicht, du segnest mich denn.« Er sprach:»Wie heißest du?« Er antwortete:»Jakob.« Er sprach:»Du sollst nicht mehr Jakob heißen, sondern Israel; denn du hast mit Gott und mit Menschen gekämpft und hast gewonnen.« Und Jakob fragte ihn und sprach:»Sage doch, wie heißest du?« Er aber sprach:»Warum fragst du, wie ich heiße?« Und er segnete ihn daselbst. Und Jakob nannte die Stätte Pnuel;»denn«, sprach er,»ich habe Gott von Angesicht gesehen, und doch wurde mein Leben gerettet.« Und als er an Pnuel vorüberkam, ging ihm die Sonne auf; und er hinkte an seiner Hüfte.

Wir sind nun schon viele Tage mit Jakob gegangen, haben seinen Hintergrund kennengelernt, ahnen, daß er nun an einem entscheidenden Durchbruch steht.

Durchbrüche geschehen oft nachts, wenn die Schatten endlich Zeit haben, hervorzutreten, wenn keine Ablenkung, keine Alltagsgeschäfte sie vertreiben können.

Zuvor hat mich die, die am Vortag Jakob gespielt hat, beiseite genommen und mich um ein Einzelgespräch gebeten. Sie sieht übernächtigt aus, hat kaum geschlafen. Sie erzählt, daß sie die Nacht im Meditationsraum verbracht hat.»Ich habe mit Gott gekämpft«, sagt sie und lacht ein wenig dabei,»und mit mir selbst.«

Und sie erzählt von ihren Fluchten nach über zwanzigjähriger Ehe, dem Gefühl, so viel versäumt zu haben durch ihre frühe Heirat. Soll sie nicht fortgehen, trotz ihrer Kinder? Ist es nicht ein Zeichen, daß es Zeit ist, wenn sie sich in einen anderen Mann verliebt hat? Ich höre zu, nehme Anteil, gebe zu bedenken, daß das eine sehr weitreichende Entscheidung sei, bei der sie sich auch zusammen mit ihrem Mann Hilfe holen könne. (Manchmal ist ja so ein plötzliches Verlieben ein Zeichen für Defizite in der persönlichen Entwicklung, wenn wir dann die Hoffnung haben, nur der neue Partner könne uns dabei helfen, unsere Wünsche zu erfüllen.)

Aber vielleicht bringt ihr der weitere Verlauf der Jakobsgeschichte eine Lösung ihrer dringenden Fragen. Wir haben nur noch einen Nachmittag und Abend Zeit für den Kampf am Jabbok. Bei den meisten Teilnehmerinnen und Teilnehmern sind jedoch so viele lebensgeschichtliche Themen an die Oberfläche gekommen, daß wir auch ohne viel Vorbereitung verstehen, daß Jakob hier an diesem nächtlichen Grenzfluß erst noch etwas erledigen muß, bevor er nach Hause zurückkehren kann.

Im Raum liegen Encounter-bags, das sind Schaumstoffschläger, mit denen man herrlich kämpfen kann, ohne sich weh zu tun. Ich lade alle ein, einmal spielerisch damit umzugehen, um wieder kämpfen zu lernen. Nach anfänglichem Zögern fassen einige Mut, tun sich zu zweit zusammen, spüren, wieviel Spaß es macht und Energie es freisetzt, mit diesen Schlägern zu kämpfen. Vor allem die Frauen sind ganz erstaunt, wie gut das tut. Unter viel Gelächter messen wir unsere Kräfte, kämpfen uns ein wenig ein.

Die Stimmung wird anders, als wir den Text nochmals lesen und ich frage:»Wer will denn Jakob sein und sich einmal dem Dunklen, Unerledigten stellen, das ihn aus der Vergangenheit überfällt?«(Ich bin etwas aufgeregt, ist es doch das erste Mal, daß ich mit dieser Szene so arbeite! Was wird da an Emotionen hochkommen?)

Es ist wichtig, klare Spielregeln auszugeben. Jakob darf sich ein Gegenüber, einen Kampfpartner aussuchen, der oder die natürlich auch das Recht hat, abzulehnen. Dem Kampfpartner sage ich, daß er das Recht hat,»Stop« zu sagen, wenn es ihm zu viel wird. Umgekehrt kann auch Jakob»Stop« sagen. Dem Kampfpartner sage ich noch, daß er sich darauf einstellen muß, daß ihm viel Aggression entgegen kommt, die nicht ihm als Person gilt. Er muß wissen, daß er nun Projektionsträger für Jakob ist.

Der erste Jakob ist eine Frau. Sie sucht sich einen Mann aus der Gruppe aus. Dann beginnt sie zu kämpfen. Geschmeidig wie eine Katze bewegt sie sich. Noch scheint alles spielerisch. Dann werden ihre Schläge heftiger. Ich frage sie:»Weißt du, gegen wen du kämpfst?« Sie antwortet:»Ja,« und ich ermutige sie, ihre Stimme laut werden zu lassen, zu sagen, was heraus will. Sie keucht, schnaubt.»Du gemeiner Kerl!« ruft sie plötzlich. Ihr Gegner hat wenig Chancen, obwohl er ein großer, kräftiger Mann ist. Noch ist er bereit zu kämpfen. Jakob schreit und schlägt, bis sie schließlich erschöpft aufhört. Wichtig ist nun das Nachgespräch.

»Gegen wen hast du gekämpft?« frage ich.

Es war der Vater ihrer unehelichen Tochter, den sie schon viele Jahre nicht mehr gesehen hat. Sie redet sich vom Leibe, was heraus muß, und wir nehmen Anteil. Wichtig, daß auch ihr Kampfpartner zu Wort kommt, daß auch er sagen kann, was bei ihm abgelaufen ist.

Ein weiterer Jakob will kämpfen. Er ist ein großer, starker Mann, und es scheint sich kein geeigneter Kampfpartner für ihn zu finden. Als ich merke, daß bei ihm ein innerer Prozeß begonnen hat und er kaum zu bremsen ist, ermutige ich ihn, seinen aufsteigenden Zorn lieber auf Polstern abzureagieren.

Im Raum gibt es große viereckige Schaumstoffwürfel. Wir bauen gemeinsam seinen Gegner auf.

»Er ist noch zu klein«, sagt er und türmt weitere Würfel auf. Seinen Schattengegner benennt er als seinen ehemaligen Chef, einen Pfarrer.

Und Jakob fängt an zu kämpfen, er schreit heraus, was ihm einfällt. Viel zu früh fallen die Würfel vor seinen Schlägen um. Er findet keinen angemessenen Gegner, der ihm standhält, der ihn aushält – ist das nicht vielleicht seine Geschichte, auch die mit seinem Chef? Jakob kommen die Zornestränen, daß er so allein kämpfen muß. Und dann ist er wieder ein kleiner Junge, und Geschichten mit seinem Vater fallen ihm ein. Er erzählt, und wir halten dem kleinen

Jakob stand, der sich in dem großen, starken versteckt, während sein »Schaumstoffgegner« zerstückelt am Boden liegt.

Die Frau, die zuvor Jakob in der Beth-El-Szene gespielt hat, steht als nächste auf und sagt:»Ich möchte auch kämpfen. Ich weiß jetzt, gegen wen ich kämpfen muß!« Sie sucht sich einen Mann aus der Gruppe aus und schreit und kämpft heraus, was sich viele Jahre lang in ihr aufgestaut hat, was in ihre Ehe hineingegriffen hat. Jetzt weiß sie, daß sie noch mit ihrem Vater kämpfen muß – nicht ihr Mann ist verantwortlich für das, was sie ihm zuschreibt, sondern der Schatten ihrer Vergangenheit war die erstickende, engherzige Liebe ihres Vaters, die sie jetzt in ihrer Partnerschaft wieder zu erleben meint.

Es tut ihr gut, darüber zu reden, als sie nach dem Kampf erschöpft Halt sucht. Vieles geht ihr auf, das sie auf ihren Ehepartner projeziert hat, obwohl es eigentlich in eine andere Zeit gehört.

Der Abend ist schon fortgeschritten, aber etwas Morgenlicht ist diesem Jakob aufgegangen. In neu gewonnener Klarheit hat sie nach diesem Kampf ein Stück des roten Fadens entdeckt, der sie bisher umgetrieben hat, so daß sie nun da steht, wo sie im Moment ist. Und auch ein Versöhnungsweg ist in Sicht.

Nur da, wo dem Schatten der Vergangenheit Segen abgerungen wird, verliert er seine Macht und verwandelt sich in das Antlitz Gottes.

Das geht nicht immer ohne Verletzung ab, ohne Schmerzen, die an die Kämpfe erinnern. Jakobs Hüfte wurde bei dem Kampf verrenkt, so daß seine nächsten Schritte ihm wehtun werden, aber es werden heilsame Schmerzen sein, die die Kehrtwendung in die neue Richtung anzeigen.

Von der»Jakob« dieser Tagung bekam ich wenige Wochen später folgenden Brief:

»Liebe Hannelore,
Du hast uns auf den Weg geschickt mit der Aufgabe, die Versöh-
nung zwischen Jakob und Esau zu lesen. Ich brach die Spielre-
geln. Ich las erst, nachdem eine Versöhnungsfeier zwischen mei-

Altar der Versöhnung

nem Mann und mir mitten in der Nacht stattfand. Wir fanden sie draußen in der Kälte auf eisbedecktem Rasen vor dem erleuchteten Tannenbaum. Es wurde gekämpft, getanzt, gelacht und geweint, so wie es eben mit Jakob und Esau auch gewesen ist. Ist das nicht echtes Bibliodrama?

Du hast mich auf den Weg geschickt, mich und meine Vergangenheit besser kennenzulernen, um dadurch besser mein jetziges Verhalten, meinen Umbruch, zu verstehen und vielleicht zu lenken, und wenn einer sich ändert, ändert sich der andere manchmal auch in diese Richtung. So geschieht es.

Was du uns empfohlen hast: Die Märcheninterpretationen für Paarbeziehungen von Hans Jellouschek[14] wurden von uns verschlungen und in Gesprächen thematisiert. In Fortbildungen werden wir weiter in dieser Richtung arbeiten... Ich freue mich über diesen Weg enorm! Ich fühle mich zwar manchmal gerädert, dafür aber sehr viel lebendiger.«

Soweit ein »Jakobsbrief«.

Sich vor der Vergangenheit neigen

Wir haben intensive Tage mit Jakob erlebt. Nur einiges davon konnte ich erzählen, und wieviel mehr mag noch in diesen alten Geschichten enthalten sein.

Der Kampf mit dem Dunklen, Unheimlichen, das Jakob überfällt, hat bereits innerhalb der hebräischen Traditionen zu verschiedenen Deutungen angeregt. War es durchaus ein geläufiges Bild, mit Gott im Gebet »zu ringen«, oder war es auch üblich, ein unruhiges Gewissen und Alpträume in Metaphern zu schildern, z. B. daß Gott »wie ein Panther, der auf seinem Wege lauert«, sein kann, so gibt es auch die Deutung, daß Jakob mit einem Engel rang, sogar, daß es der Schutzengel Esaus war, der –dessen Ansprüche und Interesse vertretend – sich Jakob entgegengestellt hat.[15]

Der biblische Text berichtet nur von einem Mann. Eine symbolpsychologische Deutung spricht davon, daß Jakob mit seinem Schatten-bruder kämpft[16], d. h. mit dem unbewußten Teil seiner Persönlichkeit, dem er bisher ausgewichen ist, den wilden, zerstörerischen, gierigen und gemeinen Strebungen in sich selbst, seinem Schatten, der im Laufe seines Lebens mit ihm gewachsen ist, dem er davongelaufen ist und der ihn nun am Fluß des Übergangs überfällt. Es ist der Schatten seiner Vergangenheit, d. h. die Summe all seines negativen Tuns und seiner Gedanken, die sich verdichtet hat und ihn nun bedroht.

Ich erinnere an die eindrückliche Spielszene, in der die »Vergangenheit« wie ein Racheengel Jakob umkreist und nur auf ihre Zeit gewartet hat. Jetzt ist diese Zeit da!

Ist es nicht letztlich auch das Gerechtigkeitprinzip Gottes, der leidenschaftliche, wilde Aspekt, der in der hebräischen Bibel immer wieder durchschimmert, in schrecklichen Bildern beschrieben wird, wie Gott über seine Feinde kommt, über die, die sich an der kosmischen Ordnung vergreifen?

Meisterhaft bedienen sich die hebräischen Erzähler der Wortspiele, um die Entwicklung Jakobs deutlich zu machen. Im Namen des Flusses, der die gleichen hebräischen Konsonanten hat wie Jakob, nur in anderer Reihenfolge (Jabbok – Jakob), kündet sich Veränderung.

Aus der Begegnung mit dem Dunklen erwachsen neue Namen, eine neue Identität für Jakob und ein neues Wissen, wer Gott ist. Das Dunkle, Verborgene enthüllt sich oft erst, wenn der Kampf zu Ende ist und das Licht eines neuen Morgens und eine neue Klarheit die Schatten vertreiben.

Jakob will erst diesem Dunklen seinen Segen abringen, bevor er losläßt. »Ich lasse dich nicht, du segnest mich denn« ist das mitten im Geschlagensein vertrauende Festhalten an der letztlich siegenden barmherzigen Seite Gottes, wie diese sich Jakob in Beth-El gezeigt hat.

Indem die dunkle Gestalt ihn nach seinem Namen fragt: »Wie heißt du?«, und Jakob mit seinem Namen seine ganze Geschichte offenbart (Jakob: der, der hintergeht, und Jakob: der, den Gott schützen möchte),zeigt er sich als einer, der sich seiner Vergangenheit stellt.

Schon in dem Gebet, wie es Genesis 32, 11 heißt:»O Herr, ich bin zu gering aller Barmherzigkeit und aller Treue, die du an deinem Knecht getan hast«, zeigt sich sein Bewußtseinswandel.

Das Geschenk des Kampfes ist ein neuer Name: Israel (der später die Identität eines ganzen Volkes begründet). Zu ihm wird gesagt: Du bist einer, der mit Gott und Menschen gestritten und gesiegt hast.

Daß Gott in dem dunklen Gegner verborgen war, ist die Erkenntnis, die Jakob wie ein Blitz trifft und ihn dazu bringt, seinen Standort neu zu benennen (Pnuel oder Pniel heißt»Angesicht Gottes«).

In der sprachlich eher zutreffenden Deutung des Namens»Israel« ist eigentlich Gott des handelnde Subjekt:»Gott, der streitet für Israel«.

Vielleicht gehört in einem mystischen Sinn beides zusammen: Der mit Gott mitten im Dunkeln kämpft, erfährt auch, daß Gott auf seiner Seite ist, ja in diesem seltsamen Kampf am Jabbok mag auch Gott in Gott gekämpft haben, der zornige, heimsuchende, verfolgende mit dem Barmherzigkeit schenkenden.

Von diesem Sieg über den dunklen, verborgenen Gott mag es einen roten Faden geben zu dem Christusgeschehen, das mit einem Kind in der Krippe anfing und Gottes Liebe und Barmherzigkeit im Dunkel entfaltete.

Es ist ein Weg, auf dem Gott das Dunkel mit uns teilt, sich im Dunklen zu erkennen gibt und für diejenigen da ist, die sich dem Schatten in sich selbst stellen.

Jakob ist nun bereit, Esau zu begegnen, seinem Schatten der Vergangenheit, demjenigen, den er einst betrogen hat. Im Bewußtsein seines damaligen Unrechts neigt er sich siebenmal zur Erde (wieder spielt die Zahl Sieben eine Rolle) und erfährt Versöhnung: Esau umarmt ihn, und»sie weinten beide« (Genesis 33, 4).

Nun endlich erfahren beide den heißumkämpften Segen, von dem sie dachten, er sei nicht ausreichend für alle.

Mögen sie den Segen zunächst vordergründig als Reichtum an Vieh, Land und Kindern angesehen haben, so wissen sie nun, daß mit Segen mehr gemeint ist, daß er die Versöhnung einstiger Gegensätze miteinschließt.

»Bärech« (hebräisch für Segen) ist verwandt mit dem hebräischen Wort für »Knie.« »Gesegnete sind nach alter Anschauung Menschen, die von einer übermenschlichen Kraft in die Knie gezwungen wurden und dennoch nicht zerbrachen…«[17] Jakob kann jetzt vor seinem Bruder Esau in die Knie gehen nach der Erfahrung des Kampfes mit dem nächtlichen Schatten, mit seiner Vergangenheit, die ihn nicht loslassen wollte, bis er ihr Segen abgerungen hat. Im Versöhnungsgeschehen, das zwischen ihnen geschieht, im Antlitz Esaus erkennt er das Antlitz Gottes (Genesis 33, 10).

Wo Menschen ihre Vergangenheit mit all ihrem Versagen, ihrem Schmerz und ihrer Schuld annehmen als den unverwechselbar zu ihnen gehörigen Teil und daraus lernen, geschieht Segen, geschieht Verwandlung des Dunklen in Licht. Verständnis und Liebe können neu wachsen, denn Gott ist ein Gott der Barmherzigkeit.

Segen teilen

Keiner kann allein, exklusiv Segen für sich beanspruchen. Auch das ist für mich die Botschaft der Jakobsgeschichte. Während ich dies schreibe, denke ich an all die Länder dieser Erde, in denen eine Rasse, Nationalität, Klasse oder wie immer die von Menschen geschaffenen Einteilungen heißen, das *Mehr* an Segen, d.h. an Land, an Besitz, an Rohstoffen u.ä. grenzüberschreitend vor anderen beansprucht. Die Botschaft der Jakobsgeschichte heute könnte auch lauten: Was du dir unrechtmäßig erworben hast, laß vor dir hergehen als Geschenk für die Brüder und Schwestern, die übervorteilt worden sind im Laufe einer langen Ausbeutungsgeschichte. Mit diesem dunklen Teil unserer westlichen Wohlstandsgeschichte zu kämpfen, heißt, sich neigen, sich beugen vor dem berechtigten Zorn der Armen und Entrechteten.

Ich denke, dann könnte Friede wachsen zwischen Israelis und Palästinensern, zwischen den Völkern des ehemaligen Jugoslawiens, zwischen Indios und der später zugewanderten Bevölkerung in Mittel- und Südamerika, zwischen den Großgrundbesitzern, Großkapitalisten und den Bäuerinnen und Bauern und Landarbeiterinnen und Landarbeitern und Arbeitslosen in den Slums vieler Großstädte dieser Erde.

Im Miteinanderteilen liegt letztendlich der Segen Gottes, nicht im Beanspruchen, Aussondern, Rivalisieren, Grenzüberschreiten, im Festhalten des Besitzes. Wann sind wir soweit, daß wir im Angesicht der Armen, die wir übervorteilt haben, das Angesicht Gottes erkennen können? Liegt das Geheimnis dieser Erkenntnis nicht zuerst darin, daß wir lernen, uns zu neigen, in die Knie zu gehen, siebenmal, bis es genug ist? Vereinzelt gibt es Gesten von führenden Kirchenmännern, von amtierenden Politikern[18], aber der Weg ist noch weit, bis die Ausbeutung der Zwei-Drittel-Welt ein Ende hat und Gerechtigkeit beginnt. In unserer Geschichte ist es nun so, daß Esau, der einst Zu-kurz-Gekommene, im Grunde nichts mehr von seinem Bruder braucht, weil er längst selbst reich geworden ist. Unsere Brüder und Schwestern in den armen Ländern dieser Erde dagegen brauchen Gerechtigkeit und Brot, brauchen Land, auf dem sie selbst anbauen und ernten können, sie brauchen fairen Welthandel, Alternativen zum Kapitalismus und vieles mehr.

Trotzdem bekomme ich eine Ahnung von dem inneren Reichtum, den viele der sogenannten »Armen« zeigen in der Kraft ihrer Spiritualität, ihres Zusammenhalts und ihrer Fähigkeit, das Wenige, das sie haben, untereinander zu teilen. Es ist an uns, davon zu lernen. Vielleicht, indem wir uns in tiefer Beschämung davor zuerst einmal neigen.

Abschied von Jakob

Unser Weg mit Jakob geht zu Ende. In unserer Bibliodramagruppe bereiten wir uns vor, nach Hause zu fahren, hinein in unsere Alltagsbeziehungen und in unsere vertraute Umgebung.

Wir sind mit Jakob noch einmal hinabgetaucht in unsere eigene Kindheit, in unsere Herkunftsfamilie, haben versucht, den roten

Faden unserer Lebensmuster zu entdecken, die Themen zu benennen und anzugehen, die uns immer wieder aus unserer Vergangenheit einholen, in die wir uns verwickeln, verwirren und verknoten, und wir haben versucht, neue Wege von dort heraus zu finden. Von der Jakobsgeschichte im Bibliodrama sind uns Antworten und Einsichten zugewachsen, die es nun gilt, ganz persönlich umzusetzen.

Wir bereiten ein Abschlußritual vor, lassen die Szenen vor unserem inneren Auge noch einmal vorüberziehen, spüren der Verheißung Gottes an Jakob nach: Ausgebreitet von Norden nach Süden, von Osten nach Westen, verwurzelt in der Erde, für den Himmel offen, und die Arme geöffnet in der Polarität, miteinander verbunden stehen wir im Gleichgewicht.

Wir bedanken uns bei den Personen, die uns durch die Jakobsgeschichte begegnet sind, und teilen uns mit, was wir durch sie entdeckt haben. In Erinnerung sind mir die Worte eines Mannes, der sagte, er habe bei dieser Geschichte wieder das Weinen gelernt, etwas, das ihm seit seiner Kindheit verlorengegangen war.

Unter den Zeichen des Segens, des Schöpfungssegens vom Anbeginn der Welt und dem sich über Jakob hinaus ereignenden Segen, der in Christus Gestalt angenommen hat, teilen wir das Brot und trinken den Wein als Zeichen des Festes, der Versöhnung und der Wandlung.

Ich verabschiede mich nun auch von Dir, Jakob, auch wenn ich den Eindruck habe, daß in deiner Geschichte noch weitere Schätze verborgen sind. Ich danke Dir, Jakob, für das, was ich durch Dich für mein Leben gelernt habe.

Die eigene Familiengeschichte aufspüren

Lassen Sie sich von Jakob anregen, einmal Ihrer eigenen Familiengeschichte auf die Spur zu kommen.

- Wenn Sie mögen, malen Sie ein Bild von ihrer Ursprungsfamilie! Wo stehen Sie in diesem Beziehungsgeflecht?
- Erging es Ihnen eher wie Esau oder mehr wie Jakob oder ganz anders?
- Lassen Sie die mütterlichen und väterlichen Gestalten ihrer Kindheit vor Ihrem inneren Auge vorbeiziehen!
- Worin besteht der Segen, den Sie von ihnen empfangen haben?
- Sammeln Sie die Schätze aus Ihrer Kindheit, Szenen, in denen Sie Liebe und Geborgenheit gespürt haben, Bilder von Glück und Lebensfreude, gute Botschaften, die helfen, zu wachsen und das Leben zu meistern.
- Rufen Sie sich einige solcher guter Segensworte ins Gedächtnis zurück!
- Gibt es Sätze oder Erlebnisse, die für Sie wie ein Fluch waren und die heute noch auf Sie wirken? Machen Sie sich auch diese Dinge bewußt.
- Es mag sein, daß Sie in Erinnerung daran wütend oder traurig werden oder eine vergangene Angst wieder spüren. Haben Sie keine Angst vor ihren Gefühlen. Sie stammen aus der Vergangenheit.
Es ist gut, wenn Sie solche belastenden Dinge, die Ihnen aus der Vergangenheit»nachlaufen«, jemandem Ihres Vertrauens erzählen, die oder der zuhören kann.
- Lernen Sie von Jakob, sich dem Dunklen, Unerledigten zu stellen, bis Sie sagen können: Ich lasse dich nur los, wenn du mich segnest!
- Entdecken Sie, daß auch schmerzliche Erfahrungen aus der Vergangenheit zum Segen für Sie werden können.
- Erzählen Sie von dem, was für Sie zum Segen geworden ist.

Der Segen Gottes
sei in euch:
wie der Saft, der alle Trauben erfrischend macht,
wie das Grün, das die Blätter kräftig macht,
wie das Blut, das die Menschen lebendig macht.

Der Segen des Christus
sei mit euch:
wie der Faden, der durch das Labyrinth leitet,
wie der Pfeil, der den Weg weist,
wie der Steg, der durch das Gebirge führt.

Der Segen des Geistes
sei um euch:
wie die Herberge, die den Wanderer aufnimmt,
wie die Luft, die den Vogel trägt,
wie der Schoß, der das Kind behütet

(Hanna Strack) 19/

Engel und Teufel

Kapitel 4:
Der Weg in die Mitte des Dunkels

In meinem Zimmer hängt seit einigen Jahren ein Poster, das eine gute Freundin mir einmal geschenkt hat, als ich selber so im Dunkel war, daß der Tod mir als Verlockung erschien. Es zeigt einen aufsteigenden Vogel, der aus dem Dunkeln in das Helle fliegt, und darunter stehen die Worte: Die Mitte der Nacht ist der Anfang des Tages.

Ich habe es oft angeschaut, und manchmal wehte etwas von dieser Hoffnung herüber, daß selbst aus der Asche ein strahlender Phönix erstehen kann. Ich sage: kann; denn mitten im Dunkel gibt es diese Gewißheit nicht, da frißt dir die Schwärze ins Herz, frißt das Grün, das eben sich vorwagte, löscht die Flamme, die »trotz alledem« heißt, und bedroht noch den glimmenden Docht. Mitten im Dunkel hörst du den Engel nicht mit dir weinen, denn lauter weinst du. Mitten im Dunkel kann dich Verzweiflung anfallen wie ein wildes Tier, und wenn du nicht aufpaßt, ist es stärker als du. Mitten im Dunkel lauert Erinnern, das dich mit Versprechen umarmt und dich wegstößt mit eisiger Kälte. Viele Namen hat es, das da mitten in uns wohnt, und es bedarf des Mutes, sich dem Ungeheuren zu stellen, das uns oft verschlingen will.

In Religion und Mythos gibt es viele Traditionen, in denen diese bedrohlichen, zerstörerischen, dunklen Erfahrungen bildhaft dargestellt werden. Verschlungen im Fischbauch endet Jona bei seiner Flucht vor Gott. Der unerschrockene Prophet Daniel, der sich immer wieder mit dem mächtigsten Herrscher der Welt, dem König von Babylon, auseinandergesetzt hat, wird am Ende seines Lebens den Löwen zum Fraß vorgeworfen (Daniel 6,2 ff.). Seine ebenfalls sich fremden Machtansprüchen nicht beugenden Freunde werden in einen glühenden Ofen gestoßen (Daniel 3). Aber das ist es nicht, was die Schreiber dieser alten Geschichten berichten wollen. Sie geben Jona mitten im Dunkel eine Stimme, so daß es heißt:»Ich rief zu Gott in meiner Angst, und er antwortete mir. Ich schrie aus dem Bauche der Hölle, und du hörtest meine Stimme…« (Jona 2,3). Und wer den eindrücklichen Bildworten in Jonas Gebet aus dem Bauche des Fisches folgt, die oder der kann ahnen, was Jona durchgemacht haben muß, bevor er diese Umwandlung erfahren hat, bevor er nun sagen kann – obwohl er immer noch im Dunkel gefangen ist:»Du hast mein Leben aus dem Verderben geführt«.

Ist dies das Geheimnis, das aus dem Dunkel herausführt, neues Leben gebiert, so wie der verschlingende Fisch daraufhin Jona der Erde und seiner Aufgabe zurückgeben muß? So wie Daniel, der auf Gott vertraut, erfährt, daß ihn die Löwen nicht anzufallen wagen, als er allein mit ihnen in der Grube eine Nacht verbringen muß? Oder wie die drei Männer, die ihre Knie nicht gebeugt haben vor den Mächtigen dieser Welt, nicht verzehrt werden vom Feuer des Ofens, in dem sie verbrannt werden sollen? Im Gegenteil: Das Feuer, das für sie bestimmt war, kommt über ihre Verfolger, und sie selbst bleiben unversehrt.

Die Botschaft all dieser alten Geschichten heißt: Der Mensch, der sich seiner Aufgabe stellt oder vor ihr davonläuft, muß in die Mitte des Dunkels. Die Mitte des Dunkels wird oft erlebt wie das Verschlungenwerden oder Hinabmüssen in die Tiefe des Wassers, die Hölle, in den Schmelzofen. Der Weg geht hindurch, die Bewahrung und Rettung geschieht *im* Dunkel, nicht *vor* dem Dunklen, *im* Ungeheuerlichen, nicht *vor* dem Ungeheuer, *in* der Tiefe, nicht *vor* der Tiefe, *aus* dem Feuer, nicht *vor* dem Feuer.

Das Gemeinsame dieser Rettung und Wandlung in jenen drei Geschichten aus der jüdischen Tradition sehe ich vor allem darin, daß weder bei Jona – obwohl er vor Gott davonläuft – noch bei Daniel und seinen Freunden der Verbindungsfaden zu Gott abreißt, zu dem Urgrund allen Seins, an dem sie ihr Leben letztlich festmachen. Es ist der Verbindungsfaden des ständigen Dialogs mit Gott, der Jona schon mitten im Dunkel Gott loben läßt. Ebenso sind Lieder, Gebete der drei Männer im Feuerofen überliefert: Gebete mitten aus dem Feuer, mitten aus dem Wissen um die eigene Schuldverstrickung und Lob des Höchsten mitten aus der Tiefe.

Mich fasziniert diese unvergleichlich lebendige Gesprächstradition mit Gott, wie sie sich unter anderem in der Sammlung der sogenannten Psalmen wiederfindet. Kein menschliches Gefühl wird ausgespart, alles kommt zu Wort: die Trauer und der Zorn, die Angst und die Freude, die Liebe und der Haß, die Verzweiflung und die Ohnmacht der Rechtlosen, der Verlassenen und der Schuldiggewordenen. Alles sucht und findet ein Ohr bei dem, dessen Zusage das Dunkel übersteigt.

Diese Tradition des immerwährenden Dialogs mit Gott, der in der Höhe und im Heiligtum wohnt und bei denen, die zerschlagen und zerbrochen sind, wie es der Prophet Jesaja ausdrückt, ist ein einzigartiges Zeugnis der Verbundenheit mit Gott, ein Schatz und Geschenk der jüdischen Tradition an die ganze Menschheit. Das Band, das die Menschen mit Gott verbindet, heißt Vertrauen. Die wörtliche Bedeutung der hebräischen Wurzel, die meist mit Glauben oder Vertrauen übersetzt wird, ist: sich in etwas festmachen. Auf diesen Gott in der Mitte des Dunkels zu vertrauen, heißt, sich festzumachen wie mit einer Schnur, mit einem Seil an einem, der den Weg auch im Dunkel kennt. Vertrauen heißt, sich festzumachen an einem, der wie ein Fels ist. Vertrauen heißt, mich gehalten zu wissen, obwohl ich in die Tiefe stürze, obgleich das Wasser über mir zusammenschlägt oder Feuer mich verbrennen will.

In all diesen Bildern ist noch das Wissen um die Urverbundenheit mit der mütterlichen Gottheit enthalten.

Während ich das schreibe, stehen sie plötzlich vor mir, die Verbrannten von Auschwitz und Treblinka oder wie auch immer die Todeslager heute heißen mögen. Da war kein Engel, der sich schützend vor die Menschen gestellt hätte. Die vergewaltigten Frauen, die gefolterten Männer und Kinder im früheren Jugoslawien und in all den Kriegsgebieten dieser Erde – wohin sind ihre Schreie gegangen? Wer hat ihnen geholfen?

Es ist die uralte Frage, die sich mir aufdrängt, die ich kenne, wenn ich selbst im Dunkeln bin und alles, was um mich herum dunkel, grauenhaft, gewalttätig und rätselhaft ist, an Schwärze zunimmt. Warum, Gott? Warum greifst du nicht ein? Wo sind deine Zusagen? Wo ist deine Liebe? Was ist sie überhaupt, diese sogenannte Liebe?

Das ist die schlimmste Dunkelheit: das Steckenbleiben in der Schwärze des Tunnels, das Leiden am Leiden im eigenen und fremden Leben, das Leiden an dieser kranken Erde, an ihren nicht endenwollenden Qualen, und es scheint kein Licht.

Das ist die Zeit, in der der Engel nicht zu Wort kommt, die Hirten schlafen und das göttliche Kind nicht geboren wird, denn es findet keinen Raum in der Herberge.

Erst wenn die Gottesbilder zerbrochen sind, die vom Allmächtigen, von einem für alle sichtbar Gerechtigkeit austeilenden Gott, die noch immer in unseren Köpfen herumspuken, entsteht Platz für die andere, leise Stimme, die sagt: Ich bin bei dir mitten im Dunkeln. Ich gehe mit dir. Ich werde mit dir vergewaltigt, gefangen und gefoltert, und ich verhungere auf den Straßen, erfriere in der Kälte der Beziehungs- und Lieblosigkeit.

Es ist die Stimme der Weisheit Gottes, die auf Macht verzichtet, die Freiheit respektiert, wirbt und ruft: »Wer mich sucht, der findet mich. Wer mich findet, der findet das Leben. Merkt auf, ihr Unverständigen!« (Sprüche 8).

Es ist die gleiche Stimme, mit der Jesus wirbt: Suche nicht nur dich selbst, lerne die Menschen neben dir zu lieben so wie dich selbst. Der und die andere ist wie du! Sucht wahre Schätze, die unvergänglich sind. Laßt euch nicht von der Gier nach vergänglichem Reichtum, nach Macht und Ehre verleiten. Macht euer Herz weich und öffnet es für die Nöte der anderen. Trachtet zuerst nach dem »Reich Gottes«! Lernt zu vergeben, so wie ihr ja auch Vergebung braucht. Öffnet euer Herz für die Not der anderen, und wenn Ihr Angst habt, euch selbst zu verlieren, sage ich euch, ihr werdet reich beschenkt werden. Das Geheimnis der Liebe ist ja, daß sie sich vermehrt, wenn wir sie verschenken. Nichts, was du aus der Liebe heraus tust, die von Gottes Liebe gespeist ist, wird umsonst sein. Und wenn du Angst hast, daß dir die Liebe ausgeht, so sollst du wissen, daß immer genug da ist, wie aus einer lebendige Quelle, die unerschöpflich ist. Du brauchst nur zu nehmen. Ja, sogar deine Feinde, die, die dir Unrecht getan und dich verletzt haben, kannst du von dieser Quelle her anzunehmen lernen. Und deine Schmerzen kannst du umwandeln in Wachstum und neue Erkenntnis. Rache zu nehmen ist nicht deine Sache. Nichts, was geschieht, bleibt ohne Wirkung. An dir ist es, den Weg der Weisheit zu gehen, der Liebe und des Vertrauens.

Eines Tages wird es soweit sein, daß Gottes Lied der Liebe in allem, was lebt, seinen Widerhall findet und alles, was ist, davon erklingt. Das Wichtigste ist nicht euer kleines Ego, sondern die Teilhabe an dem ganzen, wunderbaren Plan, den Gott für diese Schöpfung hat – trotz allem. Auch du hast darin einen Platz und eine Aufgabe. Finde deine Aufgabe, indem du dich leiten läßt von der Weisheit, dem guten Geist Gottes, der auch durch die Tiefe führt. Lerne Liebe und Achtung und Respekt vor allem Lebendigen. Verletze nicht die Grenzen anderer, indem du ihnen deinen egozentrischen Willen aufdrängst, sie benutzt für deine Zwecke, sondern laß Einfühlung und ein warmes Herz dich regieren und den anderen achten. Stifte Frieden und lerne Vergebung.

Und wenn du bei all diesem Tun Verfolgung erleiden mußt, so gehörst du doch zu »Gottes Reich«[1]. Trachte zuerst nach diesem Reich Gottes, danach, mit Gottes Willen in Übereinstimmung zu leben, so werden dir die anderen Dinge, die du benötigst, zufallen.

In der Welt habt ihr Angst, aber sehet, ich habe die Welt überwunden! Das sind sinngemäße Worte dieses Jesus von Nazareth, und es gibt viele mehr, die auch im Dunklen tragen. Und ich finde sie deshalb so glaubwürdig, weil er nicht weglief, sondern für diese oft Anstoß erregenden Worte in aller Gewaltlosigkeit mit seinem Leben einstand. Er ist der Erfahrung nicht ausgewichen, als Sündenbock an den Pranger gestellt zu werden, weil er die oft unbequeme Wahrheit gesagt hat. Sein Platz war auf der Seite der Armen, der

Rechtsgebeugten, der Gekrümmten, der Kranken und Ausgestoßenen, der Frauen und der Kinder.

Im Geheimnis der Auferstehung dieses Jesus liegt der eigentliche Sieg über das Dunkel. Er bedeutet, daß Licht auch die Grenzen des für uns so Endgültigen überstrahlt, daß durch den Tod uns Neuschöpfung zugedacht ist, Verwandlung des Dunklen geschieht.

Daß dies nicht nur Worte, sondern lebendige Erfahrungen angesichts des Todes sind, davon geben viele Menschen Zeugnis, wie z.B. Dietrich Bonhoeffer, der in der Todeszelle des Naziregimes schreiben konnte: Von guten Mächten wunderbar geborgen…

Und auch die vielen Namenlosen, die in die Gaskammern von Auschwitz gingen mit einem Nigun-Chassidim, einem Lied ohne Worte, auf den Lippen, drücken ihre Verbundenheit untereinander und mit ihrem Gott aus, trotz allem, wenn Worte versagen.[2] Ihr Tod ist nicht umsonst, wenn wir die Erinnerung wachhalten und bereit sind, aus der Vergangenheit zu lernen. Überall sind es ja die gleichen Muster, wenn Menschen einander nicht leben lassen können, wenn Angst, Mißtrauen und Gier nach Macht die Wirklichkeit verzerren und Menschen zu wilden Tieren werden.

Auf dem Labyrinthweg

Im Ariadne-Mythos ist von einem Ungeheuer die Rede, das in der Mitte eines Labyrinths haust, in das es hineingebannt wurde. Der Minotaurus – halb Mensch, halb wilder Stier – zerreißt jeden, der in seine Nähe kommt und muß mit Menschenopfern besänftigt werden. Dieses Ungeheuer entstand aus einer Grenzüberschreitung, einer »unheiligen Hochzeit«. Pasiphae, die Frau des König Minos von Kreta und Priesterkönigin[3], entbrannte in Liebe zu einem weißen, wilden Meeres-Stier, der eigentlich geopfert werden sollte. Als Frucht dieser Leidenschaft gebiert sie ein Ungeheuer, halb Mensch, halb Stier, das mit Hilfe des Baumeisters Dädalos in einem Labyrinth versteckt wird. Erst Theseus gelingt es mit Hilfe der ihn liebenden Ariadne, das Ungeheuer zu besiegen. Ariadne gibt ihm ein

Das Labyrinth auf dem Fußboden der Kathedrale von Chartres stammt aus dem 12. Jahrhundert. Es mißt im Durchmesser zwölf Meter, der Weg ist 294 Meter lang. Das Labyrinth ist nach Westen, zur »Todesrichtung«, hin geöffnet.

magisches Wollknäuel mit, dessen Ende sie festhält, während er in die verschlungenen Wege des unterirdischen Labyrinths hinabsteigt und bis zur Mitte vorstößt, wo der Minotaurus lebt. Nachdem er diesen erschlagen hat, findet er mit Hilfe des Fadens problemlos zurück.

Welche Urerfahrungen mögen hinter diesem Mythos stehen? Seit Jahrtausenden gibt es Labyrinthdarstellungen.[4] Als Urtyp wird das kretische Labyrinth gesehen. Wir verstehen darunter ein Labyrinth mit sieben Umgängen, die keine Irrwege enthalten. (Das Labyrinth, als Irrgarten verstanden, ist erst im 15. Jahrhundert n.Chr. nachzuweisen). Diesem und späteren Kirchenlabyrinthen, z.b. dem in der Kathedrale von Chartres mit elf Umgehungen, ist gemeinsam, daß es einen einzigen Weg hinein gibt, der auf Umwegen zum Zentrum hineinführt und durch Umkehrungen wieder hinauskommt. Viele Hinweise deuten darauf hin, daß die Labyrinthstruktur eine Tanzform war, die der Initiation diente und das Prinzip der Wandlung, des Sterbens und der Neugeburt symbolisierte. Die Tanzenden erfahren beim Durchschreiten des Labyrinths Angst und Hoffnung: Das scheinbar Nahe rückt plötzlich wieder in unerreichbare Ferne. Immer wieder sind Umkehr und geduldiges Weitergehen bis zur Mitte hin nötig. Die Mitte symbolisierte den Tod, der duchschritten werden mußte. Durch Umkehr entstand der Weg nach draußen, der Weg in das neue Leben.

Von einer kleinen Labyrinth-Erfahrung möchte ich gerne erzählen. Bei einem Seminarhaus der Franziskaner in der Schweiz, hoch über dem Vierwaldstätter See, in dem ich einen sechstägigen Kurs hielt, gibt es auf einem kleinen Hügel ein Labyrinth, mit Steinen ausgelegt, das zum Begehen einlädt.

Es war schon fast dunkel, als ich nach einem Abendspaziergang allein an diesem Hügel vorbeikam. Plötzlich hatte ich Lust, einmal diesem Labyrinthweg zu folgen, und ehe ich mich versah, befand ich mich auf dem vorgezeichneten Weg. Die Mitte schien so nah, doch der Weg führte weit außen vorbei in langen Windungen um den Hügel herum. Manchmal waren die Stellen der Umkehrungen nicht gut zu erkennen, weil viel Gras über die Steine gewachsen war, und ich mußte in dem dämmrigen Licht sehr genau hinschauen, so daß ich manchmal dachte: Diesen Weg bin ich doch schon einmal gegangen. Und während mir das Gehen endlos schien, kamen plötzlich Gefühle wie Mißtrauen und Zweifel auf. Bin ich wirklich auf dem richtigen Weg? Habe ich mich »verirrt«? Habe ich etwas übersehen? Ist dieser lange Umweg nicht ein Irrweg? Die Erleichterung war groß, als ich plötzlich in der Mitte ankam. Aber weil es so schnell dunkel wurde, trieb es mich auch wieder aus dem Labyrinth heraus. Und wieder begegnete mir dasselbe Phänomen: Der Weg erschien mir so weit, die Umkehrpunkte im Dämmerlicht blieben oft zu unklar, so daß ich mir einen roten leuchtenden Faden wünschte, dem ich unbesorgt folgen könnte. In der hereinbrechenden Nacht begriff ich plötzlich: Auf die Umkehrpunkte kommt es an; darauf, von ihnen aus in die richtige Richtung zu gehen, sich nicht verwirren zu lassen, damit die Richtung nicht unklar wird. Der Weg ist immer da – unklar ist nur manchmal, ob er hineinführt in die rätselhafte Mitte oder hinaus ins Licht. Das gilt vor allem, wenn die Mitte als die Mitte des Dunkels gesehen werden kann, wo es den Tod zu durchschreiten gilt, das Alte loszulassen, wie es in den alten Riten zum Ausdruck kommt. Dann ist die Vorstellung beängstigend, sich in der Richtung zu irren und nicht den langen Atem zu haben, den Weg nach draußen zu finden. Oder wenn in der Mitte das Ungeheuer lauert, wie es im Ariadne-Mythos erzählt wird, der reißende Stiermensch, eine Ausgeburt der Faszination durch die Tötungsmacht, wie sie der Stier repräsentiert[5]. Ich war jedenfalls erleichtert, als ich nach diesen langen Umwegen endlich den Ausgang fand und zurück zu den anderen in ein erleuchtetes Haus gehen konnte.

Gegenüber dieser »einsamen« Labyrinth-Erfahrung kenne ich auch den Reigentanz, also in Verbundenheit mit anderen den Labyrinthweg zu tanzen. In dieser Verbundenheit von Gehen und Umkehren entsteht von allein so etwas wie ein Ariadnefaden, den wir selbst bilden.

Es ist bekannt, daß die späteren Kirchenlabyrinthe auch und vor allem an Ostern durchtanzt wurden. Deutlich wird hier jedoch eine Sinnverschiebung: Während das alte Labyrinth ein Durchgang vom Tod wieder zurück ins Leben ist (Wandlungs- und Initiationssymbol), wird das christliche Labyrinth als ein Weg zur Mitte hin verstanden. Dort ist der Ort der Erlösung durch Jesus Christus, die sinngebende Kraft, auf die wir zugehen.

Das mag bedeuten, daß nicht ich selbst wie Theseus das Ungeheuer besiegen muß, sondern Christus es bezwungen hat. Ich habe teil an diesem Sieg über die Dunkelheit. Im Neuen Testament wird dies »mit Christus sterben und auferstehen« genannt. Der christliche Labyrinthweg ist also ein von der Mitte her getragener Weg, auf dem ich zwar alle Ängste durchleide, ob ich die Mitte erreiche, aber wenn ich geduldig weitergehe, komme ich in der Mitte an.

An dieser Stelle fällt mir das Kreuz von San Damiano ein, wo Franz von Assisi sein prägendes Berufungserlebnis hatte.

Das Blut des Gekreuzigten wird von Engeln in einer Schale aufgefangen. Von dort wird es ausgegossen und zieht sich dann wie ein roter Faden durch die verschlungenen Wege der Menschheitsgeschichte.

Während im Ariadne-Mythos Theseus durch das weibliche Element in Person der liebenden Königstochter und ihr liebendes Band unterstützt wird, damit er das Ungeheuer bezwingen kann und wieder zurückfindet[6], ist es Jesus' freiwillige Hingabe an Gewaltlosigkeit und Liebe, die zum rettenden »roten Faden« für die Menschen wird. Wieder stoßen wir auf das Geheimnis des Kreuzes, das auch die Grundform des Labyrinths bestimmt. Eingespannt in das Kreuz der Polaritäten des Lebens, in männlich und weiblich, irdisch und himmlisch, Licht und Finsternis, Geburt und Tod, folgt unser Weg den roten Faden, den Christus-Weg der Hingabe an den Willen Gottes in Liebe, auf dem Erlösung und Wandlung geschehen.

Das Dunkle verwandeln

Oft erlebe ich meine Gruppen wie eine Gemeinschaft, in der wir uns, ähnlich wie vielleicht in den alten mythischen Tanzritualen, gegenseitig auf unserem Weg in die Mitte des Labyrinths begleiten, wo das Ungeheuer lauert. Angst ist meist sein Name. Angst vor der Erinnerung des Entsetzlichen, Angst, zerstört zu werden, Angst vor der Angst.

Da ist die junge Frau, die während eines fünftägigen Seminars kaum redet,doch deren Körper spricht. Während ihre Worte verschleiern, greifen ihre Hände immer wieder an ihren Hals. Ich spiegele ihre Gebärde: Sie stutzt – in ihre Augen tritt Erschrecken. Sie will nicht darüber reden. Noch muß sie ein Stück Weg gehen, die Mitte in weitem Bogen umkreisen. Gegen Ende des Seminars beginnt sie zu erzählen: Zuerst das Schlimme, das nicht ihr selbst passiert ist, doch schon schlimm genug: Vergewaltigung und Mord, begangen an ihrer Freundin. (Ich erinnere mich an die Zeitungsberichte.) Entsetzen schüttelt sie, nicht nur sie, wir alle fühlen mit. Und wieder greift sie sich an den Hals, und ich frage:»Was ist mit dir passiert?« Und dann strömt die eigene Erinnerung: Vergewaltigt und gewürgt worden zu sein von einem, den sie für einen Freund hielt. Ich halte sie, während sie weint und die Tränen anfangen, die Schmerzen wegzuspülen. Aber noch ist sie nicht in der Mitte des Dunkels.

Sie hat Vertrauen zu mir gefaßt und hat mich als Begleitung in ihr eigenes Dunkel angenommen. Nach vier Monaten nimmt sie wieder an einem Kurs teil, der im Odenwald-Institut stattfindet.

Thema dieses Kurses ist, miteinander Pfingsten zu feiern, sich dem Geist Gottes zu öffnen, dem »Wind der Erneuerung«, wie ich das Seminar genannt habe. Wir sind nur eine kleine Gruppe, und um so intensiver öffnen wir uns gegenseitig.

Ich habe mir einzelne Schritte überlegt, wie wir uns dem Geheimnis des Pfingstfestes annähern können. Es fällt mir selbst nicht leicht, ich habe keine Traditionen, an die ich anknüpfen kann. Ist Pfingsten nicht ein sehr vernachlässigtes Fest in den christlichen Kirchen?

Mir geht das Sprachbild »erfüllt werden vom heiligen Geist« nicht aus dem Kopf. Von was sind wir erfüllt? Müssen wir nicht erst ganz leer werden, um von Gottes schöpferischem heiligen Geist erfüllt zu werden? Die alte mystische Tradition von dem »Sich leeren« fällt mir wieder ein.

Wovon ist unser Herz oft voll – das Herz, das wir als das Zentrum unserer Persönlichkeit empfinden, unserer Liebes- und bewußten Bindungsfähigkeit?

Wir malen unser »Herz«. Bilder von großer Eindrücklichkeit entstehen, zeigen die Steine, die auf dem Herzen liegen, das Dunkle, das es überschattet, die aufgebrochenen oder vernarbten Verletzungen, das weiche, zarte Grüne.

Wir erzählen uns die Geschichte unseres Herzens – wir schütten unser Herz aus. Das Dunkle hat Platz, das Zerbrochene darf sich zeigen. Es ist erschütternd, wie der rote Faden mancher Themen bis weit in die Kindheit zurück sichtbar wird. Längst vergessene Erinnerungen brechen auf. So entdeckt die junge Frau, wie weit ihr Thema »Vergewaltigtwerden« in die Vergangenheit hineinreicht. Das Bild einer Wiege taucht auf. Gerüche, Übelkeit und Erinnerungsfetzen formen sich in ihrem Körper, das Entsetzen, vom eigenen Vater mißbraucht worden zu sein. Sie schreit und hustet ihren Schmerz und Ekel heraus, während ich sie halte. Am Schluß liegt sie wie ein kleines Baby im Arm, und wir alle bilden ein schützendes Nest. Wir sagen ihr gute Worte, und sie ist in der Mitte des Dunkels nicht allein. Wenn so etwas in einer Gruppe geschieht, berührt es immer auch die anderen zutiefst, denn jeder von uns hat eigene schlimme Erlebnisse und Ängste, die irgendwo im Körper gespeichert sind und dadurch in Bewegung geraten. Es ist Raum genug zu sagen, wie es jedem, jeder geht, und noch manch andere dunkle Erfahrung drängt ans Licht. Schon im Zuhören und Mittragen durch die anderen liegt viel Heilendes. Wir sitzen im Dämmerlicht dicht zusammen, denn draußen wird es dunkel, aber dies ist nur äußerlich. Um wieder unsere Mitte, unseren »Standpunkt« im Hier und Jetzt zu finden, tanzen wir gemeinsam einen »Baumtanz«, der uns dazu verhilft, uns wieder als einzelne zu erleben.

Noch auf verschiedene Weise begegnen wir in diesen Tagen dem Dunklen in uns, aufgestautem Haß und Groll, Verzweiflung, Trauer und Zorn.

Aus Ton formen wir mit geschlossenen Augen ein Gefäß. Es soll Symbol sein für unsere Bereitschaft, Gottes Geist der Erneuerung zu empfangen. Alles Dunkle kneten wir aus uns heraus in dieses Gefäß. In einem Gottesdienst am Abend wollen wir das Pfingstfest feiern und unsere Schalen bereithalten.

Eigentlich hatte ich geplant, ein Pfingstfeuer draußen an der Feuerstelle zu machen, aber leider regnet es.

Ich überlege, wie ich das Element Feuer auf irgendeine besondere Weise im Gottesdienst sichtbar machen könnte. Da finde ich in einer Schublade viele kleine Walnußschiffchen, mit Kerzenwachs und Docht versehen. Schnell ist eine große Glasschale gefunden, in der sie schwimmen können.

Der karge, leer wirkende Meditationsraum bekommt nun eine flammende Mitte – kleine Feuerflämmchen im Wasser. Schweigend kommen die einzelnen hinein, ihre leeren Tongefäße umrunden die Mitte. Wir bitten um Geist der Erneuerung, um Wandlung, um heilenden Geist, um heiligen Geist. Wir tanzen das Kyrie, und die einzelnen zünden noch ein eigenes Flämmchen an, z.B die Flamme der Hoffnung, des Vertrauens, der Liebe – trotz allem. Es entsteht eine unglaublich dichte Atmosphäre. Die Wandlung des Dunklen in Licht geschieht vor unseren Augen und in unseren Herzen.

Und dann sagt einer aus der Runde: »Ich möchte euch etwas auf der Gitarre vorspielen. Ich habe es heute Nachmittag komponiert. Es ist ein Musikstück, das ich allen mißbrauchten Kindern, besonders den Frauen, widmen möchte.«

Dann beginnt er zu spielen, und es ist so bewegend, daß mir die Tränen kommen. Ich merke, wie wohltuend es für mich als Frau ist, wenn sich ein Mann vom Leiden vieler Mädchen und Frauen so anrühren läßt, daß er einen Audruck dafür finden muß.

Zum Schluß tanzen wir noch das »Santo« aus der lateinamerikanischen Messe, und unsere Gefäße sind reich gefüllt.

Bis die letzten Flämmchen im Wasser verzischen, bleiben wir noch. Bald zwei Stunden hat dieser Gottesdienst gedauert, und die Zeit verging unbemerkt.

In den dunklen Spiegel schauen

Wenn wir den Weg zur Mitte des Dunkels beschreiben, stoßen wir oft auf schmerzliche Themen, die sich in unserem Leben zu wiederholen scheinen, bis wir ihnen meist nicht mehr ausweichen können. Wie weit die Fäden in die Vergangenheit reichen, übersteigt inzwischen mein Fassungsvermögen. Sie scheinen weit über unser bewußtes Leben hinaus zu reichen. Ein Gesetz läßt sich immer wieder beobachten: Je schmerzlicher und unangenehmer Erfahrungen sind, um so tiefer müssen sie im Dunkel versteckt werden. Wir alle haben unsere Abwehrmechanismen entwickelt, um erlebte schreckliche Situationen aus unserem Bewußtsein herauszudrängen. Trotzdem melden sie sich oft unerwartet wieder: als plötzliche, heftige Gefühlsausbrüche, die meist in keinem unmittelbaren Zusammenhang mit dem Hier und Jetzt zu stehen scheinen, als Krankheiten körperlicher oder seelischer Art, in den mannigfachen Phobien und Neurosen, als Suizid oder Mordphantasien, als Unfallbereitschaft oder Gewalttätigkeit. Anscheinend sucht unser Organismus immer wieder Entlastung von dem oft enormen psychischen Druck, der entsteht, wenn wir schlimme Erlebnisse nicht verarbeitet haben, Gefühle zurückhalten mußten aus Angst. Dabei gibt es zwei Wege, mit diesem energetischen Stau umzugehen: Wir können versuchen, das Erlebte nach außen weiterzuleiten oder nach innen.

Dazu fällt mir ein Erlebnis ein, das ich als Kind hatte: Ich wohnte in einem kleinen Dorf, das für mich als fünfjähriges Mädchen groß war, besonders wenn ich alleine auf den Weg geschickt wurde, um kleine Besorgungen zu machen. Da gab es immer wieder etwas, was mir Angst machte.

Vor einem Mädchen, von dem es hieß, es schlage kleine Kinder, fürchtete ich mich besonders. Wenn ich es in einer bestimmten

Ecke sah, machte ich meist einen großen Umweg. Einmal nun hatte es mich erwischt, und ehe ich mich versah, spürte ich eine Ohrfeige im Gesicht. Ich rannte schnell weg, war aber voller Zorn und Angst.

Als ich kurze Zeit später auf dem Rückweg an dieselbe Straßenecke kam, sah ich auf dem Boden eine braune, haarige Raupe kriechen. In einem plötzlichen Impuls hob ich meinen Fuß und zertrampelte sie in wildem Zorn. Im selben Augenblick wußte ich, daß ich Unrecht tat.

Welches Recht hatte ich, diesem kleinen Lebewesen, das sich einmal zu einem Schmetterling entfalten wollte, mutwillig das Leben zu nehmen? (Wenn ich heute an diese Szene denke, habe ich den Impuls, diese kleine Raupe um Verzeihung zu bitten.) Was ich damals noch nicht verstand, war die Kettenreaktion, aus der heraus ich handelte. Mir wurde wehgetan, ich traute mich nicht, mich zu wehren, mich direkt mit dem anderen Mädchen auseinanderzusetzen, also lief ich mit meiner Wut im Bauch davon und ließ sie an der nächsten mir über den Weg laufenden schwächeren Kreatur aus.

Heute weiß ich auch (und damals schon sprachen meine Eltern mit mir darüber), daß dieses Mädchen wiederum zu Hause viel geschlagen worden ist, und diese Kette ließe sich sicher noch weiter zurückverfolgen.

Wenn wir diesem Prinzip folgen – und ich denke, wir kennen es alle mehr oder weniger gut – so geben wir Verletzungen, die wir selbst erlitten haben, an Unbeteiligte weiter, und unser Tun löst wieder eine Kettenreaktion negativer, zerstörerischer Energie aus, deren Folgen wir nicht einmal ahnen.

Dieses Verhalten ist meist völlig unbewußt und dient, wie schon erwähnt, der eigenen Entlastung. Wie viel mögen wir auf diese Weise durch unsere verletzende, zertrampelnde Art schon zerstört haben, was sich im anderen entfalten wollte?

Der Anfang dieser zerstörerischen Kette liegt meist da, wo Menschen schwächer sind als andere, Kleine abhängig sind von den Großen, wo Ungerechtigkeit und Gewaltprinzipien herrschen, Mißtrauen und Angst entstehen.

Ebenso verheerend kann es sein, wenn Menschen mit ihren negativen Erfahrungen so umgehen, daß sie ihre Energien wie Wut und Haß gegen sich selbst richten und so ihren eigenen Körper vergiften.

Konkret heißt das: Als Reaktion auf die Schläge, die ich bekomme, zertrample ich fleißig selbst die schöpferischen Möglichkeiten, die in mir liegen und sich entfalten wollen, indem ich mir innerlich sage: Ich bin es wohl nicht wert, respektvoll behandelt zu werden, glücklich zu sein, Liebe zu bekommen usw., und schon können diese negativen Lebensgrundsätze sich in mich hineinfressen und die Lebensenergie blockieren.

So bewegen wir uns häufig zwischen diesen beiden Polen, daß wir entweder andere verletzen, abwerten, kleinmachen, emotional aushungern, übersehen, im schlimmsten Fall vernichten, indem wir sie als Feinde betrachten, oder aber wir verletzen uns selbst, machen uns selbst klein, fühlen uns unwert, ohnmächtig, hilflos, bestrafungswürdig.

In der Mitte des Labyrinths begegnen wir nun dem Minotaurus in uns, der »Wildnis-Seite«, der zerstörerischen Macht in uns, die blindwütig den Trieben folgt. Gier, Haß, Rache, Zerstörungswut, Angst kann ihr Name sein.

Es ist die Schattenseite in uns, die wir am wenigsten anzuschauen bereit sind. Leichter fällt es uns schon, uns selbst nur als »Opfer« zu sehen, als Opfer unserer Eltern, unserer Lebensumstände, rätselhafter Krankheiten, die uns »befallen«, plötzlicher Schicksalsschläge, die uns treffen.

Erst wenn wir uns den Spiegel vorhalten lassen, der auch unsere dunkle Seite zeigt, begegnen wir uns selbst vollständig.

In Gleichnissen und Bildworten haben Propheten und Prophetinnen aller Religionen und Zeiten den Mächtigen oft den Spiegel vorgehalten. Jesus trifft den Nerv einer pharisäischen Frömmigkeit, die anscheinend Gottes Gebote hält, aber den verletzten Nächsten liegen läßt (Gleichnis vom barmherzigen Samariter), den Nerv der Gier und der Jagd nach dem Geld (Gleichnis vom reichen Kornbauern), des mangelnden einfühlenden Tuns (Gleichnis vom großen Weltgericht) und vieles mehr. Er stellt sich radikal auf die Seite der

Schwachen, der Armen, der Kinder, der Frauen, der Aussätzigen, der Blinden, Lahmen, Getretenen und Gefolterten, um ihnen Recht und Heilung zu verschaffen.

Alle sind sie nun gemeinsam, die Mächtigen und die Rechtlosen, auf den Weg der Liebe gerufen.

Aber zuerst gilt es, den Blick in den Spiegel des Minotaurus in uns auszuhalten, den Christus uns vorhält. Er wird uns zugemutet, um uns zur Selbsterkenntnis und zur Umkehr zu führen. »Weißt du nicht, daß Gottes Güte dich zur Umkehr leitet?«, schreibt Paulus an die Römer (Römer 2,4).

Dem Ungeheuren begegnen, dem Dunkel, dem Schmerz, der Angst und Verzweiflung, Krankheit, Tod und Krieg, der Ausbeutung der Natur, in die wir alle mithineinverwickelt sind, dem dunklen Spiegel, in dem wir uns selbst erkennen: Das alles dient letztlich dazu, daß wir umkehren und den Weg ins Licht wiederfinden. Das ist die gewagte Aussage, die auch hinter Luthers Begriff vom verborgenen dunklen Gott steht (»deus absconditus«), der jedoch von dem in Christus geoffenbarten Gott der Liebe überstrahlt wird.

Dieser Gott in Christus teilt nun mit dir das Dunkel, nimmt dich Zerbrochenen an, sieht hinter den Fassaden der Macht die tiefe Angst, die Sehn-Sucht hinter all der Alkohol-, Drogen-, Eß-, Sex- und Arbeits-Sucht nach Liebe und Daseinsberechtigung, die Suche nach Sinn und einer Aufgabe in diesem Kosmos.

In der Mitte des Dunkels geschieht die Verwandlung, die Umkehr auf einen neuen Weg, auf den wir über unseren individuellen auf den Weg des kosmischen Christus geführt werden[7].

Der Weg der Liebe, auf den Jesus uns weist, hat wenig zu tun mit einem sentimentalen Aufruf zur Nächstenliebe, wie wir ihn wohl schon tausendmal gehört haben, wohl aber mit einem geöffneten Herzen, sich selbst und andere in der Liebe Gottes zu sehen und sich und anderen mit Einfühlung zu begegnen.

Der neue Weg aus dem Dunkel wird Unterschiedliches bedeuten: Für diejenigen, die Macht und Einfluß haben, daß sie endlich auf die

Macht- und Rechtlosen hören, ihnen aufmerksam und demütig zuhören und lernen, Macht herzugeben.

Für die Reichen – und dazu gehören wir mehr oder weniger alle als Teilhaber und Nutznießerinnen der westlichen Welt –, daß wir lernen zu teilen, herzugeben, nach kreativen und ungewohnten Wegen zu suchen, Gerechtigkeit zu verbreiten und das Prinzip des Kapitalismus' nicht zu vergöttern.

Für die Armen und Rechtlosen, für die, die unter der Ungerechtigkeit leiden, unter Sexismus, Rassismus, Nationalismus, Faschismus und was immer die Menschen knechtet, heißt der neue Weg, sich ihrer Würde und ihres Geliebtseins neu bewußt zu werden, den Kopf zu heben und sich aufzurichten, vom Geist der Liebe, des Vertrauens und der Hoffnung erfüllen zu lassen und sich zu Wort zu melden[8].

Der neue Weg ist ein Weg fort von aller Egozentrik und Anthropozentrik zu einem Weg, der die ganze Schöpfung im Blick hat, die Schmerzen der Erde mit all ihren Kreaturen hört und Wege zu ihrer Heilung sucht.

Es ist ein Weg, der im noch so anders und fremd erscheinenden Menschen das Bild Gottes erkennt und respektiert.

Es ist ein Weg der Hingabe an Gottes liebenden, die Erde verwandelnden Willen, ein Weg der Verbundenheit mit allem Lebendigen.

Dazu braucht es geöffnete Herzen, durch die hindurch der Geist Gottes strömt, der das Dunkle in uns in Licht und Segen verwandelt.

»Ich will euch ein neues Herz und einen neuen Geist geben«

»Ich kann doch mein Herz nicht einfach hergeben! Wer weiß, was damit geschieht!«, sagt eine junge Frau und hält ihre Faust fest geschlossenen.

Wir machen eine weitere Übung zum Thema »Herz«. Einen ganzen Tag lang haben wir uns intensiv mit unserem »Herz« beschäftigt, in Gebärden mit unserem Körper verschiedene »Herzen« dargestellt:

das zerbrochene, das fröhliche, hüpfende, das Herz aus Glas, das kalte Herz, das Herz aus Stein, das verstockte und verzagte Herz und andere mehr.

Wir haben Bilder unserer Herzen gemalt, uns über sie ausgetauscht, und nun bitte ich die Teilnehmerinnen und Teilnehmer, sich zu zweit zusammenzutun, eine in der Rolle Gottes, einer in der Rolle des Menschen. Angeregt von der biblischen Überlieferung, nach der die Weisheit Gottes um das Herz des Menschen bittet mit der Zusage: Ich will zerbrochene, verletzte Herzen heilen, verbinden, das Herz aus Stein herausnehmen und meinen Geist in euch geben (z.B. Ezechiel 36, 26), will ich dieses Werben Gottes um den Menschen einmal in Szene setzen, d.h. einen Dialog entwerfen. Jeder, jede spielt einmal die Rolle des Menschen und einmal die Rolle Gottes. Es ist zunächst für viele ungewohnt, sich Gott in der Rolle eines Werbenden und Bittenden vorzustellen. Plötzlich kommt er herunter von seinem Allmachtsthron, den ihm die Menschen gebaut haben. Ein Liebender kann nicht fordern, nur um Vertrauen werben.

Die anderen, die in ihrer eigenen Rolle sind, kommen in Kontakt mit ihrem Mißtrauen und ihren Ängsten: Was ist, wenn ich mein Herz hergebe? Werde ich nicht ausgenutzt? Wer bin ich dann noch, wenn ich mein Herz hergebe? Was brauche ich dazu, daß ich es kann? Das sind die Fragen, die mit Gefühlen der Angst immer wieder aufbrechen.

Im Dialog mit einem bittenden Gott können auch einzelne von ihren schlimmen Erfahrungen mit ihrem »Herzen« erzählen und sagen, was sie jetzt brauchen, wenn sie Gott ihr Herz anvertrauen.

Ich bin selbst überrascht, welche Tiefe die Gespräche erreichen. Die Menschen kommen mit all ihren Ängsten, ihrem Zorn, ihrer Trauer, ihren Vorurteilen und Sehnsüchten in Kontakt, aber auch mit ihren Gottesbildern, die oft gar nicht zu dieser Erfahrung passen. Die »Behutsamkeit« Gottes ist plötzlich im Raum und das, was man bedingungslose Liebe nennt; auch die Traurigkeit Gottes, wenn einer sein Herz behalten will und sich nicht öffnen kann und die Faust geschlossen bleibt. Aber alles hat seine Zeit…

Eine Teilnehmerin – diejenige mit ihren ganz schlimmen Erfahrungen – formuliert den Kern der Erkenntnis:»Ich spüre genau, es gibt für uns Menschen keinen anderen als diesen Weg der Hingabe an Gott, auch wenn es mir immer noch Angst macht, mich so ins Vertrauen auf Gott fallen zu lassen, nach allem, was ich erlebt habe. Aber ich glaube, es gibt nur diesen Weg, um wieder in Einklang mit sich selbst und der Welt zu kommen.«

Mir fällt ein Wort des Apostels Paulus ein:»Denen, die Gott lieben, werden alle Dinge zum Besten dienen« (Römer 8, 28). Es ist ein Satz, der mir in seiner Ungeheuerlichkeit oft Mühe gemacht hat, aber auch Hoffnung, denn der Erfahrungsschatz der Gottvertrauenden und Liebenden aller Zeiten steht dahinter.

Das Herz Gott geben heißt ja auch: Ich überlasse meine Vergangenheit mit ihren festgefahrenen Spuren letztendlich Gott. Dietrich Bonhoeffer drückt das so aus:»Nicht die ungelösten Rätsel der Vergangenheit lösen wollen, sondern das Unbegreifliche stehen lassen und friedlich in Gottes Hände zurückgeben.«

Alles »Warum?«, »Wieso?« und »Warum-gerade-ich?« führt meist wieder in das Dunkel hinein, während das »Trotzdem-sich-Überlassen« in der Mitte der Nacht den Anfang des Tages schon sieht.

Ich habe für den Abschluß dieses Kapitels einige Texte ausgewählt. Für mich sind es Texte, die aus dem Dunkel herausführen. Wenn Sie mögen, öffnen Sie sich für das, was für Sie in diesen Worten steckt.

Aus Psalm 42

Wie ein Hirsch schreit nach frischem Wasser,
so lechzt meine Seele, Gott, nach dir.
Meine Seele dürstet nach Gott,
nach dem lebendigen Gott.
Wann werde ich am Ziel sein und ihn sehen?

Verzweifelt bin ich und weine Tag und Nacht,
während die Menschen mich täglich höhnen:
Wo ist nun dein Gott?

Am Tage schaue ich aus nach Gott
und bei Nacht sehne ich mich nach seiner Barmherzigkeit.
Noch im Traum bete ich zu ihm,
zu dem Gott, dem mein Herz und mein Leben gehören.

Ich sage zu ihm:
Ich habe niemanden, der verläßlicher wäre als du.
Warum hast du mich vergessen?
Warum läßt du mich allein mit meiner Verzweiflung,
allein und umringt von Spott?

Ich bin so zerschlagen,
so ohne Kraft,
und die mich hassen,
reden den ganzen Tag auf mich ein:
Wo ist nun dein Gott?

Warum bist du so betrübt, meine Seele,
und bist so unruhig in mir?
Strecke dich aus nach Gott!

Es kommt eine Zeit,
da werde ich danken,
da wird mein Gesicht hell sein von Freude
über die Hilfe, die er mir gab,
mein Gott!

(nach Jörg Zink)

Ich tanze uns, Gott

ich tanze mich, *Gott*
in deine Arme
die sanfte und starke Rundung
für Erde und All

ich tanze mein Hoffen und Ängsten
ich tanze mein Freuen und Trauern
ich tanze mein Leben und Sterben
in deine Arme hinein
die sanfte und starke Rundung
für Erde und All

Ich tanze dich, *Gott*
in meine Fragen
das ungelöste Geheimnis
Warum und Wozu

ich tanze dein Sprechen und Schweigen
ich tanze dein Kommen und Fernsein
ich tanze dein Feuer und Dunkel
in meine Fragen
das ungelöste Geheimnis
Warum und Wozu

ich tanze uns, *Gott*

(Christa Peikert-Flaspöhler)[9]

Und Gott wird abwischen alle Tränen von ihren Augen, und der Tod wird nicht mehr sein, noch Leid, noch Geschrei, noch Schmerz wird mehr sein, denn das Erste ist vergangen. Siehe, ich mache alles neu!

(aus Offenbarung 21)

Spuren im Sand

Ein Mann hatte nachts einen Traum. Er träumte, daß er mit Gott am Strand entlang spazierenginge. Am Himmel zogen Szenen aus seinem Leben vorbei, und für jede Szene aus seinem Leben waren Spuren im Sand zu sehen.

Als er auf die Fußspuren im Sand zurückblickte, sah er, daß manchmal zwei Spuren und manchmal nur eine Spur da war. Er bemerkte weiter, daß sich zu Zeiten größerer Not und Trauer nur eine Spur zeigte. Deshalb fragte er den Herrn: »Herr, ich habe bemerkt, daß zu den traurigen Zeiten meines Lebens nur eine Spur zu sehen ist. Du hast aber versprochen, stets bei mir zu sein. Ich verstehe nicht, warum du mich, da, wo ich dich am nötigsten brauchte, allein gelassen hast.«

Da antwortete der Herr: »Mein lieber Freund, ich liebe dich und würde dich niemals verlassen. In den Tagen, an denen du am meisten gelitten und mich am nötigsten gebraucht hast, wo aber nur eine Spur zu sehen war, da habe ich dich getragen.«

(aus Taizé)

Das Hohelied der Liebe (1 Korinther 13)

Wenn ich in allen Sprachen der Menschen redete
und sänge in den Worten der Engel
und keine Liebe wäre in mir,
so wäre ich ein tönendes Erz
oder eine klingende Schelle.
Wenn ich Gottes Gedanken kennte
und alle Geheimnisse wüßte,
wenn ich alle Weisheit der Welt besäße,
wenn mein Glaube die Macht hätte,
Berge zu versetzen,

und keine Liebe wäre in mir,
so wäre ich nichts.
Wenn ich mein Gut verteilte
und alle Hungrigen der Welt sättigte,
wenn ich für Christus ins Feuer ginge
und ließe meinen Leib brennen,
und es wäre keine Liebe in mir,
es nützte mir nichts.

Die Liebe ist langmütig und freundlich,
sie eifert nicht,
sie prahlt nicht
und bläht sich nicht auf,
sie achtet auf das,
was sich schickt, und verletzt es nicht.
Sie sucht keinen Vorteil
und wird nicht bitter durch dunkle Erfahrung.
Sie rechnet niemandem Böses an.
Sie trauert über das Unrecht
und freut sich über die Wahrheit.
Sie trägt alles,
sie glaubt und hofft alles.
Sie beugt sich den Lasten
und bleibt geduldig gebeugt.

Unvergänglich ist die Liebe.
Alle menschliche Kenntnis von Gott wird verwehen.
Was Menschen geredet, wird verhallen,
was sie forschten und dachten, zu Ende sein.
Stückwerk ist, was wir wissen,
Stückwerk, was wir über Gott reden.
Wenn aber seine Welt sich auftun wird über uns,
wird das Stückwerk aufhören.

Einmal war ich ein Kind,
ich redete wie ein Kind,
ich war klug wie ein Kind
und machte kindliche Pläne.
Als ich erwachsen war,
legte ich das kindliche Wesen ab.
(So wird es wieder geschehen
an der Schwelle zu Gottes Reich.)
Wir sehen jetzt durch einen Spiegel
ein dunkles Bild; dann aber
von Angesicht zu Angesicht.
Jetzt erkenne ich stückweise,
dann aber werde ich erkennen,
wie ich erkannt bin.
Nun aber bleiben Glauben, Hoffnung, Liebe,
diese drei; aber die Liebe ist die
größte unter ihnen.

(nach Jörg Zink/Martin Luther)

Kapitel 5:
Im Kraftfeld der Weisheit

Gottesmutter unverbrennbarer Dornbusch

In dieser russischen Ikone von der »Gottesmutter unverbrennbarem Dornbusch« – dargestellt im Stern in einer Rose – ist für mich die Offenbarung des Göttlichen durch die Zeiten der Geschichte in mystischer Weise zusammengeschaut: Im Kraftfeld der Ruach, der »roten« Urenergie, im Feuer, das nicht verzehrt, steht Maria. Durch sie ist diese Kraft hindurchgeflossen und hat in Christus Gestalt angenommen, was sich in der Mitte des Bildes zentriert.

Diese mystische Schau verbindet für mich auch die uralte mythische Vorstellung von der »großen Göttin«, die oft im Bild des Baumes erlebt wurde (Nut, Aschera, Hera...) mit dem als Offenbarung in der Geschichte Israels erlebten Gott Jahwe.

Links oben ist die Gottesoffenbarung des Mose in der Wüste zu erkennen: Das Bild des brennenden Dornbuschs hier mit der »Gottesmutter« im Feuer. Rechts oben wird die Vision des Jesaja von dem aufbrechenden Reis in einer aufblühenden roten Rose dargestellt, rechts unten die Jakobsleiter, Göttliches und Menschliches verbindend, unten links aus der Vision des Ezechiel das Heiligtum, in dem allein Gott wohnt, das für andere fest verschlossen ist – ein Bild der (wahren) Jungfräulichkeit Marias, die sich ganz für Gottes Ruach zur Verfügung stellt.

Daß diese Offenbarung des zu uns in Beziehung tretenden Göttlichen auch eine dunkle Seite hat, zeigt der schwarze Stern; doch die dunklen Engel tragen rote Bänder (vielleicht auch als Feuerstrahlen gedacht) in den Händen, was auf der Schwarzweiß- Reproduktion nicht zu erkennen ist. Für mich heißt das: Auch hier ist die Verbindung zu dem roten Faden der göttlichen Liebe, der alle durchzieht, nicht abgeschnitten.[1]

(nach Helene Hoerni-Jung)

Lob der Weisheit

Göttliche Weisheit – wer kann sie ergründen?
Ihre Freude wirft sie an den Himmel
In einer Spur aus Licht
Und tanzt uns voraus den Tanz durch das All

In der Tiefe verborgen, ist sie der Stein
Der verworfene, Stein des Anstoßes, der wartet auf Licht

Wie eine Perle gebildet im Dunkel
Der Muschel leuchtet sie denen, die warten auf rechte Zeit

Weisheit durchzieht das All und
Wer sie ruft, dem antwortet sie gern
Im Wasser singt sie ihr Lied der Schöpfung
Im Wind atmet sie Kraft des Lebendigen
Das die Erde hervorbringt in Fülle
Im Feuer verwandelt sie alles zu neuer Gestalt

Liebevoll hütet sie die Gesetze des Alls
Überraschungen liebt sie und schüttet sie
Reichlich aus über die, die ihr Herz für sie öffnen.

Ihre Wohnung ist bei den Kindern und
Bei denen, die das Kind in sich achten
Die Frierenden wärmt sie mit Lachen und
Bei den Traurigen wacht sie gern still
Malt Bilder in ihren Schlaf, so daß
Ihr Morgen anders ist als der Abend

Sie liebt das Versteckspiel und wird doch
Gern gefunden in den tausend Verkleidungen
Die sie sich wählt

Sie ist hier und dort
Im einen und anderen
Ja, Weisheit ist Gottes Lächeln im nachhinein

Mit ihrem Herzen webt sie den roten Faden
Im Gewebe des Kosmos, den Faden, der alles
Durchzieht mit Liebe

Weisheit – All – Eine – Ein – Alle
Gepriesen seist du!

Weisheit – wo bist du?

Die Sonne wärmt mir den Rücken. Ich sitze an einem kleinen Seerosenteich und höre dem Wasser zu, das aus einer Quelle dort hineinsprudelt. In verschwenderischer Fülle leuchten Sommerblumen aller Art und wehen im Wind: ein königliches Geläut großer blauer Glockenblumen neben weißen Margeriten und rotem Klatschmohn. Kleine Tiere suchen eifrig ihren Weg – welch wunderbares Zusammenspiel vieler Kräfte der weisheitlichen Schöpfung!

Den ganzen Vormittag haben wir getanzt. Wir haben uns alten weiblichen Traditionen des nahen Ostens angenähert, aus dessen Urgrund ja auch unsere Religion hervorgegangen ist.

Im Ökumenischen Meditationszentrum Neumühle[2] treffen sich Menschen aus aller Welt, um nach dem verbindenden Geist in aller Vielfalt zu suchen. Dort entstehen Dialoge zwischen den Religionen des Ostens und des Westens, des Südens und des Nordens. Für sechs Tage ist eine Gruppe von etwa 20 Menschen aus christlicher, jüdischer und moslemischer Tradition zusammen mit dem Aramäisch-Forscher und geistlichen Lehrer Neil Douglas-Klotz, der es versteht, zusammen mit seiner Partnerin Kamae die religiösen Traditionen aus dem aramäisch- hebräischen Sprachraum wieder lebendig werden zu lassen.

In der Arbeit mit Klängen und Tanz kommen wir wieder in Kontakt mit elementaren Energien und alter Weisheit, und wir spüren alle, wie gut das tut.

Hier ist ein Stück Natur zu finden, etwas, was vielen nur noch als Sehnsucht bekannt ist, wenn sie, in der Hoffnung auf Ursprüngliches, genervt versuchen, dem Lärm und Getümmel einer stickigen Großstadt zu entfliehen. Viele streben fort vom Fernseher mit den sich ständig wiederholenden Katastrophen der Kriege und Gewaltverbrechen an Menschen und Mitwelt und kommen nach einem langen Spaziergang am Abend enttäuscht nach Hause zurück, weil sie nicht gefunden haben, was sie suchen.

Es ist kein Zufall, daß immer mehr Menschen nicht mehr nach Wissen, sondern nach Weisheit rufen, nach dem, was die Welt im

Innersten zusammenhält und Wege weist aus den orientierungslosen Verflechtungen politisch-wirtschaftlicher Raffgier, die z.B. dazu geführt hat, daß ein Drittel dieser Welt auf Kosten der anderen zwei Drittel lebt. Und trotz guten Willens einzelner ist kein Ende dieser schreienden Ungerechtigkeit in Sicht ist. Immer noch werden aus Profitsucht und Angst zu viele Milliarden in Rüstungstechnik gesteckt statt in Friedensforschung und alternative Wege, mit Phantasie und Verständnis Konflikte zu lösen.

Wir brauchen Weisheit, die uns hilft, Wege aus der Ungerechtigkeit zu finden; Weisheit, die uns hilft, neue Maßstäbe zu setzen.

Wo ist Weisheit am Werk bei den richterlichen Entscheidungen über die Abschiebungen von Asylbewerbern, die für viele, wider alle Behauptung, den sicheren Tod bedeutet? Ich denke an so manchen Fall, der durch die Presse geht, bei dem es durchaus hilfsbereite Menschen gibt, aber dem Gesetz Genüge getan werden muß.

Gerade heute ist in meiner Zeitung von einer Familie mit einem schwerkranken Kind zu lesen, die unser Land verlassen muß, obwohl die Ärzte sagen: »Das Kind braucht medizinische Behandlung, sonst wird es sterben.« Wo sind Weisheit und Liebe?

Wo ist Weisheit in einem steuerlichen System zu finden, das den Manager bevorzugt, der sein teures Auto, seine vielen Fahrten damit und seine Fortbildungen von der Steuer absetzen kann? Während die Frau, die vier- bis sechsmal in der Woche ehrenamtlich kranke Kinder, alte Menschen oder Sterbende betreut, ihre Unkosten, vor allem ihre oft teuren freiwilligen Fortbildungen, nicht mal von der Steuer absetzen kann?

Wo ist Weisheit, die das Augenmerk darauf richtet, was wirklich Dienst an der Allgemeinheit ist, statt einseitig eine profitorientierte Industrie und Geldwirtschaft zu begünstigen, für die es oft einfacher ist, Arbeitsplätze aufzugeben als sie zu erhalten?[3]

Wo ist Weisheit in den Ausbildungsstätten für Lehrerinnen und Lehrer am Werk, wo wird ganzheitliches Lernen vermittelt, den pädagogischen Fähigkeiten Vorrang gegeben gegenüber dem oft recht überflüssigen Detailfachwissen? Wo gibt es Raum für die

Selbstentwicklung der Persönlichkeit als LehrerIn? Für psychologische Supervision, um später ein Augenmerk darauf haben zu können, was Kinder und Jugendliche wirklich brauchen? Nach welchem Bilde werden Bildungspläne entworfen? Ist Weisheit, die verbindet und nach dem Ganzen fragt, das leitende Prinzip? Ist es ein Herz-Wissen oder das Kopf-Wissen, das Kinder und Jugendliche, vor allem in den Gymnasien, zu Kopffüßlern macht, die ihre Note dafür bekommen, daß sie funktionieren?

Vor einigen Monaten las ich mit Betroffenheit in der Zeitung, daß Vertreter der Schülermitverwaltung irgendwo in Norddeutschland einen Antrag gestellt haben, das Fach »Lebenskunde« endlich in den Gymnasien einzurichten, ein Fach, in dem Platz sei für Lebenlernen, für Kommunikation, Konfliktbewältigung usw.[4] Genau in diesen Themenbereichen werden Lehrer an unseren Universitäten wenig ausgebildet und bekommen im Laufe ihrer Arbeitszeit zu wenig Unterstützung. Weisheit, wo ist deine Weisung für die Bildungsräume unserer jungen Menschen?

Weisheit, wer fragt nach dir, angesichts all der vielen ökologischen und gentechnologischen Probleme? Wer unter den Verantwortlichen hält inne und fragt dich um Rat?

Wer öffnet *dir* das Herz angesichts all der noch ungenannten Probleme dieser Welt?

Wenn ich an einem Ort wie der Neumühle bin, bekomme ich wieder ein wenig Hoffnung.

Weisheit – die verschüttete Seite Gottes?

Es sind vor allem viele Frauen in diesem Jahrhundert, die sich auf den Weg gemacht haben, ihre abgeschnittenen Wurzeln und verschütteten Kräfte wieder zu entdecken und nach Weisheit zu fragen, statt nur nach Wissen.

Mit dem ungehinderteren Zugang zu allen Wissenschaftsbereichen, die früher ausschließlich männliche Domäne waren, setzen viele Wissenschaftlerinnen nun andere Schwerpunkte, gehen anderen Fäden nach und entdecken – wie könnte es auch anders sein – die andere, von einseitig männlicher Wissenschaft meist ausgeblendete Seite ihres Fachgebietes. Theologinnen wagen es, hinter die kirchlich gebräuchlichen Gottesnamen und dogmatischen Vorstellungen zurückzufragen, alte Texte neu zu interpretieren, sogenannte apokryphe Überlieferungen, die über den im vierten Jahrhundert festgelegten Kanon der heiligen Schriften hinausgehen, aufmerksam miteinzubeziehen.

Trotz mancher Unterschiede ist ihr übereinstimmendes Fazit, daß unser in den Kirchen vermitteltes Gottesbild und Menschenbild ein einseitig männlich geprägtes ist, dessen Ursprung letzlich darin zu suchen ist, daß ein jahrtausendealtes Patriarchat die führende Weltordnung ist, dessen Merkmal es war und teilweise noch ist, Weibliches zu entwerten und zu kontrollieren.[5]

So haben wir nur gelernt: »Vater unser« zu beten, obwohl in der aramäischen Sprache, die Jesus gesprochen hat, das Wort »abwun« die kosmische Mutter miteinbezieht.[6] Wir haben gelernt, nur den zwölf männlichen Aposteln Bedeutung beizumessen, obwohl Jesus selbst – für die damalige Zeit ungewöhnlich – mit vielen Frauen freundschaftlichen Umgang hatte, von ihnen lernte und sie es waren, die als erste dem Auferstandenen begegneten. Ja, Frauen waren die ersten, die den Auftrag bekamen, das »Evangelium« zu verkünden, das Unerhörte zu erzählen.

Wir haben gelernt: Gott ist Vater, Sohn und heiliger Geist. Unsere Worte und Vorstellungen sind in unserem lateinisch-römisch geprägten Sprachraum selbstverständlich männlich, obwohl in den aramäisch-hebräischen Sprachwurzeln aus der Zeit Gott als Ursprung und Quelle allen Seins beides, Männliches und Weibliches, vereint; obwohl gerade das Wort »Geist« im aramäisch-hebräischen Sprachbereich eine weibliche Tradition hat (hebräisch: *ruach*).

Mystiker- und KünstlerInnen haben sich oft nicht an kirchliche Vorschriften und Gewohnheiten gehalten. Sie sind ihrer inneren Schau des Göttlichen gefolgt. Davon zeugt z.B. das mittelalterliche Fresco in der kleinen Kirche Urschalling, auf dem ein unbekannter Künstler die Dreifaltigkeit Gottes dargestellt hat mit der heiligen Geistin, einer wunderschönen Frau, in der Mitte.

Als ich mich vor Jahren bemühte, einen Blick auf dieses wunderbare Bild zu werfen, war die Kapelle geschlossen. Lediglich durch ein Gitter konnten wir dieses seltene Bild anschauen. Inzwischen ist die »heilige Dreifaltigkeit« aus Urschalling vielen Menschen zum Symbol geworden, Gottes verschüttete, geleugnete weibliche Seite auch in unserer patriarchal geprägten christlichen Tradition wieder sichtbar zu machen. Auch, wenn immer wieder ein kirchlicher Riegel und ein Gitter davorgeschoben werden mit der Botschaft: »Bitte nicht zu nah herangehen!«

Hildegard von Bingen, die große Mystikerin des Mittelalters, beschreibt in ihren Visionen des Göttlichen eindrückliche Bilder, in denen ihr die göttliche Liebe und Weisheit als eine Frauengestalt erscheint, rotflammend oder auch saphirblau im flammendroten Feuerkreis, die sich selbst offenbart: »Mit Weisheit habe ich das All recht geordnet«.[7]

Gottes weibliche Seite hat überlebt, und die intuitive Schau vieler Künstlerinnen und Künstler hat ihren Ausdruck gefunden in Mariendarstellungen mit den Insignien der großen Göttin auf der Mondsichel und im Sternenkleid des Kosmos – als Gottesmutter mit dem Kind, als Himmelskönigin, als Gottesgebärerin, wie die Mutter Jesu in der Ostkirche bezeichnet wird. Sie hat ihr Echo gesucht in den Herzen der Menschen, die mit ihren Sorgen und Nöten lieber zu ihr kamen, als zu dem patriarchal verzerrten, strengen Richtergott.[8]

Gottes weibliche Seite – hat sich in alten Schichten der biblischen Schriften, trotz später redaktioneller Überarbeitungen bewahrt. Vor allem in den Weisheitstraditionen kommt sie zum Ausdruck: z.B. in den sogenannten Sprüchen, den (gemäß der evangelischen Bibelwissenschaft als apokryph geltenden) Büchern Jesus Sirach und der Weisheit, dem Buch Hiob oder in vielen Psalmen. Auch andere Weisheitstexte aus den Höhlenfunden nahe der oberägyptischen Stadt Nag – Hammadi sprechen eine ähnliche Sprache.[9]

Die *hochma*, heilige Weisheit Gottes, entstammt der Wortwurzel der alten nahöstlichen HMA, die sich auf das göttliche Weibliche

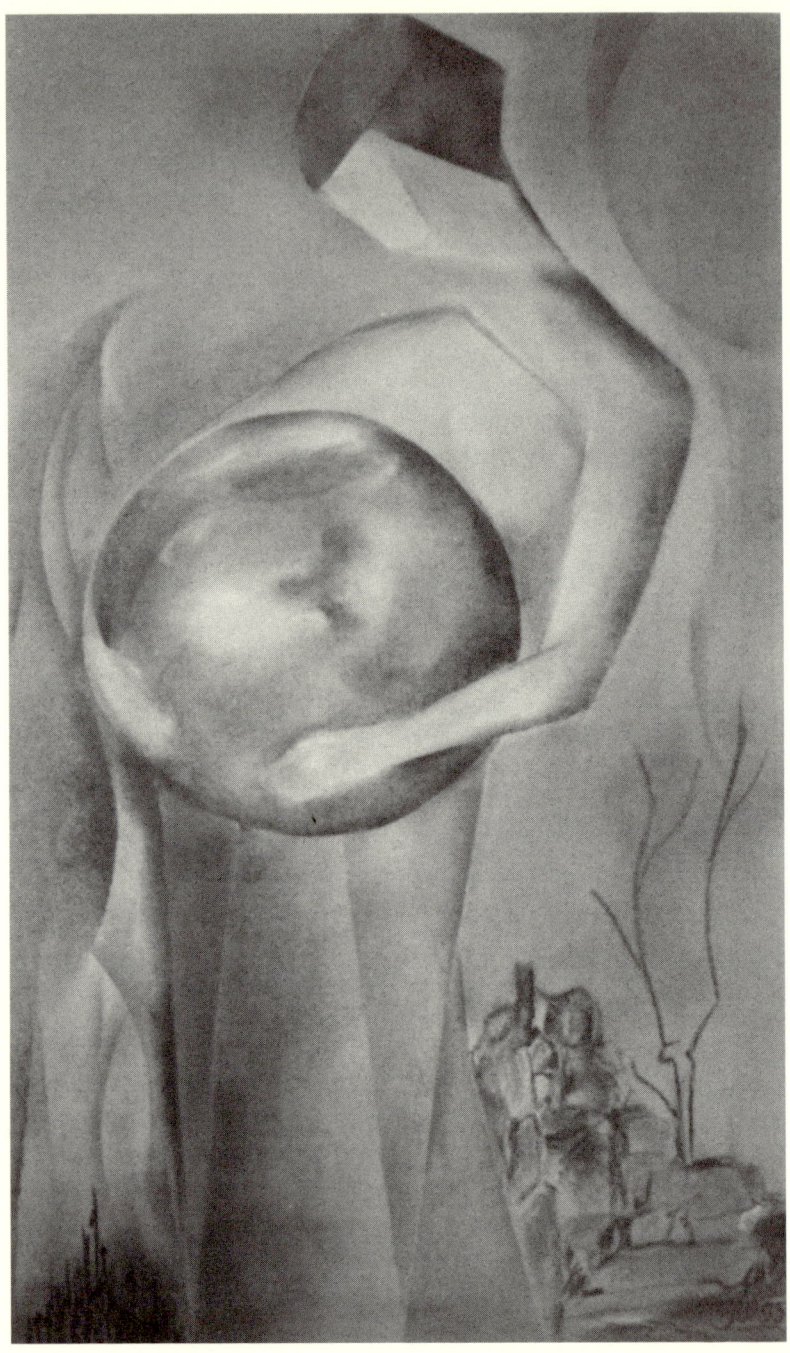

bezieht. »Die h- und u-Laute weisen auf den Atem hin, in diesem Fall den Atem, der mit dem ewigen Ruf der Mutter – ma – zur Erde zurückkehrt und wieder von der Erde ausströmt. Später wurde diese Wortwurzel im Griechischen mit Sophia wiedergegeben, die als Verkörperung aller weiblichen Weisheit galt.«[10] Die Weisheit offenbart sich als die, die von Urzeit an da ist und bis in Ewigkeit nicht vergeht (Jesus Sirach 24), als Mit-Schöpferin des Alls, als eine, die gerne bei den Menschen wohnen möchte, die sie liebt und um die sie wirbt und die sie ruft. Die Weisheit ist kostbarer als Perlen und Gold (Sprüche 8). Sie ist Gottes weibliches Prinzip, das die gesamte Schöpfung durchzieht und deren Merkmal bedingungslose Liebe, lebensspendende Fülle und erhaltende Vielfalt ist.

Ein religionsgeschichtlicher Vergleich zeigt, daß im Traditionsstrom der Weisheit das Verbindende der Menschheit zu finden ist, wenn die patriarchalen Verfremdungen der alten Mythen abgetragen werden.[11]

Daß Jesus im Kern seiner Verkündigung, in seinen Bildern und Gleichnissen, in seinem Tun an die bedingungslose Liebe der Weisheit anknüpft, ist mehrfach gezeigt worden.[12]

Die Welt im Schutz der Frau

Bei einer Kunstausstellung der Germeringer Frauentage, bei der verschiedene Künstlerinnen zum Thema »Frauen 93« ausgestellt haben, blieb ich an einem Bild besonders hängen: Zärtlich umfangen wird die Weltkugel von einer weiblichen Gestalt, ja es sieht fast so aus, als ginge sie mit dieser Welt schwanger. Während diese Frauengestalt in zarten Pastellfarben gehalten ist, ist rechts unten ein kahler schwarzer Baum zu sehen, unwirtlich schwärzliches, steiniges, fast trümmerhaftes Wirrwarr.

← Die Welt im Schutz der Frau

Irgend etwas an diesem Bild hat mich ganz tief berührt, so daß ich mich auf die Suche nach der Malerin machte. Ich fand Gisela Wardetzki, eine Frau in den Siebzigern, durch manche Krankheit gehbehindert, in einer kleinen Wohnung voll mit Bildern, die sie aus der Tiefe schöpft.

Die Welt »im Schutz der Frau«, das hat für mich etwas Visionäres, aber auch etwas ganz Archaisches.

Um nicht mißverstanden zu werden: Ich meine nicht, daß Frauen ganz allgemein die besseren Menschen sind.

Es gibt inzwischen eine Reihe von Untersuchungen[13], die belegen, daß die psychosoziale Entwicklung eines Mädchens anders verläuft als die der Jungen. Sie lernen und entwickeln besondere Fähigkeiten, zwischenmenschliche Beziehungen zu knüpfen und sie aufrechtzuerhalten, durch Einfühlung Konflikte friedlich zu bewältigen, während Jungen viel häufiger Wettbewerbsverhalten an den Tag legen und eine größere Gewaltbereitschaft zeigen. Die weibliche Ethik ist eine Beziehungsethik. Auch die umfangreichen Forschungen, die Riane Eisler[14] auf dem Gebiet der Anfänge aller Zivilisationen gemacht hat, zeigen die kulturellen Leistungen von Frauen in partnerschaftlichen, eben nicht-herrschaftlichen Strukturen, die den Menschen ein friedliches Zusammenleben ermöglichten. Die Welt im Schutz der Frau heißt, eben diesen Werten und Fähigkeiten Vorrang einzuräumen auf allen Gebieten.

Vor ca. 12 Jahren stieß ich auf einen utopischen feministischen Roman von Charlotte Perkins Gilman mit dem Titel »Herland« (Ihr Land) aus dem Jahr 1915. Dieses Buch hat mich ungeheuer stark beeindruckt. Die Autorin beschreibt die phantastische Geschichte eines Landes, das sich zweitausend Jahre lang von der übrigen Welt isoliert, völlig unabhängig entwickelt hat. Dieses Land ist nur von Frauen bewohnt. Es herrschen dort Frieden, Kinderliebe und ein weiser Gemeinschaftssinn. Als drei junge Amerikaner sich dorthin verirren, stoßen zwei Welten zusammen.

Was mich an diesem spannenden Buch besonders beeindruckt hat, ist die Beschreibung des Zusammenlebens, der Städte und

Häuser, die so konzipiert sind, daß primär auf die Bedürfnisse der Kinder eingegangen wird, so daß sie genügend Schutz und trotzdem Freiräume haben für ihre Entwicklung. Immer sind genügend Frauen um sie herum, die sich liebevoll um sie kümmern.

Wenn man bedenkt, daß dieses Buch am Anfang unseres Jahrhunderts geschrieben wurde, als in Europa gerade ein großer Krieg begonnen hatte, für »Gott«, Kaiser und Vaterland gekämpft und getötet wurde, Kinder sich damals immer an die Erwachsenenwelt anzupassen hatten – niemals war es umgekehrt –, dann ist dieses Buch mit seinen beeindruckenden Schilderungen einer bewußt kinderfreundlich gestalteten Umgebung wirklich revolutionär. Der Zusammenhang von Friedfertigkeit, Gemeinschaftssinn und diesem liebevollen Eingehen auf die Bedürfnisse der Kleinsten wird in dieser Utopie deutlich – und wurde viele Jahre später durch die unterschiedlichsten wissenschaftlichen Untersuchungen bestätigt (vgl. Kapitel 1). Doch hat sich wirklich durchgreifend etwas geändert?

Immer noch und immer mehr Kinder landen obdachlos auf den Straßen der Großstädte, werden niedergeschossen, werden Beute gewissenloser Organjäger, die Kinder ausschlachten wie Tiere zum Wohle der Reichen, die bereit sind, viel Geld für eine Niere oder ein Herz zu zahlen.

Kann diese Erde wirklich ihre Kinder nicht mehr ernähren? Oder liegt diese zum Himmel schreiende Ausbeutung nicht vielmehr an der Ungerechtigkeit und Raffgier vieler einzelner, die sich in politischen Systemen verdichten, die eben nicht der Gemeinschaft dienen, sondern dem Wohle weniger?

Wir brauchen Visionen und Träume von einem guten Miteinander auf dieser Erde mehr denn je. Die Weisheit hat bisher immer Wege gefunden, daß Menschen anfangen zu träumen und dabei aufwachen. Rosa Parks, Martin Luther King und Gandhi sind für mich in diesem Jahrhundert Beispiele für solche politischen Visionäre, und es gibt noch viele mehr. Heute brauchen wir solche Menschen mehr denn je in Politik und Wirtschaft, in Wissenschaft und Technik: Menschen, die nach Weisheit fragen. Wir brauchen Männer, die entdecken, wie sie ihre wunderbaren Begabungen und ihre kämpferischen Fähigkeiten einsetzen können im Dienst für die Weisheit; Männer, die den Weg des »Geistigen Kriegers«[15] gehen, statt Städte in Schutt und Asche zu legen und wehrlose Kinder zu ermorden.

Die Weisheit der Träume

Manchmal erzählen wir uns am Frühstückstisch unsere Träume, all die merkwürdigen, oft skurrilen nächtlichen Erlebnisse, in denen Zeit und Raum oft keine Rolle spielen. Manchmal gibt es Grund zum Lachen, manchmal eher zum Kopfschütteln, manchmal zum Innehalten und genauen Hinhören, was dieser Traum wohl bedeuten mag.

»Träume sind wie ungeöffnete Briefe an uns selbst«, so ähnlich heißt es im Talmud. Es ist an uns, sie zu öffnen, zu entschlüsseln und das, was für uns wichtig ist, in unser Herz zu nehmen.

Oft bedarf es langer Traumserien, vieler Wiederholungsträume (die wir durchaus als Alpträume erleben können), bis die Botschaft bei uns angekommen ist und wir in unserem Leben etwas verändern, bis wir entdecken, was uns lähmt, verfolgt, fesselt, wovor wir Angst haben, was uns unter Druck setzt, wo wir uns nackt und bloßgestellt vorkommen, meinen, etwas nicht schaffen zu können – wenn wir z.b. im Traum zum wiederholten Male wieder in der Schule vor einer Prüfungsaufgabe sitzen und unser Kopf so leer ist wie das weiße Blatt Papier vor uns. Oder zum drittenmal den Zug verpassen, die passende Fahrkarte nicht haben oder im falschen Zug sitzen, wie es einer Frau erging, die in vielen Varianten von Zugträumen ihrer jeweiligen Situation begegnete und vielleicht auch einem Lebensthema: Komme ich zum Zuge? Fahre ich in die richtige Richtung in meinem Leben?

Unsere innere Weisheit zeigt uns unsere Lebenssituation in der Vielfalt von Bildern und Symbolen, so daß ihre Botschaft uns auf einer tieferen Schicht des Bewußtseins erreichen kann, als es im Tagesbewußtsein möglich wäre.[16]

Träume sind meiner Meinung nach unser ganz persönliches Kraftfeld, durch das die innere Weisheit uns auf unserem Lebensweg begleitet. Je offener und durchlässiger wir werden für die Sprache der Träume, je stärker wir in Zwiesprache sind mit unserer inneren Weisheit, um so deutlicher werden uns auch Antworten auf die Fragen unseres Lebens zukommen.

Die Träume einzuladen, um Wegweisungen zu erlangen, hat, wie ich an anderer Stelle schon erwähnt habe, eine lange Tradition. In den alten Kulturen und auch heute noch in vielen stärker mit der Natur verbundenen Völkern sind Träume hochgeachtet, und ihre Deutung ist eine Kunst, die gepflegt wird.

Auch in der Bibel spielen Träume eine Rolle. Ich erinnere an Jakobs Traum, die Träume in den Josefsgeschichten, die Träume des Nebukadnezar, die Träume rund um das Geburtsgeschehen von Jesus und vor seinem Tod oder in der Orientierungsphase der ersten Christengemeinden.

Träume sind Geschenke der vielgestaltigen göttlichen Weisheit, die sich mit unserer eigenen, ganz persönlichen inneren Weisheit verbindet, um uns zu begleiten, zu beschenken, aufzurütteln, zu warnen und – wenn nötig – uns Licht und Klärung zu bringen, wo unser Tagesbewußtsein verdunkelt ist und wir eher blind und taub sind.

Wem es zur Gewohnheit geworden ist, auf die eigenen Träume zu achten, sie eventuell auch aufzuschreiben, der kann oft einen roten Faden der Entwicklung erkennen, nachvollziehen, wie Themen sich entfalten und zum Abschluß gebracht werden. Eindrücklich zeigen das manche Traumserien, wie sie z.B. unter therapeutischer Begleitung aufgezeichnet worden sind.[17] An Wendepunkten in unserem Leben sind Träume manchmal wichtige Gefährten. Engeln gleich, künden sie uns in schweren Zeiten Hoffnung. Solche Träume bleiben manchmal ein Leben lang in Erinnerung.

So träumte ein elfjähriges Mädchen, nachdem es völlig überraschend die Probezeit in der fünften Klasse des Gymnasiums nicht bestanden hatte und darüber zuerst ganz verzweifelt war, daß sie im Regen steht, plötzlich jedoch entdeckt, daß das, was auf sie herabregnet, glänzt und wie ein Goldregen ist – ähnlich, wie es im Märchen von der Frau Holle zugeht. Noch Jahre später ist sie froh über die »glückliche« Fügung, daß sie damals in dieser Schule »durchgefallen« war; denn durch den Wechsel auf ein anderes Gymnasium kam sie erst richtig zum Zug und war dort bis zum Abitur gerne und mit guten Noten.

Auch den zehnjährigen Jungen, der die Trennung seiner Eltern verkraften muß, leiten die Träume mit ihrer Weisheit: So träumt er, kurz nachdem sein Vater auszog, und erzählt seiner Mutter: »Ich sollte eine Brücke bauen von hier bis nach China übers Meer. Und ich hab' angefangen, Stein auf Stein gebaut und dann plötzlich gemerkt, das kann ich gar nicht. Das kann kein Mensch, das ist ganz unmöglich.«

Der Traum spiegelt das Wissen um die unendliche Entfernung zwischen den Eltern, die sich plötzlich aufgetan hat, ebenso wie den typischen Versuch, den Kinder oft unternehmen, deren Eltern auseinandergehen, Brücken zu bauen. Hierzu sagt die Weisheit des Traumes deutlich »Nein: das ist nicht deine Aufgabe!«

Auch nachfolgende Träume vom schwankenden Boden, von Monstern zeigen die Tiefe der Verletzung, die Krise dieses Jungen, der sich nun auf eine tiefe Veränderung in seinem Leben einstellen muß. Verliert er doch nicht nur das Miteinander der Eltern, sondern auch sein bisher vertrautes und geliebtes Zuhause. In Unsicherheit und manchen Enttäuschungen, die folgen, träumt er zwei Träume: »Da sind zwei Männer, der eine heißt Bitter und der andere heißt Kalt. Und eine Frau ist da, die heißt Gut. Und da ist noch jemand viertes, dessen Namen weiß ich nicht mehr. Die beiden Männer Bitter und Kalt habe ich fortgeschickt…«

»Da waren ein Junge und ein Mädchen und ein Baum. Und unter dem Baum gruben sie und fanden nichts. Vielleicht suchten sie einen Schatz. Enttäuscht wollte der Junge schon aufgeben und weggehen, aber das kleine Mädchen nicht. Da funkelte und glitzerte plötzlich ein Ast an dem kahlen Baum, wie von lauter

Edelsteinen…« Als bald darauf der Umzug in das neue Haus erfolgt, kann der zehnjährige Junge sich besser darauf einstellen als erwartet.

Trotzdem kommen noch Trauervögel in der Nacht zu ihm:»Mami, heute habe ich von einem großen schwarzen Vogel geträumt – er war so groß wie ein Haus…«
Die Weisheit schickt ihm noch einen anderen Traum. Es sind schon Monate vergangen im neuen Zuhause, vielleicht ein Jahr. Da träumt er:»Ich war in unserem alten Garten bei unserem alten Haus und wir (d.h. die ganze Familie) waren alles Eichhörnchen und kletterten auf den Bäumen herum. Und da war ein uralter Mann, ganz riesig. Und er aß die Erde, die Erde von unserem alten Garten, die Regenwürmer hingen noch aus seinem Mund…« Ist es das, was als Abschiedsarbeit ansteht: sich den Boden einverleiben, durchkauen und verdauen, Vorräte sammeln, wie die Eichhörnchen?

Die Weisheit der Träume schenkt Hoffnung, wenn alles aussichtslos erscheint: Elisas erster Traum nach dem Umzug mit den Kindern in ein neues Haus, als sie meint, in all den Anstrengungen der letzten Wochen und der Trauer zu versinken, war folgender:
»Ich soll in ein tiefes Wasser tauchen, aber ich habe Angst davor, zu ertrinken. Da ist jedoch jemand hinter mir und hält mich und sagt, ich bin bei dir. Wenn du in die Tiefe tauchst, wirst du eine kostbare Perle finden.
Und ich tauche und sehe die Perle.«
Wenn Elisa in ihrer neuen Situation mutlos werden will oder Alpträume sie verfolgen, dann muß sie immer wieder an diesen Traum denken.

Worte der Weisheit:
»Suchet zuerst das Reich Gottes und nach
seiner Gerechtigkeit, so wird euch das alles
(was ihr braucht) zufallen« (Matthäus 6,33)

Wenn ich die Einsicht tief in mich einlasse, daß die göttliche Weisheit überall am Werk ist, dann kann ich ihr auch überall begegnen. In den Wunderwerken der Natur, dem Zusammenspiel vieler Kräfte genauso wie in dem, was mir »zufällt«, mir begegnet in den vielen kleinen und großen Dingen des Alltags.

Die Schöpfungsweisheit befragen heißt, z.b. von den Rhythmen der Natur zu lernen, daß alles seine Zeit hat, das Säen und Pflanzen, das Wachsen, das Ausreißen und Ernten. Daß das Geheimnis des Lebens die Wandlung zu immer neuer Gestalt ist. Daß im kleinen Senfkorn schon der gesamte Bauplan eines großen Baumes enthalten ist. Daß vieles im Verborgenen, im Dunkel wachsen muß, bis es ans Licht kommt. Wenn die Zeit dann da ist und die Raupe lange genug in ihrem Kokon eingesponnen war, dann kann sie ihr altes Kleid abwerfen, das nur noch eine Hülle ist, und ein Schmetterling entfaltet seine Flügel. Nichts erinnert mehr an die alte Gestalt. Leben ist Gestaltwandel, das sagt uns die Schöpfungsweisheit auf vielfache Weise. Daß das auch für uns Menschen in unserer psychischen Entwicklung gilt, wurde ja schon deutlich (vgl. Kapitel 2).

Die Schöpfungsweisheit befragen heißt, wieder und immer wieder das Staunen zu lernen, indem ich mich der Natur stets neu nähere und mich mit den Augen eines Kindes aussetze.

Die Schöpfungsweisheit befragen heißt, sich ihr unterzuordnen bei all den wichtigen, folgenreichen Entscheidungen, z.b. der Gentechnologie, der Weiterentwicklung umweltförderlicher Technik, zur Heilung unserer schon so geschädigten Erde. Sie hat versprochen zu antworten – wer fragt nach ihr?

Nach der Schöpfungsweisheit fragen heißt, nach Sinn und Ziel der Schöpfung zu fragen. Das bedeutet, sich in Einklang zu bringen mit der Harmonie des Kosmos. Das bedeutet, zuerst nach dem Reich Gottes zu suchen, von dem Jesus so viel in Bildern und Gleichnissen sprach. Das in unseren Ohren so altmodische Wort »trachten«, wie Luther dieses Suchen übersetzt hat, spiegelt gut das leidenschaftliche Verlangen wider, das damit gemeint ist.

Wer mit aller Leidenschaft nach dem Reich Gottes (aramäisch: *malkuthach*) trachtet, dem wird das, was er braucht, zufallen. *Malkuthach* meint hier wieder das Prinzip der göttlichen Leitung, der kreativen Energie, die uns in aller Vielfalt doch zur Einheit hinlenkt.[18] *Malkuthach* meint, sich selbst in Übereinstimmung zu bringen mit dem umfassenden, schöpferischen göttlichen Willen. Dieser göttliche Wille wird mit »Gerechtigkeit« ausgedrückt. Hinter diesem Begriff steht eine lebendige hebräische theologische Tradition, die mit unserer Übersetzung überhaupt nicht wiedergegeben wird. »Zedaka«, Gerechtigkeit ist da, wo die Beziehung zu Gott, der Menschen untereinander, ja auch zu den Tieren, zur gesamten Mitwelt in Ordnung und im Gleichgewicht ist. Ja, *zedaka* ist wie ein Kraftfeld, in das Menschen einbezogen werden können, deren Tun dann in Gerechtigkeit geschieht.[19] Wer danach trachtet, sich ausrichtet, dem wird zufallen, was er braucht.

Was braucht ein Mensch?

Eine kleine chassidische Geschichte[20] *ist mir dazu in die Hände gefallen:*
Rabbi Jechiel Michal lebte anfangs in großer Armut. Doch verließ ihn die Freude nicht für eine Stunde. Einst fragte ihn jemand: »*Rabbi, wie betet Ihr nur jeden Tag: Gesegnet, der mir alles, dessen ich bedarf, gewährt? Es fehlt Euch doch alles, was ein Mensch braucht!*« *Er antwortete:* »*Sicherlich ist, wessen ich bedarf, eben die Armut, und die ist mir ja gewährt!*«

Die Weisheit der Geschichte spricht für sich, bedeutet jedoch keine Verherrlichung der Armut, sondern zeigt das tiefe Vertrauen auf die göttliche Liebe und Gerechtigkeit, von der die wahre Lebensfreude

herfließt – unabhängig von äußeren, schwierigen Lebensumständen.
Wer nach dem Sinn, nach der Bedeutung all dessen fragt, was uns geschieht, uns zufällt, ist auf den Spuren der Weisheit.

Die Zufälle, die uns zufallen

Gerne habe ich als Kind den Geschichten zugehört, in denen es darum ging, daß das Schicksal diese oder jene Wendung nehmen konnte, weil »zufällig« diese oder jene Begegnung stattgefunden oder eine Verzögerung ein Unglück verhindert hat. Ich lauschte den Erzählungen von den seltsamen Vorahnungen, die Menschen überfallen können, so als ob der Vorhang, der vor der Zukunft hängt, für einen Moment weggezogen wäre und die uns bekannten Gesetze von Raum und Zeit nicht mehr gelten.
Oft ergeben solche Erfahrungen ja erst im nachhinein einen Sinn. Sie können erschrecken oder schenken uns das Gefühl einer großen Gnade, ein Gefühl der Zusammengehörigkeit in einem Wirkungszusammenhang, in den wir mit hineingehören.
In der spirituellen Tradition des Ostens gibt es den Begriff des TAO, mit dem versucht wird, dieses universelle Prinzip der Weisheit, das den Kosmos durchzieht und sämtliche Erscheinungsformen,wie Menschen, Tiere, Pflanzen und Dinge, von den Atomteilchen bis zu den Galaxien, als jeweils einen Aspekt des Einen darzustellen.[21]Diese letztlich mystische Zusammenschau erkennt das tiefe Miteinanderverbundensein aller Dinge und Ereignisse.
Auch Strömungen der modernen Physik (z.B. Frithjof Capra) kommen zu ähnlichen Erkenntnissen:»Die Quantenphysik hat das Bild eines alles mit allem verknüpfenden kosmischen Netzes entworfen, indem der menschliche Beobachter zugleich Beteiligter ist.«[22]
Bei seinen Forschungen über die menschliche Psyche stellte C.G. Jung die These auf,»daß sowohl die Menschen als auch alle belebte und unbelebte Materie durch das kollektive Unbewußte miteinander verbunden seien«.[23] Von der Erfahrung dieser Verbun-

denheit her entwirft C. G. Jung den Begriff der Synchronizität. Er beschreibt den Zusammenhang zwischen zwei Ereignissen, die sinngemäß miteinander verknüpft sind, wobei sich dieser Zusammenhang nicht durch das uns bekannte Gesetz von Ursache und Wirkung erklären läßt.

So kann die anscheinend unbelebte Materie auf Ereignisse reagieren. Ein bekanntes Bespiel ist, daß Uhren häufig zu der Zeit stehenbleiben, in der der Besitzer stirbt (von Friedrich dem Großen wird das berichtet); daß im Todesfall Spiegel zerbrechen, Bilder von der Wand fallen, oder bei einer starken Gefühlskrise, die jemand durchmacht, unerklärliche, oft gehäuft auftretende Schäden im Haus vorkommen.[24]

Solch ein zeitliches Zusammentreffen eines inneren und äußeren Ereignisses läßt nach dem Sinn fragen. Es ist gleichsam für den Betroffenen und sein Umfeld so etwas wie eine Verstärkung, dient oft als Anstoß, das Augenmerk auf die not-wendige Erkenntnis zu lenken, so als ob unsere innere Weisheit, gerade wenn wir nicht so gut mit ihr in Kontakt sind, auch äußere Welt in Bewegung setzt, so daß wir endlich aufmerken.

So ist es ein zutreffender Zufall, wenn eine Frau, die schon länger dachte: es geht nicht mehr, sich beim Skifahren das Bein bricht und nun wirklich nicht mehr gehen kann, nun zwangsweise ihre Belastungen abgeben muß und zur Ruhe kommt, wie mir kürzlich eine Bekannte von sich erzählte.

Die Bedeutung, der Sinn der anscheinend so zufälligen Unfälle oder mancher Krankheiten ist erst dann angekommen, wenn wir als Betroffene ganz persönlich das untrügliche Gefühl haben: Das, genau das, wollte mir mein »Unfall«, meine Krankheit sagen. Manchmal brauche ich dazu die Hilfe anderer. Andererseits warne ich vor dem oft lieblosen Deuten solcher Ereignisse, die anderen zustoßen. Jede und jeder ist aufgerufen, den roten Faden des Sinns der inneren Weisheit selbst zu finden.

Eine Frau, deren Mann sich vor einiger Zeit von ihr getrennt hatte, rutschte auf dem Eis aus, das überraschend über Nacht vor ihrem Haus gefroren war, und fiel sehr schmerzhaft auf den Rücken. Während sie sich vor Schmerzen kaum rühren konnte und festlag, hatte sie Zeit, ihre»Lage« intensiv zu überdenken: all ihre Hoffnung, ihre Zeichen, die sie ihrem Mann gegeben hatte, die auf Gespräch und Versöhnung hinzielten, waren auf Eis gestoßen. Es brauchte Zeit, bis sie die Botschaft des Unfalls verstand: auf diesem Eis rutschst du aus. Paß auf, daß du dich nicht noch mehr selbst verletzt. Geh vorsichtig mit dir selber um. Beachte die»Wetterlage«! Diese Erkenntnis war hart, aber zu ihrem Selbstschutz notwendig.

Auf dem Weg der Beziehung

Je aufmerksamer ich lebe, desto mehr erfahre ich mich im Kraftfeld der göttlichen Weisheit, erfahre ich in meinem Leben Sinn (auch wenn der Sinn sich immer wieder verändert und erweitert). Unter dem Prinzip der Führung, der göttlichen Leitung, erfahre ich mich selbst.
Wer ist denn nun dieses»ich – selbst«, als das wir uns oft bezeichnen und erleben? Vielfach wurden die Begriffe»Selbstverwirklichung« und»Selbsterfahrung« kritisch angegriffen, als ein unter dem Prüfstein christlicher Nächstenliebe nicht zulässiger Egotrip.[25] Da, wo das Individuum ständig nur sich selbst bespiegelt und auf seine Bedürfnisse pocht, die es sich erfüllen muß, und dabei das Prinzip der Liebe und des Bezogenseins verletzt und das Ganze auch noch Selbstverwirklichung nennt, geschieht in der Tat ein grandioser Egotrip, der eher auf frühe Defizite hinweist.
C.G.Jung verstand unter dem Begriff»Selbst« nicht in erster Linie das»Ich« als Zentrum der Persönlichkeit mit seinen bewußten und unbewußten Teilen, sondern das»Selbst«, das noch darüber hinausgeht. Es ist Ziel der psychischen Entwicklung, zu dem zu werden, wie wir gedacht sind. Es ist aber auch der Kern unserer Persönlichkeit, von dem her zielgerichtet Wachstum organisiert wird, so daß wir unser Lebensmuster in dem großen Gewebe des Kosmos verwirklichen.[26] Das *Selbst* bei Jung hat, wie ich meine, eine spirituelle Dimension.

Andere haben den Begriff des »Höheren Selbst« eingeführt, um deutlich zu machen, daß wir mehr sind als unser kleines Ego in unserer begrenzten Lebenszeit. Daß wir eine Lebensaufgabe haben, die es herauszufinden gilt, wenn wir mit unserem höheren Selbst in Verbindung kommen. Wer so nach dem *Selbst* fragt und dabei die innere Weisheit um Weisung bittet, ist auf einem spirituellen Weg. Das ist auf dieser Welt kein einsamer Weg, sondern immer ein Weg der Bezogenheit.

In dem großen Gebot der Liebe: Du sollst Gott lieben von ganzem Herzen, von ganzer Seele und von ganzem Gemüt und deinen Nächsten wie dich selbst, wird für mich die Funktion des *Selbst* umschrieben: Ein Beziehungsgeschehen der Liebe, das sich in diesem Dreieck abspielt: in der Hingabe an die göttliche Weisheit, an den liebevollen Willen Gottes für alle, in der liebevollen Zuwendung zu meinem Nächsten, an die, die auf geheimnisvolle Weise in meine Nähe gezogen wurden[27], und in der liebevollen Zuwendung und Achtung mir selbst gegenüber. Wenn alle Aspekte im Gleichgewicht sind, geschieht ein Stück Reich Gottes. Was in einem eher patriarchal verstandenen Bezugssystem als ein »Soll« vermittelt wird, das von »oben« kommt, wird von der Erfahrung der Verbundenheit alles mit allem als eine tiefe Einsicht in die Harmonie des Seins erlebt. Nicht mehr ein Gebot, sondern eine Beziehungsantwort ist dieses Dreieck, eine Beziehungsantwort auf das Geschenk der göttlichen Fülle alles Lebendigen in Liebe. Diese schöpferische Kraft wurde in alten Zeiten in matriarchalen Kulturen ebenfalls in einem Dreieck symbolisiert: das Dreieck mit der Spitze nach unten repräsentierte die weibliche gebende Kraft.[28] Dort, wo sich diese beiden Dreiecke durchdringen: die weiblich-mütterliche, schöpferisch gebärende und sich schenkende Kraft mit der in Liebe antwortenden, in Verantwortung tätigen Beziehungskraft, dort entsteht ein sechszackiger Stern[29], ebenfalls ein altes Symbol. Für Israel wurde dieser »Davidsstern« zum Identifikationssymbol.

211

Der Weisheit das Herz öffnen

Da wir uns also bereits im Kraftfeld der Weisheit befinden durch unser Sein, unser Bewußtsein sich jedoch oft abgeschnitten und einsam erlebt (vgl. Kapitel 1), kommt es nun darauf an, daß wir uns neu dieser Verbundenheit vergewissern. Wie wir schon sahen, bedient sich die Weisheit vor allem der Sprache der Symbole, der Träume, der Märchen, der Intuition, der Klänge, der Tänze, aller Dinge, die der rechten Hirnhälfte zugeordnet werden.

Diese Seite ist zugegebenermaßen in unserer westlich geprägten Kultur zutiefst unterentwickelt und auch vielfach abgewertet, allein dem Weiblichen zugeordnet worden.

Wenn sich nun immer mehr Menschen aufmachen, nach Weisheit statt nach Wissen zu fragen, die Gestalt der Sophia wieder heraufbeschwören, so läßt dies Hoffnung schöpfen für diese Welt.

Es gibt sicher viele Wege, der Weisheit eine Wohnung zu bereiten. Ein erster Schritt ist, ich sage es immer wieder, ihr das Herz zu öffnen. Das Herz zu öffnen, ist zunächst einmal eine grundlegende Lebenseinstellung. Sie kann zum Ausdruck kommen in der ständigen Zwiesprache mit Gott in dem, was wir Gebet nennen, oder in der Meditation, im Leerwerden und Loslassen der eigenen Gedanken und Gefühle, um auf die Klänge des Ursprungs zu lauschen, auf das, was die Weisheit *uns* zu sagen hat.

Der Weisheit das Herz zu öffnen und ihr eine Wohnung zu bereiten, ist ein Weg, der Übung und eine gewisse Regelmäßigkeit erfordert. Dabei ist es wichtig, den eigenen persönlichen Weg zu finden.

Ein Geschenk der mystischen Traditionen des Osten wie des Westens ist das Herzensgebet, das fortwährende innerliche Anrufen heiliger Worte oder des göttlichen Namens im Rhythmus unseres Atems.[30] Aus der Frömmigkeit der russischen Mönche, der Starzen, stammt das jahrhundertealte Jesusgebet:
»Herr Jesus Christus, Sohn Gottes, erbarme Dich meiner«. In seiner Zentrierung auf Jesus, der Verkörperung göttlicher Liebe und Weisung, entsprach dieses Gebet dem angestrebten Meister-Schüler-Verhältnis. In der Anrufung des Erbarmens schwingt die Verbin-

dung mit dem Urgrund allen Seins mit:»Erbarme Dich« heißt von
seiner hebräischen Wurzel her: Öffne deinen Mutterschoß für mich.
In dem Wissen, daß Jesus in der Weisheitstradition stand, Verkün-
der und Sprachrohr der göttlichen Weisheit war, hinter der wiederum das uralte mütterliche Antlitz Gottes steht, kann auch dieses alte
Jesusgebet eine neue Bedeutung gewinnen.
Mit unserem Herzen können wir die »hochma«, die Weisheit, rufen
und sie mit unserem Atem einlassen. Mit den sanften h-und ch-Lau-
ten beim Einatmen spüren wir dem Lebenshauch nach, der Lebensenergie, die in uns einströmt, und mit dem -ma lassen wir diese
Energie zurückströmen, geben wir sie wieder nach außen.[31]
Viele Menschen haben die alten Weisheitstraditionen für sich wiederentdeckt, wie sie z.b. in dem Buch der Wandlungen, dem I Ging
zum Ausdruck kommen, das aus den Überlieferungen des Ostens
stammt, oder in den Runen, die aus dem germanisch-keltischen Bereich herstammen.[32]
Das I Ging ist ein uraltes Weisheitsbuch, dessen Anfänge in mythische Zeiten zurückreichen. Die zwei wichtigsten Zweige der chine-
sischen Philosophie – der Taoismus und der Konfuzianismus – wurzeln in diesem Werk. In seiner jetzigen Fassung stammt es aus dem
dritten Jahrtausend. Seine Weisheit wurde in Lebenssituationen zu
Rate gezogen, die nach Wegweisung riefen.[33] C.G. Jung hat tiefe
Erfahrungen mit diesem Buch gemacht, was wiederum Einfluß auf
seine Lehre des Individuationsprozesses, die Struktur des Selbst
und seine These von der Synchronizität hatte.
Wer mit diesen alte Weisheitstraditionen in Ehrfurcht des Herzens
und mit Offenheit arbeitet, macht die Erfahrung der Synchronizität,
des Zusammenspiels von innen und außen.[34]
Auch in den Überlieferungen des Tarot, der Astrologie oder in der
Lehre des Enneagrammes haben uralte Weisheitserfahrungen ihren
Niederschlag gefunden.
Für mich gilt hier: Vieles ist gut, aber nicht alles ist für jede und für
jeden nützlich.
Wer sein Herz wahrhaftig und in Demut der Weisheit öffnet, wird
den ihm gemäßen Weg finden und das Wichtige vom Unwichtigen

scheiden. Da der Weg der Weisheit ein Weg der Liebe ist, ist damit auch immer der Weg der Öffnung für die Sorgen und Nöte der anderen mitgemeint. Sie stellt die Frage nach meinem Lebensstil, nach meinem sozialen und politischen Engagement. Nicht ich soll die Weisheit für meine Zwecke gebrauchen, sondern sie will mich für ihre Zwecke gebrauchen, da sie immer das Ganze im Blick hat.

Die Kraft der Bilder, der Symbole und Tänze

In meinen Seminaren und Bibliodramakursen ist es mir schon viele Jahre zur Gewohnheit geworden, immer wieder auch die Weisheit in bestimmten Übungen und gelenkten Phantasien zu rufen. Ich bin jedesmal fasziniert davon, in welchen Bildern und Symbolen sie dem einzelnen erscheint und Weisung gibt.

Vor etwa zwanzig Jahren lernte ich die »Reise zum weisen Mann« als Phantasieübung kennen. Je länger ich mich mit den Traditionen der Weisheit beschäftigt hatte, desto mehr empfand ich dies als eine Einengung auf den männlichen Aspekt. Eine Zeitlang habe ich immer wieder die »weise Frau« zum Gegenstand meiner Imagination gemacht – für Frauen oft eine Hilfe, wieder Zugang zu ihrer verschütteten weiblichen Weisheit zu bekommen. In den letzten Jahren ist die Weisheit ganz allgemein Ziel meiner Imaginationen.

Ich überlasse es ihr, in welcher Gestalt sie den Menschen, die sich zu ihr auf den Weg machen, erscheint und zeigt.

Tief berührende und archaische Bilder tauchen auf. Ist es einmal der leuchtende Busch, ein Baum, dann das Innere eines Baumes mit seinen Jahresringen, so ist es ein anderes Mal eine weibliche Gestalt: Manchmal erscheint sie als alte, weise, gütige Frau (manchmal auch am Spinnrad) oder als lichtvolles Wesen, einer Fee gleich, einer feurigen Säule ähnlich. Da sind die Stimme am Wasser, ein weiser Mann am Brunnen, ein Fels, die Höhe eines Berges, das Meer mit seinem Wellenrhythmus oder eine Höhle.

Ebenso vielfältig sind die Geschenke der Weisheit: ganz oft ist es eine klare Kugel, ein Stein (häufig ein Bergkristall), eine Muschel, eine Perle, ein Ring, ein viereckiges Tuch, Brot, Wasser, ein blühender Kirschbaum, der Saft eines Baumes, eine Rose, ein viereckiges Kästchen, ein Honigtöpfchen, eine Schale oder ein Kelch. Daneben können auch graphische Symbole auftauchen, z.b. das Kreuz, das Yin- und Yang-Zeichen, die Doppelspirale, das Dreieck in beiden Gestalten und andere.

Sind die Bilder der Weisheit oft archaisch, so treffen sie doch meist unmittelbar die jeweilige Lebenssituation. Sie stehen in Beziehung und bringen manche Dinge auf den Punkt. Das wird besonders deutlich in Gruppen, die längere Zeit beieinander sind, in denen Menschen sich kennengelernt, sich mit ihrer Lebensgeschichte und ihrer jeweiligen Situation gezeigt haben.

Eine Frau stieß zu einer Frauengruppe neu dazu, mit der ich schon länger gearbeitet hatte. Für sie war alles neu und ungewohnt, z.b. sich mit ihrer Lebensgeschichte oder mit spirituellen Themen zu beschäftigen. In ihrer ersten Reise zur Weisheit begegnete ihr eine Fee, die ihr ein Geschenk gab: ein viereckiges Paket, das aber noch verpackt war.

Ein Jahr später traf sich die Gruppe wieder, und wir machten uns wieder auf den Weg zur Weisheit. Die erwähnte Frau schrieb ihre Reise auf:

»Auf einer bunten Wiese, in deren Mitte ein großer, blühender Baum stand, begann der Weg zur Weisheit. Die Zwischenstationen meiner langen Wanderung befanden sich stets an exponierten Stellen, sozusagen auf den Dächern der Welt, von denen aus ich unglaublich schöne Rundblicke hatte, über Felder, Wälder, Ebenen und Bergketten. Unberührte Natur in unendlicher Weite durfte ich jedesmal überblicken. Plötzlich befand ich mich am Strand einer von kleinen Dünen begrenzten Meeresbucht. Ganz weit weg auf der anderen Seite verschwammen zwei Berge im Dunst. Vor mir aber stand die höhere Weisheit. Sie hatte Menschengestalt, und der Wind ließ ihr zartes, weißes langes Gewand flattern. Ihr Gesicht konnte ich nicht sehen. Ich bat sie, mir ein Stück meiner selbst zu geben. Das geht nicht, erklärte sie mir, aber ich will dir

Geduld schenken. Kaum hatte sie das gesagt, ließ sie auch schon eine Handvoll feinen Sand in meine rechte Hand rieseln. Dann war sie verschwunden, und ich kam übergangslos zurück ins Hier und Jetzt. Nun, nachdem ich meine Geschichte zu Papier gebracht habe, merke ich, daß sich in mir eine große Ruhe ausbreitet, wenn ich an den Sand in meiner Hand denke.«

Wieder ein Jahr später formen sich für sie kraftvolle Bergkristallspitzen aus einer dunklen Höhle. Ähnlich kraftvoll hat sie damals ihren Beruf neu geordnet und Kraftvolles weitergegeben.

Mir selber ist das Symbol des Kelches auf verschiedene Weise erschienen und wichtig geworden.

Vor etwa sechs Jahren hatte ich eine sehr dunkle »Kelch-Erfahrung«. Ich sah in einen Kelch, und eine unglaubliche Schwärze stieg daraus hervor. Eine Verbindung mit dem Bild des Leidenskelches ergab sich wie von selbst. Da es mir zu diesem Zeitpunkt recht gut ging – mein erstes Buch war gerade in Arbeit und stieß auf reges Interesse –, war ich sehr verwundert, aber auch beunruhigt. Das Gefühl einer dunklen Vorahnung blieb.

Ein bis zwei Jahre später dachte ich wiederholt an meinen Kelch, als Schwarzes wirklich in Form von Tod und tiefen Familienkrisen über mich hereinbrach.

Als es mir im letzten Jahr nochmals sehr schlecht ging, stieg folgendes Bild vor mir auf: Die Weisheit gab mir eine Handvoll schwarze Erde. Wie tiefschwarzer, feuchter Ton klebte sie an meinen Händen. Ich knetete diese schwarze Tonerde, und plötzlich erhob sich da heraus ein strahlender goldener Kelch. Dieses Bild aus einer Imagination heraus war wie ein Geschenk für mich.

Einige Zeit später träumte ich – wie zur Verstärkung – ein ähnliches Bild: Diesmal hielt ich keine schwarze Tonerde in den Händen, sondern so etwas wie Knetgummi in allen Regenbogenfarben. Und wieder formte sich ein goldener Kelch.

Ist nicht das Schwarze nur »verdunkeltes Licht«, wie Graf Dürckheim es einmal formulierte? Sind nicht alle Farben auch darin enthalten? Die Weisheit weiß es.

In den letzten Jahren gibt es eine neue »Untergrundbewegung«, die allmählich auch in manchen traditionellen Gottesdienst hineinfließt. Ich meine das sich über alle Kontinente ausbreitende Interesse an meditativen Tänzen in den verschiedensten Formen. Menschen finden in diesen Kreistänzen wieder zurück zu den Urbewegungen allen Lebens: geboren werden, einen Weg gehen, mit den Erfahrungen vorwärtskommen, aber auch Rückschritte machen, sich freuen, begeistern in den Begegnungen, aber auch Abschied nehmen, Schmerz und Trauer zulassen, weiter gehen, sterben und auferstehen, sich neigen vor dem Ewigen und lobpreisen.

Zu der spirituellen Kraft dieser Tänze gehört das Bezogensein alles mit allem: die Verbindung mit der Erde genauso wie mit dem ganzen Universum, mit dem Urprung aller Dinge, mit der göttlichen Weisheit, mit Mütterlichem und Väterlichem, mit Weiblichem und Männlichem. Für mich sind diese Tänze ein Geschenk der Weisheit, die selber eine Tanzende ist. Ihre heilende und verbindende Kraft ist erfahrbar. Während ich das schreibe, merke ich, daß auch dies, wie vieles andere, das ich erzählt habe, mit Worten schwer beschreibbar ist. Die Kraft der Tänze kann nur beim Tanzen selber erfahren werden. Auch dies ist ein spiritueller Übungsweg, der Wiederholung braucht.[35]

Im roten Faden der Weisheit verbunden

Wie vielfältig auch die Muster der Weisheit sind, zu welch unterschiedlichen Formen und Bildern sie sich zusammensetzen, so läßt sich ihre Ur-Energie für mich am besten in der Farbe Rot ausdrükken, der Lebensfarbe schlechthin, die alles mit Liebe und Leidenschaft durchzieht.

In ihrem Kraftfeld verwandeln sich auch die schwarzen Fäden der Vergangenheit, die destruktiven Muster, in schöpferisches Rot. In ihrem Kraftfeld werden die schwarzen Fäden erst sichtbar, mit denen wir kollektiv in unsere Frauen- und Männergeschichte hineinverwickelt sind, mit all den Folgen für unseren Planeten.

In ihrem Kraftfeld werden Zusammenhänge deutlich, die wir oft schon als roten Faden bezeichnen, wenn unsere persönlichen Lebensthemen uns plötzlich aneinandergereiht vor Augen stehen, uns ein Licht aufgeht und wir Sinn erkennen.

Im Kraftfeld der Weisheit erkennen wir aber auch das kollektive Verwoben- und Verwickeltsein in unsere Familiengeschichte, in die unseres Volkes, in unseren kulturellen und geistigen Wurzelgrund genauso wie in den kosmischen Zusammenhang.

Dieser kosmische Zusammenhang ist uns vielleicht noch am meisten verborgen. Mystikerinnen und Mystiker aller Zeiten haben in Bildern von ihm gesprochen. Ein sehr altes Bild ist die Vorstellung eines kosmischen Gewebes des Alls.[36]

Auch der Vorhang des Tempels in Jerusalem soll ein Abbild des Kosmos gewesen sein.[37]

Nach der Überlieferung des apokryphen Jakobusevangeliums sollen sieben auserwählte Jungfrauen diesen Tempelvorhang herstellen. Die junge Maria ist eine von ihnen. Durch Los wird entschieden, wer für die verschiedenen Farben zuständig ist. Maria soll das »Purpurrot« und das »Scharlach« spinnen (auf der russischen Verkündigungs-Ikone wird sie seither immer mit der roten Spindel in der Hand dargestellt). Während sie nun zu Hause den »roten Faden« für des Abbild des Kosmos spinnt, tritt der Engel zu ihr und verkündet ihr, daß sie den empfangen und gebären soll, dessen Name Jesus (d.h. »Gott hilft«) sein soll.

Rot – die Farbe der Urenergie, des Blutes, des Lebens, der Liebe, eine königliche Farbe aus dem Kraftfeld der schöpferischen Weisheit, der heiligen Geistin überschattet Maria auf dieser Ikone der Verkündigung. In der mystischen Vereinigung mit dieser Kraft soll sie ein sichtbares Zeichen gebären: das Kind mit dem Namen »Gott hilft«. Auf der im Zyklus darauffolgenden Ikone, auf der die Geburt in Bethlehem dargestellt wird, sehen wir das göttliche Kind nun in ein rotes Band gewickelt. Wieder taucht hier das Motiv des roten Fadens auf, das die Verbindung zeigt zu dem roten Faden der Liebe, der das kosmische Gewebe durchzieht, der durch Maria hindurchgeht und nun an Jesus die Aufgabe weitergibt, ihn zu »entwickeln«.

Je mehr wir unsere Fäden aus der Vergangenheit entwirren, die Verknotungen lösen aus dem Kraftfeld der Weisheit heraus und das Dunkle in leuchtendes Rot verwandeln, das uns neue Lebensenergie gibt, desto mehr sind wir verbunden mit dem Göttlichen. Mit dem kleinen roten Faden unseres Lebens, den es zu entwickeln gilt und in dem wir das TAO erfahren, ein Stück Sinn, sind wir verbunden mit dem großen roten Faden, der den Kosmos durchzieht und letztendlich heißt: Gott rettet! Gott hilft! Gott ist letztendlich Liebe!

Den Weg zur Weisheit beschreiten

Ich möchte Sie einladen, sich auf den Weg zur Weisheit zu machen.
- Suchen Sie sich einen ruhigen Platz aus, wo Sie sich entspannt hinsetzen oder hinlegen können.
- Schließen Sie die Augen.
- Spüren Sie den Boden unter sich, der Sie trägt, und lassen Sie Ihren Atem ganz durch Ihren Körper hindurchfließen.
- Spüren sie, wie es in Ihnen atmet, wie Sie nichts dazutun müssen, wie Sie angeschlossen sind an einen größeren Rhythmus des Lebens.
  Finden Sie den eigenen Rhythmus Ihres Atems.
- Nun stellen Sie sich vor, Sie machen sich auf den Weg zu dem Ort, wo die Weisheit wohnt.
- Schauen Sie an sich herab: Wie sieht Ihre Kleidung aus, wenn Sie auf dem Weg zur Weisheit sind?
- Nun machen Sie sich auf den Weg. Wie sieht der Weg aus? Wie sieht die Landschaft aus, die um Sie herum ist? Schauen Sie sich gut um…
- Während Sie Ihren Weg gehen, taucht plötzlich ein Hindernis vor Ihnen auf. Wie sieht es aus?
- Auf dem Weg zur Weisheit schaffen Sie es jedoch, trotz dieses Hindernisses, weiterzukommen. Was tun Sie?

Schmetterlinge

- Nun schauen Sie sich wieder um: Wie sieht die Landschaft jetzt aus?
- Gehen sie nun weiter, bis Sie an den Ort kommen, wo die Weisheit wohnt. Wie sieht es dort aus?
- Die Weisheit ist da und wartet auf Sie. Was sehen Sie?
- Sie dürfen die Weisheit um etwas bitten. Hören Sie, was die Weisheit Ihnen antwortet.
- Zum Abschied gibt die Weisheit Ihnen ein Geschenk mit. Was ist ihr Geschenk für Sie?
- Bedanken Sie sich bei der Weisheit für das, was Sie bekommen haben, und verabschieden Sie sich von ihr.
- Und nun gehen Sie den Weg zurück. Schauen Sie sich um, wie jetzt die Landschaft um Sie herum aussieht...
- Und dann kommen Sie wieder zurück in diesen Raum, bewegen Ihre Hände und Füße, öffnen behutsam die Augen, recken und strecken sich und sind wieder da.

Das Geschenk der Schmetterlinge

Der Schmetterling ist ein altes Symbol für Gestaltwandel und für Entfaltung unseres Wesens. Die heilende Kraft der Farben ist vor allem in den letzten Jahren verstärkt in das Blickfeld vieler Menschen gerückt. Ich verbinde in der folgenden Übung beides miteinander, im Vertrauen auf die innere Weisheit, die anleitet.

- Setzen Sie sich aufrecht und entspannt hin, und schließen die Augen.
- Freuen Sie sich, daß Sie an den großen Rhythmus des Lebens angeschlossen sind.
- Spüren Sie den Atem durch Sie hindurchfließen im Ein und im Aus, im Ein und im Aus... Finden Sie Ihren eigenen Rhythmus...

- Nun stellen Sie sich eine Landschaft vor, in der Sie sich wohl-fühlen. Freuen Sie sich eine Weile an Ihrer Landschaft...
- Nun lassen Sie vor Ihrem inneren Auge das Bild vieler leuchtender Schmetterlinge in verschiedenen Farben entstehen...
- Stellen Sie sich nun einen Schmetterling ganz besonders groß vor in der Farbe, die Sie gerade brauchen. Welche Farbe hat Ihr Schmetterling?
- Stellen Sie sich diese Farbe ganz intensiv vor, und lassen Sie sich dann von dieser Farbe ganz umhüllen, über den Kopf hinweg bis hinunter zu den Zehen. Ziehen Sie diese Farbe, die Sie gerade brauchen, ganz in Ihren Körper hinein...
- Schauen Sie, ob die Farbe sich dabei verändert...
- Wenn Sie dann genug dieser Farbe in sich aufgenommen haben, stellen Sie sich noch einen zweiten Schmetteling vor in einer anderen Farbe, die jetzt wichtig für Sie ist.
- Welche Farbe hat Ihr zweiter Schmetterling?
- Stellen Sie sich auch diese Farbe wieder ganz intensiv vor, und hüllen Sie sich ganz damit ein, wie mit einem Mantel.
- Nehmen Sie diese Farbe ebenfalls wieder in Ihren Körper auf, dahin, wo sie Ihnen guttut.
- Zum Schluß stellen Sie sich einen dritten Schmetterling vor, glänzend wie flüssiges Gold.
- Lassen Sie sich von diesem goldenen Licht des Schmetterlings ganz umhüllen. Bleiben Sie eine Weile in diesem goldenen Licht.
- Nehmen Sie auch dieses goldene Licht ganz in Ihren Körper auf...
- Bedanken Sie sich bei Ihrer inneren Weisheit für die Geschenke der Schmetterlinge, und kommen Sie zurück in den Raum, in dem Sie gerade sind.
- Öffnen Sie Ihre Augen, und bewegen Sie sich.

Stufen ins Licht

Kapitel 6:
Begegnungen mit Menschen

Als vor etwa vier Jahren das Thema vom roten Faden in mir Gestalt annahm, war ich sehr neugierig, was wohl Menschen dazu zu sagen hätten, wenn ich sie zu diesem Thema befragte. Ursprünglich hatte ich die Idee, viele zu interviewen, vor allem solche, die schon auf ein großes Stück Weg zurückschauen konnten. Mein Interesse galt vor allem denjenigen, die mich persönlich beeindruckt haben, sei es durch die Art und Weise, ihr Leben zu gestalten, sei es durch das, was sie geschaffen hatten. Luise Rinser, die ich sehr verehre, fiel mir ein, Jörg Zink, dessen Bücher mir oft viel bedeutet haben, und andere, Menschen aus meinem näheren Bekanntenkreis. Jörg Zink veröffentlichte damals gerade seine Autobiographie, Luise Rinser schrieb mir freundlich, daß es ihr gesundheitlich zu schlecht gehe, ihr roter Faden sei aber durchaus in ihren Büchern zu entdecken (was natürlich auch stimmt), so daß ich dann doch auf Menschen aus meinem Bekanntenkreis zuging. Manch ein Termin platzte, manch eine Kassettenaufnahme entpuppte sich zu Hause als nahezu unhörbar, und ich merkte, daß ich das Ganze doch zu wenig professionell angegangen war.

Trotzdem sind ein paar Begegnungen mit mir wichtigen Menschen übriggeblieben. Ich bereitete einen Fragebogen vor, damit sich meine Gesprächspartner und Gesprächspartnerinnen besser auf das Thema vom »roten Faden« einstellen konnten.

Ich fragte sie nach Themen und Herausforderungen, die immer wieder ihr Leben geprägt hatten, ich fragte sie nach Lieblingsmärchen, nach Lieblingsgeschichten zu verschiedenen Phasen ihres Lebens, ich fragte sie nach Träumen und Symbolen, die in ihrem Leben eine wichtige Rolle gespielt hatten, nach wegweisenden Worten, nach

Zufällen, nach Erfahrungen, deren Sinnhaftigkeit sie erst im nachhinein entdecken konnten.

Ich war überrascht, was meine Fragen bei den Menschen auslöste an Nachdenklichkeit, an Neugier, Zusammenhänge zu entdecken, sinnhafte Verknüpfungen zu finden mit Dingen aus ihrer Vergangenheit, an die sie lange nicht mehr gedacht hatten. Einiges aus diesen Gesprächen stelle ich hier kurz dar.

Mary-Anne Kübel – eine Fremde knüpft ein Netz

Ein leuchtend blauer Himmel spannt sich über den Hügel des Odenwaldes. Ich fahre den schmalen Weg hinauf auf die Tromm zum Odenwald-Institut.[1] Es ist der 17. Juni 1992, ein Feiertag besonderer Art: Mary-Anne Kübel, die 1978 das Odenwald-Institut, eine außergewöhnliche Fortbildungsstätte für personale Pädagogik, gegründet hat, ist der Anlaß.

Ihr zu Ehren wird ein großes Fest gefeiert, das ihre Arbeit würdigen soll. Es ist gleichzeitig ein Abschied, hat sie doch ihre Tätigkeit als Institutsleiterin seit einiger Zeit in andere Hände gegeben.

Auf der Höhe des Berges, neben den Seminarhäusern, steht ein weißes Festzelt mit Türmchen und Fenstern, eher einem kleinen Palast aus Tausendundeiner Nacht vergleichbar. Über hundert Festgäste sind geladen und gekommen. Neben Familie und Mitgliedern der Karl-Kübel-Stiftung und anderen Ehrengästen bilden wir Kursleiter und Kursleiterinnen eine besondere Gruppe.

Auf der Wiese viele bunte Farbflecke: Mit zahlreichen großen bunten Tüchern gestalten wir Mary-Anne unsere Glückwunsche: Worte und Gedichtverse werden umgesetzt in pantomimisches Spiel und Bewegung: Jeux dramatiques für Mary-Anne. »Entfaltung« wünscht ihr eine Spielgruppe, die wie eine bunte Knospe erblüht – ein Schauspiel für die Augen! Die Gruppe, zu der ich gehöre, stellt

Verse aus dem Gedicht »Stufen« von Hermann Hesse dar: das Weiterschreiten in neue Räume...

Wer ist sie, Mary-Anne Kübel?

Zwei Jahre zuvor habe ich sie interviewt. Ich besuche sie zu Hause, wo sie zusammen mit ihrem Mann Karl Kübel und ihrer damals knapp achtzehnjährigen Tochter lebt.

Mary-Anne ist US-Amerikanerin und versteht sich auch so. Trotz der vielen Jahre, die sie schon in Deutschland lebt, hat sie einen unverwechselbaren Akzent und eine eigenwillige Art, mit Satzkonstruktionen umzugehen.

Auf meine Frage nach einem roten Faden in ihrem Leben meint sie: »Auf etwas bin ich gekommen: Daß ein wichtiger Faktor in meinem Leben von Anfang an war, eine Fremde zu sein und daß ich mit dieser Eigenschaft, eine Person zu sein, die im Kern nicht dazugehört, umgehen mußte.«

Sie erzählt, daß ihre Familie – eigentlich aus den Südstaaten stammend – sich ganz im Norden in Ohio niedergelassen hatte. Als sie zwölf war, nahm ihr Vater eine Stelle in Kalifornien an, kurz nach dem Krieg, und wieder war die ganze Familie fremd.

»Das ist geblieben«, sagt sie, »viele Umzüge, und immer mußte ich mitgehen.«

Hier im Odenwald ist sie nun die längste Zeit ihres Lebens, hat sie einige Wurzeln geschlagen.

Auf der Suche nach den Fäden in ihrer Vergangenheit ist sie darauf gestoßen, daß ihr starkes Interesse an Deutschland schon als junges Mädchen wohl mit ihrem deutschen Großvater zu tun hatte; von ihm wußte sie zwar nicht viel, aber gerade, weil er ein Tabuthema war, hat er wohl ihre Phantasie als Kind angeregt.

Sie studiert Sprachen, vor allem Deutsch, auch Pädagogik, heiratet in erster Ehe einen ausgewanderten Deutschen, einen Germanisten. Durch ihn kommt sie auch nach Deutschland, bleibt im Odenwald hängen, heiratet in zweiter Ehe den deutschen Unternehmer Karl Kübel.

In Deutschland, wieder eine Fremde, tritt sie erneut mit ihren Wurzeln in Kontakt. Ein waches, kritisches Interesse an der deutschen politischen Vergangenheit gehört zu ihr, auch die Identifikation mit den Andersartigen, den Fremden – da schlägt ihr Herz. Aber ihr Interesse an Sprache, an Verständigung, liegt tiefer. »Ich habe eine Sehnsucht, daß der oder die andere mich verstehen kann und benutze nicht immer die geeignteste Weise, das zu erreichen.« Ihr Weg ist nicht der gerade, einfache Weg, sondern der »holprige, verschlossene, unbequeme Weg«, wie sie ihn selbst nennt, auf dem ein Stück »Drama« passiert.

Dazu gehört auch die Schwierigkeit, die Balance zu halten zwischen den eigenen Bedürfnissen und dem Wunsch, andere zufriedenzustellen. Manchmal hat sie das Gefühl, zwischen den Stühlen zu sitzen. Sie entdeckt den Faden, der in ihre Kindheit reicht, nämlich die Frage: Zwischen Großmutter und Eltern – wer bin ich da? Ein Wort von Abraham Lincoln hat ihr später geholfen: »You can please some of the people all the time, and you can please all the people some of the time. You can't please all of the people all the time.«

Aus ihrer frühen Kindheit fällt ihr ein Kinderlied ein, das sie sehr liebte: »Rockeby, baby in the treetop, when the wind blows the cradle will rock, when the bow breaks the baby will fall.«

»Ein eigentlich grausamer Text mit einer ganz beruhigenden Melodie. Aber es steckt da viel Schutz darin. Wenn das Baby fällt, dann ist es geschützt in seiner Wiege. So habe ich das Lied verstanden: Ich brauche meinen eigenen Schutz, meine eigene Wiege, so daß ich sehr gut durch einige schwierige Situationen in meinem Leben gekommen bin. Die Kehrseite ist, daß das, was mich schützt, auch abwehrt und etwas weghält...«

Ein Lieblingsbuch fällt ihr ein: Jane Eyre von Charlotte Brontë. Sie hat die Geschichte des unbeugsamen Mädchens, das ihren eigenen Weg geht, sehr geliebt, und daß es schließlich einen Mann gab, der sie beachtet und schätzt, aus dem Hintergrund heraus...

Im Hintergrund zu sein, das ist ebenfalls ein Thema von Mary-Anne: »Es kostet für mich Überwindung, nach außen zu gehen. In den ersten Jahren meiner Arbeit im Odenwald-Institut verschwand ich einfach im Hintergrund, obwohl ich es aufgebaut hatte. Es hat Jahre gedauert, bis ich dazu stand, daß ich da etwas tu...«

Wie hat sie eigentlich das Odenwald-Institut aufgebaut? Bei der Frage nach den Ereignissen, die im nachhinein Sinn ergeben, kommt sie darauf zu sprechen. Sie erzählt davon, daß sie schon bald nach ihrer Heirat mit Karl Kübel mit ihm übereinkam, ein Pflegekind in die Familie zu nehmen. Mit hohen Idealen holten sie einen neunjährigen Jungen aus dem Heim, ohne zu ahnen, welche Schwierigkeiten entstehen können. Heute sagt sie:»Du kannst nicht einfach ein Kind in eine Familie nehmen und glauben, allein dadurch ginge es ihm gut.«

Als ihnen die Schwierigkeiten mit ihm über den Kopf wachsen, schicken sie ihn in ein psychologisches Kinderheim, das auch eine intensive Elternarbeit betreibt. In diesem Zusammenhang lernt sie, wie sie sagt, zum ersten Mal Gruppenarbeit kennen, in der ein Vertrauensklima geschaffen wird, so daß einzelne Teilnehmerinnen und Teilnehmer sich öffnen und Persönliches sagen. Das war der entscheidende Motor für Mary-Anne, selbst Fortbildungsangebote zu besuchen und genau diese Art der Gruppenarbeit zu fördern, indem sie das Odenwald-Institut ins Leben rief, einen Ort, an dem Menschen lernen, sich zu öffnen und Modelle kennenlernen, sich selbst und andere besser zu verstehen.

Mich beeindruckt, wie sie aus der Erfahrung des Scheiterns eine so bedeutende Arbeit geschaffen hat, durch die viele Menschen Unterstützung und Orientierung in ihrem persönlichen Leben und Beruf gefunden haben. Damals hat Mary-Anne die Erfahrungen mit ihrem Pflegesohn als eine persönliche Niederlage erlebt, bei der sie an ihre eigenen Grenzen gestoßen ist.

Die Organisation des Odenwald-Institut trägt ihre persönlich Note. Sie hat Strukturen geschaffen, in denen viele Menschen, die sich zunächst meist ganz fremd sind, miteinander Verantwortung übernehmen für das Gelingen des Ganzen: Lernen und miteinander Leben werden als eine Einheit gesehen.

Gestern habe ich Mary-Anne nach langer Zeit angerufen, um sie zu fragen, wie es ihr denn jetzt in ihrer neuen Lebensphase geht. Sie strahlte viel Lebensfreude aus, manches anzupacken. So hat sie sich zum Beispiel im vergangenen Jahr in der Ausländerarbeit engagiert.

Ihr ist es wichtig, auch ab und zu einmal selbst einen Kurs zu leiten. Ganz privat macht ihr die Familienforschung Spaß. Eine große Entdeckung ist es für sie, daß zu ihren Vorfahren auch Indianer gehören – damals ein Familientabu, heute für sie eine Ehre.

Danke, Mary-Anne, für dein Engagement, aus den Fäden deines Lebens ein trägfähiges Netz zu knüpfen, in dem viele sich gehalten fühlen können. Danke für die Gespräche mit dir.

Ilse Diez –»auf dem Weg zu immer tieferem Vertrauen, daß meine Wurzeln das Wasser erreichen«

Ich rufe sie an. Sie ist mit ihren Gedanken gerade sehr bei einem sterbenden Patienten, den sie begleitet.»Es ist manchmal schlimm, nichts tun zu können«, sagt sie.»Nur ab und zu da sein, zuhören, manche Dinge regeln, Angehörige unterstützen...«

Ilse Diez arbeitet im Christopherus-Hospiz in München.[2] Schon seit der Gründungsphase gehört sie zum Team. Ich kenne Ilse noch aus der Zeit, als sie Gemeindeschwester in München-Oberföhring war, als ich ihr als junge Lehrvikarin oft über die Schulter schaute, wenn sie z.b. im Kindergottesdienst biblische Geschichten packend und lebendig erzählte.

Als ich sie vor einiger Zeit fragte, ob sie Lust hätte, auf die Suche nach dem roten Faden in ihrem Leben zu gehen, war sie sehr interessiert. »Die Aufgabe, auf meine Lebensgeschichte zurückzuschauen, hat mich gefreut, es war so, als würde eine Tür aufgehen zu einer von mir fast vergessenen Welt«, erinnert sie sich.Und weil Ilse Diez so wunderbar anschaulich erzählen kann, entsteht ihre kleine Kindheitswelt auch vor meinem inneren Auge: ihre Puppen, mit denen sie gerne spielte und die oft krank waren, weil sie selbst als Kind auch oft krank war, und die sie gesund pflegte. Wenn nötig, gab sie ihnen Spritzen, mit einer kleinen Fleischgabel aus Mutters Schublade.

Vielleicht war das schon eine frühe Vorwegnahme ihres späteren Berufs als Krankenschwester, den sie eine Zeitlang in einer Ordensgemeinschaft und jetzt im Rahmen des Christopherus-Hospizes ausübt.

Auf der Suche nach ihrem roten Faden stößt sie auf Märchen und Geschichten, die für sie wichtig waren. Das Märchen vom Aschenputtel ist eines der Märchen, in denen sie sich am meisten wiederfindet. Sie erzählt es mir aus dem Gedächtnis mit ihren eigenen Worten – fast fühle ich mich selbst wie ein Kind, so gebannt höre ich zu.

Die wichtigste Botschaft in diesem Märchen ist für sie,»daß in Aschenputtel ganz tief drinnen ein Wissen war: Ich bin etwas wert. Das war das Vermächtnis von der Mutter und auch vom Vater.«

Ilse hat, ähnlich wie Aschenputtel, schon früh in ihrem Leben den Tod in ihrer Familie kennengelernt. Ihr Vater starb, als sie fünf war. Ihre Großmutter, die mit im Haus lebte, einige Jahre später, und ihr älterer Bruder, als sie vierzehn war. Viel zu tragen für ein kleines Mädchen…

Sie ist viel krank, die Mutter ist berufstätig, ein Onkel ist ab und zu da, und die Gemeindeschwester schaut nach ihr. Ein Bücherschrank mit vielen Büchern wird wichtig.

Nils Holgerson von Selma Lagerlöf ist die zweite wichtige Geschichte in ihrem Leben, die Geschichte des kleinen Jungen, der auf dem Rücken der Gänse durch die Welt reist und dabei lernt, »Hilfloses zu schützen, entdeckt, was Menschen und Tieren helfen kann, aber auch, was sie zu Unmenschen macht.« So beschreibt es Ilse.

Das ist ihr eigenes Anliegen auch geworden – nicht zufällig wird sie Krankenschwester. Aber auch ihr eigenes Schutzbedürfnis ist groß, so daß sie die Geborgenheit einer Schwesternschaft sucht, wie sie es heute sieht. Das graue Kleid ist ihr Alltag und ihr Schutz.

Es ist dies eine wichtige Zeit für sie, vor allem die sieben Jahre, die sie in der »Insula«, einem großen Altenpflegeheim in Berchtesgaden, arbeitet. Eigentlich wollte sie zuerst gar nicht dorthin, aber als junge Schwester wurde man ja geschickt. Im nachhinein bezeichnet sie dies als einen großen Glücksfall:»Durch diese Zeit bin ich erst eine richtige Krankenschwester geworden. Auf meiner Station waren chronisch Kranke im Alter von 23 bis 90 Jahren, und alle zusammen waren wir eine Art Lebensgemeinschaft. Unsere Patientinnen und Patienten haben uns jungen Schwestern geholfen zu hören und zu sehen, *unsere* Behinderungen zu überwinden. Wir haben uns gegenseitig viel gegeben. Es war eine Partnerschaft, in der wir Gesunden von den Kranken gelernt haben und umgekehrt. Das Wichtige waren die Beziehungen – bis dahin, daß natürlich niemand allein gelassen wurde, wenn es zum Sterben ging...«

Ich frage, ob es in ihrem Leben Symbole gibt, die sie begleiten.
»Wasser und Baum«, antwortet sie spontan.»Das Wasser, obwohl ich mit sechzehn einmal eine schlimme Erfahrung damit gemacht habe, als ich beinahe ertrunken wäre. Erst viel später habe ich wieder Freundschaft mit dem Wasser schließen können und erfahren, daß das Wasser trägt.« Sie erzählt einen Wassertraum aus einer viel späteren Zeit, der ihr noch gut im Gedächtnis ist:»In meinem Traum kamen viele Menschen vor, die auf dem Wasser gingen. Ich auch, und zwar ganz ohne Angst. Es war eigentlich wie in einem Garten auf dem Wasser...«

Das andere Symbol ist der Baum.»Mein Platz war früher schon immer auf einem Apfelbaum, auf dem ich mich zum Lesen versteckt habe. Er hatte für mich etwas Bergendes. Als Paul Gerhard (ihr späterer Mann) mich gefragt hat, ob ich seine Frau werden möchte, da fühlte ich mich wie ein blühender Apfelbaum, obwohl es mitten im Winter war...

Es ist für mich wichtig, daß der Baum tiefe Wurzeln hat, die das Wasser erreichen. Das bedeutet aber auch, daß ich meine Wurzeln aus der Tiefe ganz herausziehen muß, wenn sich in meinem Leben etwas verändert, und das ist dann ziemlich schmerzhaft.«

Sie erzählt, daß sie nach dem Umzug und Abschied aus der Gemeindearbeit in München-Oberföhring, wo sie viele Jahre sehr gerne war, sehr krank wurde, eine schmerzhafte Lumbalwurzelentzündung bekam, so daß sie weder sitzen noch liegen konnte, bis ihr »Wurzelgeflecht« wieder geheilt war.

»Zum Abschied aus Oberföhring habe ich ein Buch geschenkt bekommen. Es heißt Stein und Flöte von Hans Bemann und ist die Geschichte eines Menschen, der oft meint, er sei am Ziel, auch am Ziel seiner Wünsche, und der entdecken muß, daß der Weg das Ziel ist. Als ich dieses Buch las, hat sich auch bei mir etwas gelöst. Ich konnte weinen über die Versteinerung des Jungen, die Irrwege mitgehen, die Wege, auf denen er spürt: Ich habe mich geirrt, ich habe das Falsche verstanden… Das war ein Buch, das mich in dieser Zeit der Entwurzelung durch viele Schmerzen hindurch getragen hat.«

Auf meine Frage nach einem Wort, das sie begleitet hat, ist ihr ein Satz Romano Guardinis eingefallen aus dem Buch: Der Herr, wo es heißt:»Die Liebe tut solche Dinge«. Der Hintergrund ist das Geheimnis der Menschwerdung Gottes, was eben auch bedeutet, daß zur Liebe das Leiden gehört. Ein anderes Wort aus dem ersten Johannesbrief ist ihr wichtig:»Furcht ist nicht in der Liebe«.

»All das hat mir in schweren Situationen schon oft geholfen«, stellt sie fest.»Liebe als das Größere, als den Urbeweggrund zu begreifen. Es ist nicht so wie früher als Kind, als ich dachte: der Vater ist da, und ich brauche keine Angst zu haben; sondern es ist stärker: Ich sehe die dunkle, schwere Seite, die aber in der Liebe ihren Platz hat und nicht der Gegensatz zu ihr ist. Oft, wenn ich Schweres erlebt habe, kam mir in den Sinn: Denk nicht, daß das jetzt nicht Liebe ist!«

Und Ilse Diez hat immer wieder schwere Zeiten erlebt. Erst kürzlich ist ein sehr geliebter Neffe mit 23 Jahren tödlich verunglückt. Da ist auch immer wieder die Sorge um ihren Mann, mit dem sie sehr verbunden ist und in dessen Leben Krankheit immer wieder gegenwärtig ist.

Ich frage sie zum Schluß, ob sie nach unserem Gespräch, nach all den Erinnerungen einen roten Faden findet, ein Thema, das sich durch alles hindurchzieht.

Nach langem Schweigen sagt sie:»Auf dem Weg sein zu immer tieferem Vertrauen, daß meine Wurzeln das Wasser erreichen. Dann kann ich wachsen und blühen, dann wirft mich nichts so schnell um, und da und dort wächst auch eine Frucht. Und neben mir

wachsen noch andere Bäume. Wir sind verbunden und können uns auch manchmal gegenseitig vor dem Sturm Kraft geben. Ich glaube, der Strom heißt wirklich Liebe...«
Danke für die Gespräche mit dir, Ilse!

Emil Martin – die andere Kirche leben, in der auf Gewalt verzichtet wird

Es ist merkwürdig, eine Kassette abzuspielen und der Stimme eines Menschen zuzuhören, der nicht mehr lebt. Am 28. März 1992 starb Emil Martin – einen Tag nach seinem neunundsechzigsten Geburtstag. Im Oktober 1991 war ich in seinem Haus in Weßling, in dem er zusammen mit seiner Frau Sigrid lebte. Ich hatte ihn um ein Interview gebeten, ihm vorher meinen Impulsfragebogen zum Thema roter Faden zugeschickt und machte mich nun mit meinem Kassettenrekorder auf den Weg. Ich war neugierig auf den Mann, auf den ich aufmerksam gemacht worden war, den ich bisher persönlich gar nicht kannte, nur wußte, daß er seit Jahren ein aktives Mitglied von »Pax Christi« war und bei vielen Friedensdemonstrationen und -initiativen mitgewirkt hatte.

An einem kalten, regnerischen Herbsttag traf ich bei ihm ein – ein Haus mit einer warmen Atmosphäre empfing mich.

Wer war Emil Martin? Nur eine kleine Annäherung an seine Persönlichkeit und an sein Leben ist mir möglich aufgrund des Wenigen, das er mir erzählt hat.

»Ich habe noch nie über einen roten Faden in meinem Leben reflektiert. Es gibt zwar bestimmte Situationen, die sich wiederholen... Ja, und es gibt in meinem Leben eine innere Identität, eine innere Kontinuität von dem Zeitpunkt an, seitdem ich selbständig denken kann...«
Diese innere Kontinuität sah Emil Martin darin, daß er sich immer auf der Seite der Minderheiten, der »Verlierer« gefunden hat, immer

in Solidarität mit denen, die nicht an der Macht waren, sei es im politischen, sei es im kirchlichen Bereich.

Aufgewachsen war Emil Martin in Worms, in einer eher konservativ-katholischen Familie, besuchte ein humanistisches Gymnasium, bezeichnete sich eher als Außenseiter in der Klasse. »Alle außer mir haben sich in der Abiturklasse freiwillig zur Wehrmacht gemeldet...« Eine gewisse Herzschwäche verhalf ihm später dazu, daß er erst einmal vom Militärdienst zurückgestellt wurde und gleich das Studium anfangen konnte. Er begann 1941 mit Philosophie in München. »Es war eine reine Verlegenheitslösung. Ursprünglich wollte ich Theologie studieren, doch die Erfahrungen mit der katholischen Hierarchie, die distanzlos mit den Nazis umging und nur auf den eigenen Vorteil bedacht war, hielt mich davon ab.«

Für sein ganzes späteres Leben prägend waren die Jahre seiner Studienzeit in München. Eine Gruppe von älteren Freunden, unter ihnen auch Fritz Leist, hat ihm geholfen, sich immer wieder dem Wehrdienst zu entziehen und damit die Kriegszeit zu überleben. Zu dieser Wohngemeinschaft in München gehörte auch Willi Graf, der später zusammen mit den Geschwistern Scholl wegen seiner Mitarbeit bei der Weißen Rose hingerichtet wurde. Fritz Leist hatte bewußt die Arbeit des Widerstands vor dem jungen Emil Martin geheimgehalten, um ihn zu schonen. Er war damals der Meinung, daß es wichtiger sei, sich jetzt nicht zu opfern, sondern sich geistig auf den Tag Null vorzubereiten.

Das Schicksal seines Freundes Willi Graf ist jedoch ein bleibender Impuls für Emil Martin gewesen, sich später in der Friedensarbeit zu engagieren. So gehörte er gleich nach 1945 zur »Katholischen Jungen Mannschaft«, einer Gruppe engagierter katholischer junger Christen, die sich nach dem Krieg sammelte mit dem hohen Ziel, Staat und Kirche zu erneuern. Soziale und kulturelle Arbeit waren wichtig, auch wurden viele Ideen geboren, die Kirche von innen heraus zu erneuern. So wurde damals bereits die Frage nach der Gleichberechtigung der Frau in der Kirche diskutiert.

Emil Martin sagt im Rückblick: »Wir hatten richtig gute Ideen, doch wir sind ins Abseits geraten. Die geistige Auseinandersetzung mit der

Vergangenheit blieb ja aus… Wirtschaftswunder und Häuslebauen waren wichtiger. Und wieder gehörte ich zu einer Minderheit.« Als Emil Martin 1959 heiratete, suchte er eine feste Anstellung, die er als Lektor beim Kösel-Verlag fand. Er engagiertesich speziell im Bereich Religionspädagogik. Sein Verdiest ist es, Bücher für den Religionsunterricht lebensnah und themenorientiert auf den Markt gebracht zu haben, was damals noch etwas Neues war.

»Das hat Spaß gemacht. Nicht nur, weil ich erfolgreich war, sondern weil es mir die Möglichkeit gab, innerhalb meines Berufes etwas in Kirche und Gesellschaft zu verändern.«

Wenn er von der offiziellen Kirche spricht, kann ich spüren, wie enttäuscht er ist und daß er nichts mehr von Rom erwartet. (Zur Zeit unseres Gespräches ging gerade der Fall Drewermann durch die Presse.) »Eigentlich müßte ich konsequent sein und aus dieser Kirche austreten. Trotzdem gibt es für mich zwei Hindernisse für diesen Austritt. Zum einen: Bei aller Kenntnis der römisch- katholischen Kirchengeschichte, die entsetzlich und furchtbar ist – ich habe gerade von Deschner die »Kriminalgeschichte des Christentums« gelesen –, ist für mich diese Kirche doch das unwürdige Gefäß des Evangeliums. Ohne sie hätte ich diese Botschaft nicht empfangen. Zum zweiten: Wenn ich aus dieser Kirche austrete, dann ist die Chance, von draußen gehört zu werden, viel geringer. Gottseidank gibt es in der Friedensarbeit andere Erfahrungen von Basisgruppen. Wir sind ja auch Kirche!«

Den roten Faden in seinem eigenen Tun beschreibt er so: »Es ist das Bemühen um eine Gerechtigkeit in Kirche und Gesellschaft und die Erfahrung eines sich dauernd fortsetzenden Scheiterns. Und trotzdem: Das Bemühen ist nicht umsonst – weder für mich noch für andere, noch für die Gesellschaft…«

Da ist es, was mir in unserem Gespräch immer wieder aufgefallen ist: Die Deutung, daß er zu denen gehört, die verlieren, die gescheitert sind. Ich frage zurück, woher er denn weiß, daß es ein Scheitern ist?

»Ich sehe nicht, was sich geändert hat«, antwortet er. Als er jedoch von seinen Erfahrungen in der Friedensbewegung erzählt, von den Anfängen, als er noch ängstlich eine riesige Hemmschwelle überwinden mußte – z.b. bei einem Ostermarsch mitzugehen, den Carl Améry organisiert hatte, immer in der Sorge: hoffentlich sieht mich keiner vom Verlag – und von den späteren Jahren, als er selbst Mitorganisator großer Demonstrationen mit vielen Tausenden wurde – z.b. gegen den geplanten Bau der Wiederaufbereitungsanlage in Wackersdorf, wo die Begeisterung in ihm hochkam: Du bist ja nicht alleine –, da kommt doch die andere Erkenntnis zum Zug: Es hat doch etwas bewirkt! Ein Bewußtseinswandel hat begonnen, der verschiedene Generationen verbindet!

Hier liegt auch der Schwerpunkt seiner Arbeit bei »Pax Christi«, dem katholischen Zweig der Friedensbewegung. Konsequenter Gewaltverzicht ist sein Thema. Gewaltverzicht heißt für ihn Gewaltverzicht nicht nur gegenüber Personen, sondern auch gegenüber Sachen. »In der furchtbaren Geschichte der Gewalt in den Kirchen wurde das Evangelium ständig gekreuzigt. Mein Grundgedanke ist, daß die Kirchen in der künftigen Weltgesellschaft nur dann eine Chance haben, wenn sie zu Verkünderinnen und Praktikantinnen des Gewaltverzichts werden… Vielleicht muß unsere Gesellschaft eine Periode eines neuen Heidentums durchmachen, um wieder bereit zu werden für das Evangelium.«

Manches hat Emil Martin mir erzählt von seinem Leben, seinen Gedanken, seinen Erfahrungen, die Fäden haben sich von ganz alleine gesponnen. Ich frage ihn, ob ihm ein Märchen eingefallen ist, worin er sich wiederfindet. Zuerst habe er nichts gefunden, doch dann sei ihm spontan das Märchen »Hans im Glück« in den Sinn gekommen.

»In der Geschichte des jungen Menschen, der – objektiv gesehen – immer weniger hat – er tauscht ja das, was er bekommen hat, immer wieder ein –, darin kann ich mich wiederfinden. Er ist am Schluß unbeschreiblich glücklich. Als er die letzte Last weggeworfen hat, ist er endlich frei… Ein bißchen fühle ich mich auch so, habe auch das Bedürfnis, mich zu befreien… Ich habe das Bedürfnis, in die letzte Phase einzutreten, ich möchte mich bereitmachen zum Sterben, möchte nicht überrascht werden, möchte gesammelt sein, etwas zu Ende gebracht haben.«

Ich bin beeindruckt, mit welcher Ruhe und Selbstverständlichkeit er vom Sterben spricht.

»In meinem Freundeskreis – wir sind noch immer eine Gruppe aus der damaligen Katholischen Jungen Mannschaft und treffen uns noch immer jeden Monat – da besprechen wir auch solche Themen.« Und er schildert, wie die Gruppe vor einigen Jahren eine aus ihrer Mitte in ihrem Sterben begleitet hat, über vier Monate hinweg. »Wir hatten ein richtiges Wachbuch, so daß immer jemand bei ihr war. Ja, das ist auch etwas, das mein Leben durchzieht: die Freundschaft in einer Gruppe; die Gruppe trägt.«

Ich frage ihn noch nach Symbolen oder nach einem Wort, das ihn begleitet hat.

»Zu den Symbolen ist mir nichts eingefallen, aber ich habe in den letzten Jahren gerne gemalt, in Aquarell: Das schönste Erlebnis ist für mich dabei, daß ich dann immer wieder eine lebendige Landschaft neu schaffe…« Und er zeigt mir seine Bilder, zarte Farben im Licht, und ich kann sehen, wie glücklich das Malen ihn macht. »Da können meine Kinder vielleicht etwas von mir entdecken…

In verschiedenen Phasen meines Lebens gab es unterschiedliche Worte aus der Bibel, die mir etwas bedeuteten. Ich habe mir nach dem Krieg ein kleines Neues Testament gekauft, es war eine Lutherübersetzung mit Psalmen. Vor allem die Psalmen habe ich geliebt, auch vieles auswendig gelernt, mir Notizen gemacht und unterstrichen.« Er zeigt mir ein altes, zerlesenes NT. »Ein Vers ist mir immer noch besonders wichtig: Wie der Hirsch schreit nach frischem Wasser, so schreit meine Seele, Gott, zu dir. Dieses Wort sagt etwas über mein Leben. Auch über die Unerfülltheit, über die ich gesprochen habe, weil dahinter ja auch das Wissen und die Erfahrung steht, daß es eigentlich auch unerfüllbar ist und von woanders her erfüllt werden muß…

Mir wurde viel geschenkt, daß ich vieles nicht mitmachen mußte, daß ich viele Freuden erleben durfte, durch meine Frau, meine Kinder, meinen Beruf…«

Emil Martin kommt zum Schluß noch einmal aufs Sterben zu sprechen – vielleicht wußte er tief drinnen darum, daß er diese letzte Phase seines Lebens schon bald betreten würde.»Meine Vorstellung vom Sterben geht dahin, daß ich um Kraft und Gnade bitte, das, was mir auferlegt wird, würdevoll und menschlich durchzutragen…«
Unser Gespräch ist zu Ende. Ich bedanke mich für das Stück Vermächtnis, das Sie mir mitgegeben haben!

Maria-Christine Zeiske –»dein Wort ist meines Fußes Leuchte und ein Licht auf meinem Weg«

An dieser Stelle fällt es mir schwer,weiterzuschreiben, denn wieder habe ich ein Vermächtnis zu bearbeiten, denn auch Christine Zeiske lebt nicht mehr. Sie starb im Februar 1993 nach einem Schlaganfall im Alter von 75 Jahren unter den Worten des 39. Psalms:»Von allen Seiten umgibst du mich, Herr…«
Geboren in Dresden, wächst sie in Berlin in einer protestantisch-christlichen Familie auf, die in vielen Generationen zurück bis zur Reformation streitbare Pfarrer aufwies.[3] Dort studiert sie bei der Bekennenden Kirche Theologie.
Sie selbst hat von ihrem Leben häufig so gesprochen:»Ich habe nach meiner Kindheit und Jugendzeit drei Leben gelebt.« Das eine ist ihre Zeit als Ehefrau von Hans vom Stein, seit 1941 Pfarrer in Selnow in Pommern, wo sie die Kriegszeit verbringt, die Gemeinde in Abwesenheit ihres zum Kriegsdienst eingezogenen Mannes leitet, Gottesdienst hält, beerdigt und alles, was anfällt, erledigt.
Die Erlebnisse dieser von Kriegsschrecken gezeichnete Zeit, in der sie auch ihre beiden kleinen Kinder verliert, würden ein eigenes Buch füllen. Nach Kriegsende, nach einer abenteuerlichen Flucht nach Berlin, beginnt ihr zweites Leben: Im Burckhardthaus, einer

Fortbildungsstätte der evangelischen Kirche, findet sie eine Stelle als Landesjugendsekretärin. 1949 erreicht sie die Meldung vom Tod ihres Mannes, der in Gefangenschaft gestorben ist.

Die Zeit dieser Tätigkeit ist geprägt von äußerstem Einfallsreichtum, um dem sozialen Elend, das damals besonders die Kinder und Jugendlichen betraf, kreativ zu begegnen, eine Kinder- und Jugendarbeit aufzubauen und viele Schulungen zu leiten. Ihre Arbeit führt sie auch nach Amerika und Schweden.

Als sie dann später Ernst Zeiske, einen Witwer mit drei Kindern, kennenlernt, beginnt, wie sie sagt, ihr drittes Leben. In der Nähe von München führen sie gemeinsam ein offenes Haus in einer Ehe, von der sie immer sagte: »Wir sind uns so einig, daß wir uns auch ganz unterschiedliche Meinungen leisten können.« Sie ist nicht nur Familienfrau, obwohl zu den drei angeheirateten Kindern 1953 noch ein eigener Sohn dazukommt, sondern sie engagiert sich bald vehement in der kirchlichen Frauenarbeit, ist lange Jahre Vorsitzende des evangelischen Frauenbundes in Deutschland, außerdem Kirchenvorsteherin, sitzt in vielen Gremien und Kreisen, in denen man die weißhaarige, kompetente und streitbare Frau achtet. Maßgeblich initiiert sie das evangelische Beratungszentrum in München. 1972 wird sie als erste Frau in Bayern als Prädikantin eingesegnet – eine Frau auf der Kanzel, das ist damals noch eine Sensation. Es ist gar nicht der Platz, all die konstruktiven Dinge aufzuzählen, bei denen sie mitgewirkt hat.

In ihrem dritten Leben lernte ich sie als Vertrauensfrau des Kirchenvorstandes unserer Gemeinde kennen, bald als Freundin der Familie, vor allem meines ältesten Sohnes, zu dem sie eine ganz besondere Beziehung hatte, die anfing, als er zwei Jahre alt war, und bis zu ihrem Tod bestand.

Weil ich von ihrer bewegten Vergangenheit wußte, war sie auch eine, die mir sehr schnell in den Sinn kam, als ich auf der Suche war nach Menschen, die ich nach Zusammenhängen, nach einem roten Faden in ihrem Leben befragen könnte.

Im Sommer 1991, an einem leuchtenden Sommertag, trafen wir uns bei ihr im Haus, in dem sie nach dem Tod ihres Mannes alleine lebte. Ich zeichnete unser Gespräch mit dem Kassettenrekorder auf, der, wie ich kurze Zeit später feststellte, die besondere Eigenschaft hatte, mit Vorliebe das laute Ticken der alten Wanduhr aufzunehmen statt unser Gespräch. Also hielt Christine Zeiske erst einmal die Uhr an. Und nach einer Pause mit viel Gelächter begannen wir nochmals.

Ich frage sie, ob sie in ihrem Leben etwas wie einen roten Faden erkennen kann. Christine Zeiske zögert ein wenig und sagt dann: »Höchstens so, daß sich an jeder Station meines Lebens – und es hat ja viele gegeben – immer ein Verkehrszeichen gezeigt hat. Ich wußte immer, wann Rot und wann Grün ist, wenigsten ungefähr. Es war eben so, daß ich meine ganze Lebenszeit als geführt ansehe. Für mich war ein Bibelwort ein ganz ausgezeichnetes Bild: Dein Wort ist meines Fußes Leuchte und ein Licht auf meinem Weg. Wenn man die damalige Beleuchtung zur Zeit der Psalmen kennt, dann weiß man, daß das keine Scheinwerfertaschenlampe ist, sondern eine Leuchte, die gerade den nächsten Schritt beleuchtet. Wenn du das roten Faden nennst, dann heißt das für mich, daß mir immer der nächste Schritt gezeigt wurde und weiter nicht.«

Als Beispiele erzählt sie, wie sie nach dem Tod ihrer Kinder, ihres Vaters und später ihres Mannes, nach ihrer Flucht in Berlin ankam und überhaupt nicht wußte, wie es mit ihr weitergehen sollte. Und wie sie dann überraschend ein Telegramm erhielt mit der Anfrage: Wir suchen eine Landesjugendsekretärin für das Burckhardthaus in Berlin. »In dem Moment habe ich das Gefühl gehabt, das mußt du machen, das war so ein Verkehrszeichen«, sagt sie, obwohl sie damals keine Vorstellung hatte, welche Aufgaben sie dort ertwarten würden.

Ein zweites Beispiel war für sie, wie sie Ernst Zeiske, ihren späteren Mann, kennenlernte, der ihr einen Heiratsantrag machte, obwohl sie sich nicht viel mehr als einmal gesehen hatten, und wie sie wieder diese Sicherheit fühlte: Ja, das ist der nächste Schritt.

»Ich habe immer sehr gegenwärtig gelebt. Also sehr intensiv dort, wo ich gerade war… Das gehört auch zu diesem Licht auf dem Weg, daß man da sein mußte, wo man gerade war. Alles andere, das

Unbeleuchtete, ist dann nicht mehr so wichtig. Ich glaube, Martin Buber hat einmal gesagt: Da sein, wo man gebraucht wird, und so sein, wie man gebraucht wird... Ich denke, daß mir das auferlegt ist, so zu sein. Dieses intensive Leben kostet immer auch ein Stück Vergangenheit, wenn man nur in der Gegenwart lebt. Das bedeutet aber nicht, daß alles vergessen wird.«

Nein, vergessen hat Christine Zeiske nichts aus ihrer Vergangenheit, sie ist voller Geschichten. Es sind nicht nur die eigenen Erlebnisse, die aus ihr herausströmen, es sind auch Märchen, Geschichten, Gedichte, Verse: ein Brunnen unerschöpflicher Assoziationen. Ein Lieblingsmärchen ist »Die Schneekönigin«, die Geschichte des Jungen, der einen Splitter im Auge und im Herzen hat, so daß er nun die ganze Welt verdreht sieht, und der nur dadurch erlöst werden kann, daß der Splitter aus ihm herausgeliebt wird.

Auf meine Frage nach Symbolen, die ihr wichtig geworden sind, sagt sie:»Alles kann plötzlich zum Symbol werden, aber eins ist für mich immer wichtig gewesen: der Weg. Er ist nicht nur wegen des Bibelworts wichtig, das ich vorhin gesagt habe, sondern weil wir immer unterwegs sind, miteinander unterwegs, und dabei immer wieder neu anfangen. So hieß auch unsere Gemeindeaktion, die mir so wichtig war. Unterwegs sein, wie es auch in dem Gedicht über die Stufen von Hermann Hesse heißt, wir sollen heiter Raum um Raum durchschreiten, an keiner wie an einer Heimat hängen. Ja, der Weg ist das Ziel.«

Sie schaut auf die Vase mit den leuchtenden Sonnenblumen, die vor uns auf dem Tisch steht.»Die Sonnenblume ist auch so ein Symbol für mich. Die Sonnenblume richtet sich immervoll ausgebreitet nach der Sonne... Die Sonnenblume ist auch eingemeißelt auf unserem Grabstein...«

Ich frage Christine Zeiske, ob sie Träume manchmal als wegweisend erlebt hat?

»Träume haben keine große Bedeutung für mich. Aber einige Träume haben mir gewissermaßen etwas erläutert, was ich dann später erlebt habe. In einem Traum fand ich das, was ich erlebt habe, schon vorgezeichnet:

242

Ich war in einem großen Haus, darin waren sehr viele Menschen, vor allem Frauen mit Kindern. Und es wurden immer mehr Frauen mit Kindern, die irgend etwas von mir wollten. Ich sollte ihnen helfen. Ich weiß es nicht mehr genau. Ich war eine Art Hoffnungsperson für sie. Ich mußte eine Treppe hinuntergehen und meinte, ich könnte etwas für sie tun, merkte aber plötzlich, daß ich genau auf der gleichen Stufe stand wie sie – ich konnte ihnen nämlich gar nicht helfen, ich war selbst gefangen. Und es stellte sich heraus, daß das ein riesiges Gefängnis sein mußte, in dem Frauen traurig und klagend ihre Kinder auf dem Schoß hatten und auf der Treppe saßen. Ich ging immer weiter hinunter und merkte, daß ich überhaupt nichts tun konnte. Wie komme ich bloß hier raus? Das war mein einziger Gedanke. Jedenfalls ging ich immer weiter die Treppe hinunter und sah plötzlich eine Tür. Diese Tür war wohlbewacht, und eigentlich konnte man da nicht hinaus. Ich bildete mir ein, wenn ich diese Tür erreichte, dann wäre ich auf der Straße und wäre frei. Und tatsächlich konnte ich diese Tür erreichen und war draußen und war frei.«

Ich frage sie, wann sie diesen Traum träumte?

»Diesen Traum hatte ich im Krieg, als wir in unserer Gemeinde in Hinterpommern noch recht ruhig lebten, also lange bevor das Kriegsgeschehen uns einholte, die Männer verschleppt oder erschossen wurden. Später hatte ich dann plötzlich eine große Frauengemeinde, die etwas von mir erwartete und der ich nicht helfen konnte, denn wir saßen ja alle im selben Boot. Aber es hat mich dann noch sehr berührt, daß ich gewissermaßen diese Situation schon vorerlebt habe.«

Christine Zeiske erzählt von der Zeit der Besetzung durch Russen und Polen, in der das Mißtrauen groß war. Sogar die Gottesdienste und Beerdigungen, die sie hielt – weit und breit gab es ja keine Pfarrer mehr –, wurden bewacht.

»Und dann passierte mir so eine Türgeschichte, die eine Befreiung war, wie ich es vielfach in meinem Leben auch in anderer Form erlebt habe, wenn ich einen neuen Lebensraum betreten habe.

Das war so: Es war Februar 1946, also mitten im Winter. Da kamen plötzlich drei bewaffnete Männer und wollten mich abholen. Später habe ich gehört, daß ich wie die meisten Pfarrer aus unserem Gebiet erschossen oder zumindestens gefangengenommen werden sollte. Nun hatten wir in unserem 250 Jahre alten Pfarrhaus eine uralte Vordertür mit einem sehr alten Schloß, das immer sehr laut knarrte und quietschte. Solange die Russen und Polen da waren, hielten wir die Vordertür immer verschlossen, und jeder, der ins Haus wollte, kam durch den Garten zur Hintertür. Das war in den meisten Bauernhäusern auch so, auch schon zu Friedenszeiten und im Krieg natürlich besonders, weil man nicht wollte, daß einen die Eindringlinge von vorne überraschten.

Wir hatten auch unsere Türen und Fenster verrammelt, und in beinahe jedem Zimmer lebte eine Flüchlingsfamilie mit Säcken und Kisten. In den beiden Vorderzimmern neben besagter Haustür waren je eine Familie mit Sack und Pack einquartiert. Die drei Männer, die mich abholen wollten, drangen neugierig in diese Vorderzimmer ein und sahen gierig in die Säcke und fingen an, darin herumzuwühlen. Dabei drehten sie mir den Rücken zu. Ich stand mit dem Rücken gegen diese Tür, von der ich wußte, daß sie verschlossen war. Ich weiß nicht, wie ich auf den Gedanken kam, die Tür hinter mir aufzuklinken, denn ich wußte ja, sie war zu, und ich wußte, sie knarrt und quietscht. Ich drückte aber hinter mir ganz langsam die Klinke herunter, und zu meiner großen Überraschung ging die Tür auf.

Es war dunkel. Und ich war draußen. Und ich war frei...

Es ging dann weiter mit einer genauso merkwürdig und wunderbar behüteten Flucht – aber das ist eine andere Geschichte.[4] Erst einmal aber war ich frei.«

Ich bin beeindruckt von dieser Frau mit den drei Leben und den tausend Geschichten in sich. Für Maria-Christine Zeiske hat sich nun eine Tür ganz anderer Art aufgetan.

Ich danke dir in tiefer Verbundenheit für dieses Gespräch und darüber hinaus für alles, was du durch dein Leben bewirkt hast.

Zeitgenössisches Labyrinth

Für die letzte Seite dieses Buches ist mir eine kleine Geschichte in die Hände gefallen. Sie will Mut machen zu einem Leben im Vertrauen auf Sinn.

Die beiden Seiten – ein Traum

Ein Mensch liegt im Krankenhaus und findet keinen Schlaf. Viele sorgenvolle Gedanken gehen ihm durch den Kopf. Wie wird es mit mir weitergehen? Alle meine Pläne sind durchkreuzt. Was mir begegnet, kommt mir so sinnlos vor! Gegen Morgen fallen ihm dann doch die Augen zu. Da hat er einen Traum: Er ist in einem großen orientalischen Basar. Überall hängen Teppiche. Aber sie sehen seltsam aus. Die Fäden laufen kreuz und quer, nirgends ist ein sinnvolles Muster zu erkennen. Da fragt er den Teppichhändler:»Was hast du denn da für Teppiche? Die sehen ja abscheulich aus. Nie würde ich einen davon kaufen!«

Der Händler sagt:»Nimm einen Teppich in die Hand und dreh ihn um!« Und wie er ihn umdreht, sieht er, daß die bunten Fäden auf der anderen Seite ein wunderschönes Bild ergeben. Und er hört, wie der Händler ihm sagt:»So ist es auch mit deinem Leben.

Was dir kraus und wirr vorkommt, durcheinander und ohne Sinn, das ist nur die Seite deines Lebens, wie du sie jetzt siehst. Aber in der Ewigkeit wirst du die andere Seite sehen und wirst erkennen, daß diese krausen und wirren Fäden ein klares und geordnetes Muster bilden – daß auch die rätselhaften und bitteren Zeiten deines Lebens einen Sinn hatten.

Und es gibt Augenblicke, da siehst du die Schönheit deines Lebensteppichs schon jetzt.«

nach einer Idee von Romano Guardini erzählt von Ilse Diez

Anmerkungen

Einführung (S. 13-18)

1 Der »rote Faden« als geflügeltes Wort taucht literarisch wohl das erste Mal bei *Goethe* auf, als er in den »Wahlverwandtschaften« den Faden, der alles verbindet und der sich durch Ottiliens Tagebuch zieht, vergleicht mit dem roten Faden, der in den Seilen der englischen Marine fest eingesponnen war, um das Tauwerk kenntlich zu machen. *Georg Büchmann,* Geflügelte Worte aus deutschen Schriftstellern, Berlin 1900, S. 188.

2 *Carola Meier-Seethaler,* Von der göttlichen Löwin zum Wahrzeichen männlicher Macht. Ursprung und Wandel großer Symbole, Stuttgart 1993, S. 28 ff. Vgl. auch *Doris Wolf,* Was war vor den Pharaonen? Die Entdeckung der Urmütter Ägyptens, Stuttgart 1994.

3 Eine schöne Auswahl von Schicksalsmärchen zeigen *Otto Betz,* Vom Schicksal, das sich wendet, München 1987; *Barbara Stamer* (Hrsg.), Märchen von Schicksal und Weissagung, Frankfurt 1990.

4 *Jutta Voss,* Das Schwarzmond-Tabu. Die kulturelle Bedeutung des weiblichen Zyklus, Stuttgart 1988, S. 29.

5 *Jutta Voss,* a.a.O., S. 27. Die Autorin stellt außerdem interessante Verbindungen zwischen den Mythen und den biologischen Prozessen im weiblichen Körper dar.

6 Vgl. *Jörg Zink,* Licht über den Wassern, Stuttgart, S. 137 ff. »Das rote Seil ist in vielen Mutterkulten Symbol der Nabelschnur«.

Kapitel 1: Die erste Verbindung (S. 21-36)

1 *Marianne Krüll,* Die Geburt ist nicht der Anfang, Stuttgart 1990; *David Chamberlain,* Woran Babys sich erinnern, München 1990.

2 *Marianne Krüll,* a.a.O., S. 8.

3 *David Chamberlain,* a.a.O., S. 110 ff., erzählt dazu viele verblüffende Beispiele und kommt zu ebenso verblüffenden Schlußfolgerungen.

4 *David Chamberlain,* a.a.O., S. 139 ff., greift auf Berichte von *Janov, Grof,* u.a. zurück.

5 *David Chamberlain,* a.a.O., S. 182.

6 Vgl. *Hannelore Morgenroth*, Den Brunnen aufschließen, München 1989, S. 132: Werden wie die Kinder.

7 Vgl. *Helene Hoerni-Jung*, Maria, Bild des Weiblichen, München 1991, S. 76.

8 *Marianne Krüll*, a.a.O., S. 146.

9 *Jean Liedloff*, Auf der Suche nach dem verlorenen Glück, München 1983.

10 Vgl. dazu die wissenschaftlich fundierte und lesenswerte Untersuchung von *Riane Eisler*, Kelch und Schwert. Von der Herrschaft zur Partnerschaft, München 1993 (1987).

11 Christa Peikert-Flaspöhler, Du träumst in mir, mein Gott, Limburg 1989.

Kapitel 2: Fäden der Vergangenheit (S. 39-64)

1 Zum Begriff »Lebensskript« vgl. *Jan Stewart/Vann Joines*, Die Transaktionsanalyse, Freiburg 1990.

2 *Richard Erskine* spricht von einem sich selbst verstärkenden Lebensskriptsystem, in dem wir durch unser Verhalten, unsere Phantasien und unsere verstärkenden Erinnerungen die alten Glaubenssätze immer wieder bestätigen. *Richard G. Erskine/Janet P. Moursund*, Kontakt, Ich- Zustände, Lebensplan, Paderborn 1991.

3 *Martin Buber*, Erzählungen der Chassidim, Zürich 1990 (1949), S. 385.

4 Mehr über die Gummiband-Situationen bei *Jan Steward/Vann Joines*, a.a.O., S. 169.

5 Vgl. *Werner Rauttenberg/Rüdiger Rogoll*, Werde, der du werden kannst, Freiburg 1980, S. 159-173, wo solche Bannbotschaften nach Robert I. Goulding zusammengestellt sind.

6 *Mary McClure/Robert I. Goulding*, Neuentscheidung. Ein Modell der Psychotherapie, Stuttgart 1981.

7 Vgl. dazu aus psychoanalytischer Sicht *Joel Covitz*, Der Familienfluch. Seelische Kindesmißhandlungen, Olten 1992.
Eindrücklich schildert auch der Kinderpsychiater *Bertrand Cramer*, wie die »Geister der Vergangenheit« der früheren Generationen schon auf das ganz kleine Kind übertragen werden. *Bertrand Cramer*, Frühe Erwartungen, München 1991 (1989).

8 *O. Graf Wittgenstein*, Märchen, Träume, Schicksal, München 1973, S. 47.

9 *Matthew Fox*, Schöpfungsspiritualität, Stuttgart 1992.

10 *Matthew Fox*, a.a.O., S. 56.

11 *Matthew Fox*, a.a.O., S. 38.

12 Ein wichtiges Buch ist *Hans-Joachim Maaz*, Der Gefühlsstau, Berlin 1990.

13 Ein Grundlagenbuch über Chancen der Wiederkehr des Verdrängten in der Gesellschaft aus psychoanalytischer Sicht ist Thea Bauridel, Die Wiederkehr des Verdrängten, München 1986.

14 *Neil Douglas-Klotz,* Das Vaterunser, München 1992.

15 Vgl. verschiedene Beiträge in dem Sammelband: *Gary Doore* (Hrsg.), Gibt es ein Leben nach dem Tode, München 1994 (1990).

16 Eine sorgfältige Auseinandersetzung mit der Reinkarnationsvorstellung im hinduistisch-christlichen Dialog findet sich bei *Michael von Brück,* Einheit der Wirklichkeit, München 1986, zur Person und Transpersonalität S. 287 ff., zum Begriff des *karman* S. 312:»In den Upanisaden ist *karman* das kosmische Gesetz der Erhaltung der Energie... Das menschliche Handeln hat ontologische Bedeutung. Was man denkt, wird man, so wie man handelt, gestaltet man sich selbst, und dies hat Auswirkungen auf das Ganze...«.

17 Zu den Gedanken des Reifungsprozesses und Reinkarnation vgl. *Michael von Brück* in einem Artikel des bayrischen Sonntagsblattcs vom 3.4.1994.

18 Eine ähnliche Übung findet sich bei *Jan Stewart/Vann Joines,* a.a.O., S. 170.

Kapitel 3.1: Elisa – eine Frauengeschichte (S. 67-105)

1 *Irene Kummer,* Wendezeit im Leben der Frau, München 1989.

2 *Wilhelm Pelikan,* Heilpflanzenkunde Bd. III, o.O. 1984, S. 141 f.

3 *Jutta Voss,* Frauenrequiem. Totenmesse für alle Frauen, die als »Hexen« ermordet wurden, zu beziehen über die Autorin, Europaplatz 8, 70565 Stuttgart. Bezeichnenderweise wurde gegen die Pfarrerin *Jutta Voss* im Januar 1993 ein Lehrzuchtverfahren eingeleitet.

4 *Wilfried Wieck,* Männer lassen lieben, Stuttgart 1987, S. 82; vgl. auch *Wieck,* Wenn Männer lieben lernen (aus der Arbeit mit Männergruppen), Stuttgart 1990.

5 *Rollo May,* Der verdrängte Eros, zitiert bei Wieck, Männer lassen lieben, S. 96.

6 *Wilfried Wieck,* Männer lassen lieben, a.a.O., S. 81 f.

7 Vgl. dazu *Carmen Berry,* Die Erlöserfalle, München 1990.

8 *Alice Miller,* Das Drama des begabten Kindes, Frankfurt 1979,und Am Anfang war Erziehung, Frankfurt 1980. Neben den genannten Büchern schildert die Entwicklung der narzißtischen Störungen unter Berücksichtigung der entwicklungspsychologischen Phasen sowie den oft langwierigen therapeutischen Prozeß eindrucksvoll *Stephen M. Johnson,* Der narzißtische Persönlichkeitsstil, Köln 1988.

9 Vgl. dazu *Richard G. Erskine/Janet Moursund,*Kontakt, Ich- Zustände, Lebensplan, Paderborn 1991, sowie *Jan Stewart/Vann Joines,* Die Transaktionsanalyse, Freiburg 1990.

10 *Hanna Strack,* Segen, Herberge in unwirtlicher Zeit, Magdalena Verlag, Hanna Strack, Postfach 1105, 85600 Zorneding 1993.

Kapitel 3.2: Jakob: Der Kampf mit der Vergangenheit (S. 107-162)

1   Vgl. *Gerhard von Rad,* Das erste Buch Mose, Göttingen 1964, S. 22-33.

2   Zum Bibliodrama: *Heidemarie Langer,* Vielleicht sogar Wunder, Stuttgart 1981; *Antje Kiehn u.a.,* Bibliodrama, Stuttgart 1987; *Hannelore Morgenroth,* Den Brunnen aufschließen, München 1987.

3   Auf der Suche nach den neuen Vätern entstand das salopp geschriebene und ironisch auf den Punkt kommende Buch von *Cheryl Benard/Edit Schlaffer,*Sagt uns, wo die Väter sind. Von der Arbeitssucht und Fahnenflucht des zweiten Elternteils, Reinbek 1991. Es ist eine gute Diskussionsgrundlage im pädagogischen Bereich, in dem es LehrerInnen darum geht, die Heranwachsenden mit den überkommenen sozialen Rollen (Vater- und Mutterbild) zu konfrontieren.

4   In dem Sagenkreis rund um Rebekka wird manches von den damaligen Sitten und Gebräuchen deutlich. Vgl. dazu Robert von *Ranke-Graves/Raphael Patai,*Hebräische Mythologie, Reinbek 1990, S. 228-234.

5   Ebd., S. 250.

6   Dazu die provokative These von *Christa Mulack,* … und wieder fühle ich mich schuldig. Ursachen und Lösung eines weiblichen Problems, Stuttgart 1993.

7   Herder Lexikon Symbole, Freiburg 1978

8   Zu den ethymologischen Wurzeln der Esau-Tradition vgl. *Gerhard von Rad,* a.a.O, S. 237 ff.

9   Der Buß- und Bettag als evangelischer Feiertag am Mittwoch vor dem Ewigkeitssonntag ist erst 1852 eingeführt worden und wurde 1934 von der EKD für ganz Deutschland übernommen. Die Tradition von Bußtagen reicht allerdings bis ins Mittelalter zurück.

10   *Gerhard von Rad,* a.a.O., S. 49. Vgl. *Helmut Hark,* Der Traum als Gottes vergessene Sprache, Olten 1982, S. 59 ff. Meine Vermutung ist, daß Beth-El ursründlich ein alter Kultort gewesen sein mag, der einer weiblichen Gottheit zugeordnet war.

11   Zur Namensätiologie vgl. *Gerhard von Rad,* a.a.O., S. 242.

12   Vgl. dazu das hebräische Erzählgut zum Jakobskreis bei *Robert von Ranke-Graves/Raphael Patai,* a.a.O.

13   In manchen Märchen geht der Entwicklungsweg des Mannes ebenfalls über die »häßliche« Seite einer Frau, so z. B. in dem russischen Märchen »Zarin Frosch«, vgl. dazu *Hans Jellouschek,* Die Froschprinzessin, Stuttgart 1989.

14   Gemeint sind: *Hans Jellouschek,* Der Froschkönig, Ich liebe dich, weil ich dich brauche; Die Froschprinzessin. Wie ein Mann zur Liebe findet; Semele, Zeus und Hera, Die Rolle der Geliebten in der Dreiecksbeziehung; zusammengefaßt in dem Band: Hans Jellouschek, Im Irrgarten der Liebe, Stuttgart 1991.

15   Vgl. dazu Robert von Ranke-Graves/ Raphael Patai, a.a.O., S. 289.

16 *Helmut Hark,* a.a.O., S. 45 ff.

17 *Helmut Hark,* a.a.O., S. 47.

18 Beispiele aus Lateinamerika erzählt *Matthew Fox,* Schöpfungsspiritualität, Stuttgart 1993, und *Matthew Fox,* Vision vom kosmischen Christus, Stuttgart 1991, S. 361 ff.: Bitte um Vergebung an die indianische Gemeinschaft.

19 *Hanna Strack,* Segen, Herberge in unwirtlicher Zeit, Magdalena Verlag, Hanna Strack, Postfach 1105, 85600 Zorneding 1993.

Kapitel 4: Der Weg in die Mitte des Dunkels (S. 165-189)

1 Vgl. die Gedanken zum aramäischen »*Malkuthach*«, KönigInnenreich. Ursprünglich birgt dies von Jesus so häufig gebrauchte Wort die Vorstellung eines »fruchtbaren Armes«, der bereit ist, Neues zu schaffen, oder das Bild einer zusammengerollten Spiralfeder, die bereit ist, sich mit der ganzen frischen Energie der Erde zu entfalten. Vgl. *Neil Douglas- Klotz,* Das Vaterunser, München 1992, S. 46.

2 »Durchs Feuer gerettet« heißt eine Sammlung jiddischer Lieder des jüdischen Schreiners *Mordechaj Gebirtig,* vorgetragen und kommentiert von *Ben-Jizchak Feinstein,* zu beziehen bei *Ben Jizchak Feinstein/Theophil Spoerri,* Lothringerstraße 39, CH-4056 Basel.

3 *Georg Baudler,* Gott und Frau, München 1991, S. 183 ff.

4 Näheres zum Labyrinth bei *Hermann Kirchhoff,* Urbilder des Glaubens, München 1988,und *Hilda Maria Lander/Maria-Regina Zohner,* Meditatives Tanzen, Stuttgart 1987, S. 70-75.

5 *Georg Baudler,* Gott und Frau, a.a.O., S. 180 ff. ist der Meinung, daß der Stier nicht einfach Symbol männlicher Potenz und Fruchtbarkeit war, sondern Repräsentant zerstörerischer Tötungsgewalt und damit Gegner von Mann und Frau. Seine Wildniskräfte müssen bezwungen werden. Nach Baudlers Auffassung war der Stier nicht Gefährte der Fruchtbarkeitsgöttin, sondern ein zu bezwingender tödlicher Gegner (S. 183). Dort, wo jedoch diese Gegnerschaft in Liebe und Faszination umschlägt, entsteht das menschenfressende Ungeheuer, der Minotaurus, d.h. es entstehen auch Gesellschaftsformen, die der Faszination durch die Tötungsmacht erliegen. Mehr darüber auch bei *Georg Baudler,* Erlösung vom Stiergott, München 1989. Dazu eine kritische Anmerkung: Der Ariadne-Mythos spiegelt eine Zeit wider, in der die lange Periode einer partnerschaftlich/matriarchal strukturierten Gesellschaftsform längst von patriarchalen/dominatorischen Strukturen überrollt und überfremdet worden war. Stierspiele, wie sie z. B. zum Kult der großen Göttin gehörten, wurden später als Verbrechen bezeichnet, nicht mehr verstanden und bekämpft, d. h. zur Ausgeburt des Unmenschlichen deklariert. Auch das Labyrinthsymbol erfährt damit eine Umdeutung.

Viele ähnliche Mythenverfremdungen und Umdeutungen der Symbole lassen sich nachweisen. Vgl. dazu: *Riane Eisler,* Kelch und Schwert. Von der Herrschaft zur Partnerschaft, München 1994 (1987); *Doris Wolf,* Was war vor den Pharaonen?, Stuttgart 1994; *Carola Meier-Seethaler,* Von der göttlichen Löwin zum Wahrzeichen männlicher Macht, Ursprung und Wandel großer Symbole, Stuttgart 1993.

6   *Georg Baudler,* Gott und Frau, a.a.O. *Baudler* stellt dar, daß die Sexualkraft der Frau den Mann beim Ausüben seiner »Tötungspotenz« unterstützt, wie es auf alten Höhlenzeichnungen deutlich wird. Dort geht ein Verbindungsfaden direkt von der Vagina der Frau zum Penis des Mannes, der sich aufrichtet und in dieselbe Richtung zielt wie sein lanzenartiger Pfeil, seine Tötungwaffe (S. 63).

7   Ich beziehe mich hier auf das faszinierende Buch von *Matthew Fox,* Der kosmische Christus, Stuttgart 1991, in dem er einen Paradigmenwechsel des Christentums fordert und seine Vision von einer »Tiefenökumene« aller Religionen und spirituellen Bewegungen darstellt, getragen von einem kosmischen Bewußtsein, das der Heilung der Erde dient.

8   Eine Spiritualität, die wieder ganzheitlich orientiert ist, hat immer auch eine politische Dimension: vgl. dazu die wichtigen Ausführungen und Ideen von *Matthew Fox,* Schöpfungsspiritualität. Heilung und Befreiung für die Erste Welt, Stuttgart 1993; *Leonhard Boff,* Wir müssen die Menschen vom Kreuz herunterholen; *Eugen Drewermann,* Wir müssen den Menschen das Bild ihrer Freiheit wieder zeigen; *Dorothee Sölle,* Wir sollen uns zuerst um die anderen sorgen; alle in Publik-Forum-Dossier: »Welche Antworten haben die Christen?«, Oberursel 1993, zu beziehen durch Publik-Forum, Postfach 2010, D-61410 Oberursel.

9   *Christa Peikert-Flaspöhler,* Du träumst in mir, mein Gott, Limburg 1989.

Kapitel 5: Im Kraftfeld der Weisheit (S. 191-222)

1   Mehr zu dieser Ikone bei *Helene Hoerni-Jung,* Maria – Bild des Weiblichen, München 1991, S. 168-184, die ausführlich auf ganz wunderbare Weise der tiefen Symbolik dieser Ikone nachgeht und auf deren Betrachtungen ich aufbaue.

2   Das ökumenische Zentrum für Meditation und Begegnung Neumühle ist ein Ort der Stille und Begegnung. Träger ist der Verein »Exercitium Humanum«. Die Leitung haben *Willi* und *Eleonore Massa.* Nähere Auskunft: Neumühle D-66693 Mettlach.

3   Dazu gibt es lesens- und diskussionswürdige Entwürfe bei *Wilhelm Haller,* Die heilsame Alternative. Jesuanische Ethik in Wirtschaft und Politik, Wuppertal 1989.

4   In Verbindung mit dem ökumenischen Zentrum Neumühle entsteht ein neues Projekt für Kinder und Jugendliche, für ErzieherInnen und Eltern: »Neuseh-

land«. In diesem Haus wird es viele Angebote und Unterstützungen geben, so daß junge Menschen lernen können, ein Leben mit Sinn und Freude zu führen. Nähere Auskunft: Neusehland, Verein junges Leben, Postfach 5169, D-66693 Mettlach.

5 Eine grundlegende wissenschaftliche Untersuchung des weiblichen und männlichen Prinzips in der Geschichte stellt *Riane Eisler* in ihrem Buch vor: Kelch und Schwert, München 1993 (1987).

6 Vgl. *Neil Douglas-Klotz,* Das Vaterunser, München 1992, S.34ff: Die Klangbedeutungen zum aramäischen abwun:
A: das Absolute, einzig Seiende, das reine »Eine«, die Einheit, Ursprung aller Kraft und Beständigkeit (im Anklang an die heilige Silbe »Al« und an das aramäische Wort für Gott: Alaha, wörtl.:»das Eine«, der schöpferische Atem, der vom Absoluten ausgeht).
bwu: ein Gebären, eine Schöpfung, ein Fließen von Segen, als käme er aus dem »Innersten« dieses Einen zu uns...
n: die Schwingung des schöpferischen Atems, wenn er die Form berührt und durchdringt...
»Abwun« gleicht damit auch dem heiligen Hindu-Wort *A- u-m.*

7 Eine ausführliche Darstellung der Hildegard-Visionen in bezug auf die Weisheit findet sich bei *Susanne Schaup,* Sophia, Das Weibliche in Gott, München 1994. Vgl. auch Ingrid Riedel, Farben, Stuttgart 1983.

8 Vgl. *Christa Mulack,* Maria, die geheime Göttin im Christentum, Stuttgart 1985; *Helene Hoerni-Jung,* Maria, Bild des Weiblichen, München 1991.

9 Zu den Nag-Hammadi Funden vgl. *Elaine Pagels,* Versuchung durch Erkenntnis, Frankfurt 1987 (1979), aufregende Neuübersetzungen mancher Texte finden sich auch bei Neil Douglas-Klotz, bei dem ich eine »Kostprobe in einem Seminar im Frühjahr 1994 hören durfte. *Neil Douglas-Klotz,* The Wisdom of the Desert, San Francisco 1995.

10 *Neil Douglas-Klotz,* Das Vaterunser, a.a.O., S. 56.

11 Eine gute Zusammenfassung der Weisheitstraditionen findet sich in dem äußerst lesenswerten Buch *Susanne Schaup,* Sophia, a.a.O.

12 *Elisabeth Schüssler Fiorenza,* zitiert bei *Elisabeth Moltmann-Wendel,* Das Land, wo Milch und Honig fließt. Perspektiven einer feministischen Theologie, Gütersloh 1987.

13 Dazu *Christa Mulack,* Natürlich Weiblich, Stuttgart 1990, S. 120 ff., die sich auf Untersuchungen von *Jean Baker Miller, Carol Gilligan* und *Riane Eisler* bezieht.

14 *Riane Eisler,* Kelch und Schwert, a.a.O.

15 Einen Weg des »Geistigen Kriegers« als Individuationsprozeß beschreibt *Ralph Blum,* Runen, München 1985.

16 Zum Traumgeschehen und zur Traumdeutung gibt es inzwischen eine Vielzahl von Veröffentlichungen. Bahnbrechend und lesenswert: *Ann Faraday,* Die positive Kraft der Träume, Frankfurt 1982 (1972), Deine Träume. Schlüs-

sel zur Selbsterkenntnis, Frankfurt 1983, (1975); *Robin Shohet,* Erzählt euch eure Träume, München 1989 (1985). Zu einzelnen Traumsymbolen hat der Walter Verlag eine Reihe herausgebracht: z.b. *Karin Anderten,* Traumbild Wasser; *Gisela Rieß,* Traumbild Feuer; *Verena Kast,* Traumbild Wüste u.a.

17 Veröffentlichungen solcher Traumserien, z.b. *Verena Kast,* Trauern, Stuttgart 1982; *Helmut Hark,* Träume vom Tod, Stuttgart 1987; *Kathrin Asper/Renee Nell/Helmut Hark,* Kindträume, Mutterträume, Vaterträume, Olten 1990.

18 Vgl. *Neil Douglas-Klotz,* Das Vaterunser, a.a.O., S. 46.

19 *Gerhard von Rad,* Theologie des Alten Testamentes, Band 2, München 1993 (1960), S. 382-395.

20 *Martin Buber,* Die Erzählungen der Chassidim, Zürich 1990 (1949), S. 243.

21 *Jean Shinoda Bolen,* Tao der Psychologie. Sinnvolle Zufälle, Basel 1989, S. 19.

22 *Jean Shinoda Bolen,* a.a.O., S. 21.

23 Im folgenden beziehe ich mich auf das ausgezeichnete Buch von *Jean Shinoda Bolen,* a.a.O., das ich übrigens auch durch einen Zufall entdeckte: Als ich vor vier Jahren die ersten Fäden zu meiner Buchidee spann, gerade über die Frage der Zufälle und der Synchronizität nachdachte und vor dem Schaufenster der Bahnhofsbuchhandlung in München stand, fiel mein Blick auf Anhieb auf das Buch vom Tao. Nie zuvor hatte ich von dieser Autorin gehört. Klar war mir nur in diesem Moment, daß dieses Buch jetzt wichtig für mich sei.

24 *C.G. Jung,* Der Mensch und seine Symbole, Olten 1980 (1968), S. 55.

25 Kritisch äußerte sich vor allem *Dorothee Sölle,* deren soziales und politisches, der Befreiungstheologie verbundenes Engagement ich sehr schätze, in der Diskussion mit *Eugen Drewermann.*

26 *C.G. Jung,* a.a.O., S. 160 ff.

27 Umschreibung des »Nächsten« von *Neil Douglas-Klotz,* Das Vaterunser, a.a.O. S.111.

28 Vgl. dazu die Symboluntersuchungen der frühesten Kulturen, u.a. bei *Carola Meier-Seethaler,* Von der göttlichen Löwin zum Wahrzeichen männlicher Macht, Stuttgart 1993; *Doris Wolf,* Was war vor den Pharaonen? Die Entdeckung der Urmütter Ägyptens, Stuttgart 1994.

29 Der sechszackige Stern ist Teil eines uralten Symbols, des Hexagramms, das mit dem indischen Yantra verwandt ist. Es symbolisiert im weitesten Sinn die Durchdringung und Vereinigung weiblich/männlicher, sichtbar/unsichtbarer Welt; in der Alchemie auch Vereinigung aller Gegensätze, umfangen vom ewigen Kreis. Vgl. Herder Lexikon der Symbole, Freiburg 1978.

30 Vgl. *Willi Massa* (Hrsg), Die Höhle des Herzens. Mantra-Praxis und Namensgebet, Kevelaer 1982.

31 Ich gebe hiermit weiter, was ich bei *Neil Douglas-Klotz* gelernt habe. Auch das »Kosmische Jesusgebet«, das Vaterunser in der aramäischen Sprache, ist eine einzige Klangmeditation.

32 Eine gute Einführung in die Runenweisheit gibt *Ralph Blum, « a.a.O. (Anm. 14).*

33 *C.G. Jung,* a.a.O., S. 290 f. (Anm. 23).

34 Beispiele für die Arbeit mit dem I-Ging bei *Jean Shinoda Bolen,* a.a.O., S. 97 ff.

35 Ein wichtiger Initiator im deutschen Sprachraum für meditative Tänze war der Choreograph *Bernhard Woisien.* Seine Tochter, *Maria Gabriela Woisien,* setzt seine Impulse in eigenständiger Weise fort. Vgl. *Maria Gabriela Woisien,* Sakraler Tanz, München 1988; *Hilda Maria Lander/Maria Regina Zohner,* Meditatives Tanzen, Stuttgart 1987.
Aus Amerika kommt die Bewegung »Tänze des universellen Friedens«, die eine Sammlung von Urklängen, Mantren, Gebeten und Gesängen aus den religiösen Traditionen der Erde beinhaltet, die, verbunden mit einfachen Bewegungen und Kreistänzen in der Gruppe, gesungen und getanzt werden. Die Tänze des aramäischen Vaterunsers gehören dazu. Kontaktadresse: Gita Onnen, Dürerstr. 46, 12203 Berlin.

36 »Wie ein Tuch, das aus Längs- und Querfäden gewebt ist, wird das gesamte Universum in seiner ganzen Länge und Breite von verschiedenen Energien der höchsten Persönlichkeit Gottes durchzogen.« *Srimud Bhagaratam,* zitiert in *Rene Bütler,* Die Mystik der Welt, Bern-München-Wien 1994.

37 So der zeitgenössische Historiker Flavius Josephus. Im folgenden beziehe ich mich auf die Darstellungen von *Helene Hoerni-Jung,* a.a.O., S. 49 ff., wo auch die erwähnten Ikonen abgebildet sind.

Kapitel 6: Begegnungen mit Menschen (S. 225-246)

1 Das Odenwald-Institut ist eine Bildungseinrichtung der Karl- Kübel-Stiftung für Kind und Familie und wurde 1978 von Mary-Anne Kübel gegründet. Es hat das Ziel, Menschen in der Gestaltung ihrer Beziehungen zu unterstützen. Bildungsangebote basieren auf dem Konzept der personalen Pädagogik und gruppenzentrierten Psychologie (z.b. Themenzentrierte Interaktion, Transaktionsanalyse, Gestalttherapie, Psychosynthese). Nähere Auskunft: Odenwald-Institut, Trommstraße 26, 69483 Waldmichelbach.

2 Der Christopherus Hospiz Verein e.V. ist ein gemeinnütziger und konfessionell nicht gebundener Verein, der sich zum Ziel gesetzt hat, Menschen in schweren Krankheitssituationen zu begleiten. Kontaktadresse München: Christopherus Hospiz e.V., Rotkreuzplatz 2a, 80634 München.

3 Ina Seidel hat nach Auskunft von Maria-Christine Zeiske (geb. Becker) in ihrem Roman »Lennacker« die Entwicklung einer protestantischen Pfarrersfamilie über mehrere Generationen hin geschildert und dabei auf Familienchroniken und Geschichte der Familie Becker zurückgegriffen.

4 Die Geschichte der Tür hat Albrecht Goes literarisch verarbeitet in seiner Erzählung: Sonne, stehe still, Hünfelden 1991 (Frankfurt 1956), sehr zum Ärger von Maria-Christine Zeiske: »Er hätte mich ja fragen können...«.

Bild-/Textnachweis

Umschlag: Kleisterfarben auf Zeitungspapier auf Jute, 75 x 112 cm – **S. 12:** Wandmalerei in San Pere de Sorpe, Spanien, 12. Jh. Museu de Arte de Catalunya, Barcelona. Aus: Marie-Luise von Franz, Zeit. Kösel-Verlag, München 1992, S. 91 – **S. 20:** Pablo Picasso, Mutter und Kind. Aus den Studien zu »Händen«, in: Frank Elga, Pablo Picasso. Sein Werk. München 1956. © VG Bild-Kunst, Bonn 1994 – **S. 34:** © Lahn-Verlag, Limburg ³1994 – **S. 38:** Gerhard Jost, Vellmar – **S. 57:** © Gisela Wardetzky, Im Schatten der Vergangenheit, 1993 – **S. 63:** Gib mir Gott. Quelle unbekannt – **S. 64** Aus: Neil Douglas Klotz, Das Vaterunser, München 1992, S. 46 – **S. 66:** Heinrich Vogeler, Die sieben Schwäne, 1889. © VG Bild-Kunst, Bonn 1994 – **S. 81:** Elisa fliegt mit den Schwänen. © Matthias Morgenroth – **S. 106:** Hans Jüchser, Jakob kämpft mit dem Engel, 1963. Aus: Dialog mit der Bibel. Malerei und Grafik aus der DDR. Begleitender Text von Jürgen Rennert. Evangelische Haupt- und Bibelgesellschaft zu Berlin und Altenburg 1984. Rechte: Helga Jüchser – **S. 133:** Marc Chagall, Jakobs Traum, 1963. Glasfenster für die Kathedrale von Metz. © VG Bild-Kunst, Bonn 1994 – **S. 154:** Sr. Christamaria Schröter, Altar der Umkehr (1 Moses 12,18 ff.). Tafelbild in der Abraham-Kirche, Bremen. © Christusbruderschaft – Buch- und Kunstverlag –, 95152 Selbitz – **S. 164:** M.C. Escher, Kreislimit IV. © 1994 M.C. Escher/Cordon Art, Baarn/Holland. Alle Rechte vorbehalten – **S. 171:** Kösel-Archiv – **S. 184/187** Nach Jörg Zink, Womit wir leben können. Kreuz Verlag, Stuttgart 1963 – **S. 186:** © Lahn-Verlag, Limburg ³1994 – **S. 190:** Gottesmutter unverbrennbarer Dornbusch. Russische Ikone, 18. Jh., 26 x 31 cm, Privatbesitz, Zürich – **S. 198:** © Gisela Wardetzky, Die Welt im Schutz der Frau, 1993 – **S. 220:** M.C. Escher, Schmetterlinge. © 1994 M.C. Escher/Cordon Art, Baarn/Holland. Alle Rechte vorbehalten – **S. 224:** Udo Zollikofer, Bergheim – **S. 245:** Labyrinth im Fußboden vor der Marienkapelle im Maternushaus in Köln. Foto: Karl Heinz König, Mainz – **S. 246** Rechte bei Autorin